T랑 F랑 예쁘게 말해요

장유진 지음

일잘러가 되는 대화 기술

크록

Prologue

대화 도중 갑자기 머릿속이 하얗게 되어버린 경험이 있나요? 마음과 다르게 표현해서 관계가 틀어진 적은요? 어떻게 말하는 게 좋을지, 이렇게 말해도 괜찮을지 고민하고 걱정하는 사람들이 많습니다. 저 역시 미성숙한 말로 타인에게 상처를 준 적이 있고, 소중한 사람을 잃기도 해봤습니다. 말은 관계를 끈끈하게 만들어 주기도 하지만, 때로는 영원한 이별의 원인이 되기도 합니다.

나이가 들면서 대화가 조금은 편해지는 듯하다가도, 여전히 어려움을 느낄 때가 참 많습니다. 회사 일은 참 바쁘고 체력과 정신력은 점점 고갈되어 가는데, 대화에서 겪는 어려움은 일상의 또 다른 스트레스가 되는 것 같아요. 하지만 대화력을 조금만 키우면 스트레스를 줄일 수 있습니다. 그래서 '말 한마디로 천 냥 빚을 갚는다.'라는 속담도 있나 봅니다.

저는 대화를 잘한다는 것이 '용기를 가지고 솔직해지는 것'이라고 믿습니다. 연인에게 받을 상처가 두려워 밀당을 하기보다는 "사랑한다"고 용기 있게 표현하는 것, 예쁜 말을 몰라 차가운 말을 하는 가족들에게 그럼에도 불구하고 따뜻한 말로 다가가는 것, 남이 정한 기준에 연연하지 않고 열심히 살아가는 나에게 '이만하면 되었다.'고 위로하는 것입니다. 진정성 있는 대화는 우리가 생각하는 것 이상의 큰 힘을 발휘합니다.

T랑 F랑
예쁘게 말해요

운이 좋게도 10년 이상 직장 생활을 하는 동안 다양한 조직을 직간접적으로 경험했습니다. '일잘러'들을 많이 만났고, 그들의 말투와 대화 방식에서 공통점을 발견했습니다. 어려운 상황에서도 하고 싶은 말을 용기 있게 전달했고, 불편한 말들과 상처는 의연하게 받아들였습니다. 말 한마디에 상처받고 오랜 시간 힘들어했던 저도 그들처럼 진정성 있는 대화를 해보기 시작했습니다. 그리고 삶이 변화하는 것을 느꼈습니다. 직장에서의 대화가 예전보다 많이 편안해졌습니다.

하고 싶은 말은 하고, 아픈 말을 듣더라도 빨리 괜찮아지길 바라는 마음을 담아 이 책을 집필했습니다. 이 책에는 그동안 미숙한 행동과 말로 스스로 괴로워했던 과거의 저에게 건네는 조언과 매일 다짐하는 마음속의 말과 예쁜 말의 중요성이 알려지길 바라는 소망이 담겨있습니다. 최대한 다양한 상황에서 도움이 되길 바라는 마음으로 쓰다 보니 내용이 많아졌습니다. 한 번에 다 읽기에는 지루할 수 있으니 사무실 책상에 두고 한 번씩 필요할 때 꺼내 읽는 그런 가이드 북이 되길 바랍니다.

걸음마를 배우는 아기가 제대로 걷기까지 수백 번 넘어져야 익숙해지듯이, 우리도 예쁜 말을 익히는 데 수많은 시행착오를 겪을 것입니다. 괜찮습니다. 상대방은 여러분의 노력을 가장 먼저 알아챌 것입니다. 이 책과 함께 때로는 T(이성적인 사람)가 되어, 때로는 F(감성적인 사람)가 되어 예쁜 말을 익혀갈 테니까요. 여러분이 앞으로 만나게 될 수많은 '예쁜 말의 기적'을 기대하세요. 늘 응원하겠습니다.

Contents

3장

감성적이고 조화롭게
'F'처럼 말하기

1장

우리 모두는
예쁜 말을 사랑한다

인사를 건네고 이름을 불러주세요

"인사는 경우를 막론하고 부족한 것보다 지나친 편이 낫다."

– 레프 톨스토이[*]

"다녀오겠습니다~" "잘 자고 내일 보자." 우리의 하루는 인사로 시작해서 인사로 끝난다. 대화의 시작과 끝에도 인사가 있다. 특히 사무실에서 동료와 나누는 인사는 다양한 효과가 있다.

1. 상대방에 대한 존중을 표현하고 소통이 가능한 상황인지 확인할 수 있다.
2. 내 인사를 받는 동료의 목소리와 표정에서 동료의 기분을 예상할 수 있다.

나는 인사를 잘하는 사람인가? 한 번쯤은 점검해 볼 만한 가치가 있는 질문이다.

인사는 왜 가치가 있을까? 개인의 성향 차이니 정답은 없지만 인사는 순기능이 많다. 성공한 위인들과 사랑받는 사람들 대부분 인사를 잘한다는 공통점을 가지고 있다. 이들은 마주쳤을 때 건네는 인사 외에도 감사, 안부, 격려의 인사까지 모두 잘한다. 현재 메이저리그에서 활동 중인 야구 선수 중 최고로

———
[*] Lev Tolstoy, 러시아의 소설가이자 개혁가, 사상가.

평가받는 일본의 야구 선수가 있다. 투수와 타자의 역할을 모두 해내는 오타니 쇼헤이다. 그는 인사를 잘하는 것으로도 유명하다. 2023년 3월 10일 오후 일본 도쿄돔에서 열린 2023 월드베이스볼클래식(WBC) 한일전에서 한국 선수들에게 모자를 벗고 깍듯하게 인사를 하는 장면이 포착되었다. 실제로 오타니 쇼헤이는 성공 비결이라 불리는 본인의 만다라트에 운을 끌어당기기 위한 행동 지침으로 인사를 실천했다. 민망함과 어색함을 이겨내고 사소한 인사부터 건네는 사람들이 주변에 좋은 인상을 남긴다. 이는 곧 인생에 긍정적인 영향으로 돌아온다.

인사하기 부끄럽고 어색해요.

인사하는 것은 왜 어색할까? 코로나로 인해 대학 생활의 절반 이상을 비대면으로 보냈기 때문일 수도 있다. 비대면 근무가 익숙해 대면 인사가 낯선 것도 당연하다. 무엇보다 인사를 나눈 후에 '혹시라도 상대방이 어색한 대화를 걸어오면 어쩌나' 하는 마음에 피하고 싶을 때도 많다. 상대방도 같은 생각일까? 아닐 수도 있다. 상대방은 나와 인사하고 싶어 눈이 마주치길 기다리고 있다. 친해지고 싶은데 인사할 기회가 없다고 느끼기도 한다. 인사 잘하라고 강요할 수도 없지 않은가? 순간의 민망함으로 피하면 좋은 기회를 놓친다. 협력자를 만들 기회 말이다. 평소보다 한 번만 더 밝게 인사해 보자.

🍃 밝고 유쾌한 인사가 협력자를 만든다

인사는 이메일이나 메시지에 덧붙이는 것부터 시작할 수 있다. 무심코 놓치고 있었다면 이제부터라도 신경 써보자. 밝고 유쾌한 질문으로 동료와의 관계를 돈독하게 할 수 있다. 동료의 안부를 물어보고, 생일은 축하하고, 아픔은 위로하는 한마디에 동료는 마음을 연다. 업무에 도움을 준 동료에게 감사 인사를 건네는 습관을 들이면 주변에 협력자들이 많아진다. 감사할 줄 아는 사람을 싫어하는 사람은 없기 때문이다. 협력자가 많아지면 원활한 의사소통이 가능해진다. 문제가 생겼을 때 이전보다 쉽게 해결된다. 궁극적으로 일을 추진하는데 도움이 된다.

Good

A: (밝고 큰 목소리로) B 씨~안녕하세요.

B: 과장님 안녕하세요!

A: 머리 잘랐어요? 산뜻해진 느낌이네요!

B: (미소 지으며) 감사합니다. 네 맞아요. 어제 잘랐어요.

A: (함께 웃으며) 예쁘네요. 그럼 오후도 힘내세요! 파이팅~!

B: 네 과장님도 파이팅 하세요~!

Bad

C: (작은 목소리로) 안녕하세요.

B: 과장님 안녕하세요!

C: (고개만 끄덕이며) **네~**

(대화가 더이상 이어지지 않는다.)

A는 항상 밝고 큰 목소리로 이름을 부르며 인사한다. 또한 평소 동료들을 세심하게 관찰하며 인사를 나눌 때마다 관심을 표현한다. 반면에 C는 의례적이고 의무적이다. 두 사람은 입사 동기로 업무 성과나 역량은 비슷하지만 동료와의 관계는 A가 더 좋다. 인사할 때마다 동료에게 관심을 표현하고 좋은 에너지를 전달하기 때문이다. 동료들도 A와 인사를 나누고 나면 기분이 좋아져 좋은 인상을 갖게 된다. A와 대화하는 것이 자연스럽기에 업무를 진행할 때도 좋은 소통을 하게 된다.

☁ 인사 습관이 업무 성과를 높인다

그렇다면 인사는 어떻게 해야 효과적일까? 가능하다면 상대방의 이름을 부르며 하는 것이 좋다. 만약 동료가 아닌 상사라면 이름을 부르기 어렵다. 이 때는 직급을 정확하게 부르며 인사하는 것이 좋다. 인간관계의 바이블인 '카네기의 인간 관계론'의 저자 데일 카네기도 이름을 기억할 것을 강조했다. 수많은 사례를 통해 이름을 기억하는 것의 중요성을 알고 있었던 것이다. 이름은 곧 정체성이다. 동료의 이름을 부르며 밝게 인사해 보자. 동료는 존중과 관심을 받고 있다고 느낄 것이다.

Bad

A: 여보세요~ 질문이 있어서 전화 드렸습니다.

B: 네 말씀하세요.

A: 보내주신 보고서 봤습니다, 혹시 해외지사 자료는 없나요?

B: 네, 해외지사 자료는 정책상 만들지 않고 있지만 A 님께서 참고하실 수 있는 보고서는 드릴 수 있습니다!

A: 그렇군요. 네 이메일로 부탁드릴게요~

B: 네, 알겠습니다.

Good

C: 여보세요~ 안녕하세요 D 님~, 식사는 하셨나요? 혹시 지금 통화 가능하세요?

D: 안녕하세요~ C 님~, 말씀하세요!

C: 보내주신 보고서 잘 봤습니다. 덕분에 많은 도움 되었어요. 그런데 혹시 해외지사 자료는 없나요?

D: 도움이 되었다니 다행이네요. 해외지사 자료는 정책상 만들지 않고 있지만 C 님께서 참고하실 수 있는 보고서는 드릴 수 있습니다!

C: 정말요? 그럼 이메일로 부탁드릴게요. 감사합니다 D 님~! 남은 오후도 힘내세요!

D: 네 C 님도요~ 메일은 10분 후에 확인해 주시면 됩니다.

우리 모두는 예쁜 말을 사랑한다

A는 전화가 연결되자마자 용건을 말했다. 힘들게 만든 보고서에 대한 칭찬도, 감사 인사도 없다. A와 B의 대화는 통화 시간이 짧으니 효율적이다. 다만 이런 대화만 이어간다면 친분을 쌓기는 어렵다. 반면 C와 D는 짧은 대화 안에 다양한 인사말을 포함했다. 우선 이름을 부르며 통화하는 사람을 확인했다. 식사를 챙겼는지 묻고, 자료에 대한 감사 인사와 마지막에는 힘내라는 말로 응원했다. 무엇보다 C는 통화가 연결되자마자 통화 가능 여부를 확인하여 상대를 배려했다. 상대방이 대화할 준비가 되어있지 않은 채로 진행되는 통화는 대화의 질을 떨어뜨린다. 바쁠 때일수록 인사말을 의식적으로 신경 써야 하는 이유이다.

☕ 인사말들이 쌓여 인상이 된다

바쁠 때는 장황한 인사가 독이 되기 때문에 간단한 인사가 좋다. 하지만 늘 용건만 간단히 한다면 무미건조한 사람이라는 인상을 주게 된다. 인사말을 포함해도 대화에서는 몇 초 차이가 나지 않는다. 짧은 인사말은 상대방이 호응한다면 분위기를 더 좋게 만들어 줄 수 있다. 수많은 몇 초들이 쌓여서 직장에서 나의 좋은 인상이 된다.

10년간의 직장 생활을 하며 관찰한 일잘러, 갓생러들의 공통점 중 하나가 인사였다. 인사를 밝게 잘했다. 밝지 않더라도 인사를 해야 할 타이밍에는 최대한 놓치지 않으려고 노력했다. 사소한 인사가 많은 차이를 만든다. 위에서도 언급했듯 업무 협조에 대한 감사 인사, 병가를 다녀온 직원에게 전하는 진심 어린 안부 인사, 생일 · 명절 · 연말연시에 전하는 인사 등이 있다. 다양한 상황을 모두 챙기기는 어렵다. 마음이 가는 1~2가지만이라도 꾸준히 챙겨보자.

상황별 인사말

1) 일상 인사

"안녕하세요."

"먼저 가보겠습니다. 수고하세요."

"좋은 아침입니다~!"

2) 관찰에 근거한 인사

"귀걸이 새로 사셨나요? 예쁘네요!"

"회사 앞에 카페가 새로 생겼던데 가보셨나요?"

3) 협업에 대한 감사 인사

"확인 감사합니다."

"답변주신 내용 잘 확인했습니다. 감사합니다! 그런데 혹시…. (용건)"

"알려주셔서 감사합니다."

"도움 주셔서 고맙습니다."

"덕분에 프로젝트를 잘 마무리할 수 있었습니다. 감사합니다."

→ 당연한 상황이지만, 짧은 한마디의 인사만 전해도 동료는 긍정적인 감정을 느낀다.

4) 아픈 동료를 배려하는 말

"몸은 좀 괜찮아 지셨나요? 잘 회복하시길 진심으로 바라겠습니다. 다름이 아니라(용건)"

→ 아픈 동료 혹은 병가를 다녀온 직원이 있다면, 용건을 말하기 전에 위로를 먼저 건네자. 컨디션이 완전하지 못한 동료는 예민한 상태로 일하고 있을 가능성이 높기 때문이다.

5) 생일/명절/연말연시에 전하는 인사

"평소에 도움 많이 주셔서 감사합니다. 행복한 생일 되시길 바랄게요."

"풍성한 명절 보내세요. 회사에서 많은 도움 주셔서 늘 감사하게 생각합니다."

"연말 잘 보내세요! 올 한해 감사했습니다. 내년에도 잘 협업하면 좋겠습니다."

→ 상대방과의 관계와 상황에 따라서 적절하게 건네자.

직장인은 하루 중 대부분의 시간을 동료와 함께한다. 가족보다 더 오랜 시간 한 공간에 있는 경우도 많다. 그럼에도 별다른 인사말 없이 일만 하다가 퇴근하는 사람들이 있다. 동네에서도 마찬가지이다. 오며 가며 이웃과 마주치지만 인사하지 않는다. 인사를 하지 못하는 각자의 사정이 있겠지만, 바쁘다는 이유 혹은 대화의 효율을 높여야 한다는 강박으로 우리는 종종 인사를 잊는다. 인사 한마디 없이 다짜고짜 용건부터 말하는 것이 습관이 된다면 라포 형성이 어려울 수 있다. 점차 고립감을 느끼게 될 수도 있다.

인사는 예의를 지키는 것 이상의 의미가 있다. 동물도 서로를 인식하고 인사를 나눈다. 교감하고 교류하는 것이다. 가족이나 지인에게 먼저 건네는 안부 인사는 안위를 확인하게 해준다. 혼자 힘든 시간을 보내고 있는 사람에게 큰 힘이 되어주기도 한다. 동료와는 인사를 통해 대화할 준비를 한다. 인사는 이렇듯 관계를 발전시키기도 하고, 끝날뻔했던 관계를 지키기도 한다. 인사가 어색할수록 노력해 보자. 습관으로 만들자. 짧은 말이라도 좋다. 말이 어색하면 간식을 책상에 두는 것으로도 충분하다. 마음을 전할 기회를 만들어보자.

Q 옆자리 동료나 이웃에게
반가운 마음을 담아 인사해볼까요?

Q 주변인에게 변화가 생겼다면,
먼저 가볍게 안부 인사를 건네 보면 어떨까요?

스몰토크로 차가운 분위기 녹이기

스몰토크(Small talk)는 본론으로 들어가기 전 가볍게 나누는 대화를 말한다. 과거에는 사무실에서 스몰토크를 금기시하는 회사가 많았다. 왜일까? 집중하던 중 동료가 스몰토크를 걸어온 경험이 있는 사람은 알 것이다. 하던 일을 중단해야 하고 에너지와 시간이 든다. 이 사실만 본다면 사무실에서의 스몰토크는 업무를 방해하고 좋지 않은 영향을 주는 것처럼 보인다. 스몰토크는 부정적인 것일까? 그렇지 않다. 근래 많은 회사들이 스몰토크를 권고한다. 할 수 있는 시간과 별도의 공간을 제공하기도 한다. 사무실에서 동료와 마주쳤을 때, 회의 시간 전후, 스몰토크는 업무 효율을 높여주는 효과도 있기 때문이다.

회의 전 스몰토크

(4시에 회의가 시작된다. 모두가 모인 상황이다.)

A: 3시 55분이네요. 다들 5분 일찍 모였는데 괜찮으시다면 근황 토크 할까요?

B: (웃으며) 그럴까요? 회사 앞에 식당 새로 오픈했던데 다들 가보셨나요?

C: 오픈 당일에 로제 파스타 먹어봤어요.

D: 저 로제 파스타 좋아하는데! 맛있나요?

C: 조금 매콤하긴 한데 맛있어요! 덜 붐비는 시간 때에는 사장님께 따로 요청하면 맵기랑 파스타 면 익히는 정도까지 조절해 주시더라고요.

B와 D: (놀라며) 정말요? 꿀팁이네요! 고맙습니다.

A: 꼼꼼한 C 씨 덕분에 좋은 정보 알게 되었네요. 하하. 그럼 기분 좋게 회의 시작하시죠.

동의 없는 스몰토크는 자칫 잘못하면 반감을 얻을 수 있다. 듣고 싶지 않은 말을 듣는 일도 곤욕이기 때문이다. 위 대화에서 A는 동의를 먼저 구했다. B는 사무실 앞 위치한 식당이라는 실용적인 주제를 말했다. 날씨, 맛집, 여행 등은 대중적인 좋은 주제이다. C는 식사 후기를 들려주었고 동료에게 정보를 줄 수 있었다. 많은 이들이 실생활에 유용한 정보를 좋아한다. 맛집, 건강, 재테크 등의 유익한 정보를 공유한다면 유익한 스몰토크를 할 수 있다. 이동할 때나 회의 시작 전 자투리 시간에 동료를 이해할 수 있는 스몰토크를 시도해보자. 함께 웃으며 스트레스는 감소하고 기분이 나아진다. 어려운 요청이나 과제도 흔쾌히 받아들이게 된다.

🍃 스몰토크는 조직의 분위기를 따뜻하게 만든다

미국 럿거스대학교와 캘리포니아 대학교, 애리조나대학교의 공동 연구진은 '스몰토크가 구성원간 연대감을 높인다'는 연구 결과를 발표했다. 조직 내에서 긍정적인 사회적 감정을 유발한다는 사실을 밝혀냈다. 조직 시민 행동을 촉진한다는 것이다. 어려운 상황일수록 스몰토크를 통해 동료를 웃게 하고 분위기를 반전시키고자 노력한다는 것이다. 실제로 10년간 직간접적으로 경험한 일잘러들은 이 연구 결과가 사실임을 알게 해주었다. 급할수록 여유를 찾고자 노력하고 민감한 주제를 꺼내기 전에는 스몰토크에 공을 들인다. 상대방의 마음을 열고 좋은 감정으로 대화를 리드하는 것이다.

(A는 최근 계속되는 야근으로 심신이 지쳐있다. B은 그런 A에게 환한 얼굴로 다가와서 말을 걸었다.)

B: A 씨! ○○사 화장품 브랜드 이번에 본사 패밀리세일 한다는 소식 들었어요?

A: 정말요? 언제요?

B: 저도 방금 지인한테 소식 들었는데 다음 주 수요일부터 3일 동안 진행한다네요!

A: 패밀리세일이면 직원 코드 있어야 입장할 수 있는 것 아닌가요?

B: A 씨가 자주 가시는 매장 직원분께 부탁해 보세요! 저도 예전에 브랜드 패밀리 세일할 때 매장 직원분께 부탁해서 받은적 있어요~

A: 패밀리세일이 할인폭이 커서 꼭 가보고 싶었는데…. 좋은 정보 감사해요!

B: 좋아하시니 다행이네요. 그런데 사실은 제가 이 얘기를 하러 온 게 아닌데…. 하하….(용건을 말한다.)

A: 지금 바쁘긴 하지만…. 알겠어요! 꿀팁도 알려 주셨으니 지금 바로 해드릴게요!

B는 A가 지쳤다는 것을 알고 있었다. 그래서 A에게 협조를 요청해야 하는 B는 그녀가 좋아하는 주제로 스몰토크를 시작했다. A는 갖고 싶은 화장품을 할인된 가격에 구매하는 상상을 하게 되었다. A는 얼굴에 미소를 띠었고 잠시나마 피곤함을 잊을 수 있었다. 이렇게 지쳐있는 동료를 웃게 해준 B는 A의 호감을 얻을 수 있었다. 호감 있는 동료의 업무 요청이니 지쳐있는 A도 흔쾌히 요청을 들어주었다. 협업하는 상대가 좋아하는 화제에 대해 평소에 파악 해두면 도움이 된다. 동료의 취향을 알게 되는 기회가 생긴다면 메모해 두자. 요청한 일이 원활하게 해결되는 경험을 하게 될 것이다.

다만 동료가 예민하거나 어색한 관계라면 신중해야 한다. 친밀함이 형성되지 않은 채로 시도했다가는 가벼운 사람이라는 인상을 줄 수 있기 때문이다. 말은 '하는 사람의 몫'이 아닌 '듣는 사람의 몫'이다. 좋은 의도로 스몰토크를 시작했더라도 듣는 사람이 불쾌하다면 하지 않는 편이 낫다. 스몰토크는 듣는 사람이 불쾌하지 않아야 한다. 이해하고 대답하기 쉬운 주제여야 한다. 상대방에게 익숙한 화제이면서도 기분이 좋아질 수 있는 주제로 시도해 보자.

🍃 스몰토크의 경제적 효과

스몰토크는 잘못하면 시간을 낭비하게 되거나, 대화가 어색해질 수 있다. 그럼에도 시도할 만한 가치가 있을까? MIT의 벤자민 와버 교수가 이것의 중요성을 증명했다. 미국의 한 콜센터 직원들을 대상으로 한 실험이었다. 그동안 콜센터의 직원들은 교대로 하루에 1번만 쉬었고, 휴식 시간은 15분이었다. 스몰토크가 오갈 수 없는 환경이었다. 벤자민 교수는 직원들이 같은 시간에 휴식하도록 변경하여 3개월을 지켜보았다. 휴식 시간에 스몰토크를 나눈 직원들의 업무 만족도는 10%가 높아졌다. 3개월간 콜센터의 성과는 160만 달러에 달하는 효과를 가져왔다. 스몰토크의 힘이다. 경제적인 측면에서도, 직원들의 정서적인 관점에서도 스몰토크는 효과가 있다.

> **A:** 안녕하세요 B 님, 전화로만 인사드리다가 실제로 뵈니 반갑고 좋네요. 작년 한해 OO사에서(B가 다니고 있는 회사) 저희 회사의 서비스를 이용해주셔서 감사합니다. 사용하시면서 불편한 점은 없으셨는지요?
>
> **B:** 네 반갑습니다. 없었습니다.
>
> **A:** B 님께서 저희 서비스에 대한 건의를 많이 해주셨죠. 실제로 개선이 많이 되었다고 들었습니다. 개발자들도 놓친 부분이었는데요. 잘 찾아내신 비결이 있나요?
>
> **B:** 비결이랄 게 있나요…. 이 분야에서 일한지 오래되서 그렇죠 뭐….
>
> **A:** OO사에 입사하신지 오래되셨다고 들었는데…. 맞나요?

B: 네 10년이 넘었네요.

A: 10년이라면 ○○사가 최대 매출을 기록했을때에도 계셨던거죠? '50명의 직원이 250명의 성과를 냈던 해'라는 당시의 뉴스 기사를 읽었습니다.

B: 하하하. 네 그때 바빴지만 참 뿌듯했던 한해였죠.

A: 지금 시간 괜찮으시다면 그 이야기를 잠시 들려주실 수 있나요?

B: 하하, 그럴까요? 2015년부터 추진한 프로젝트가 2018년에 빛을 본 거죠.

(즐거워하며 이야기를 이어간다.)

A와 B는 고객사와 서비스 제공사의 관계로 1년간 통화와 이메일로 연락한 관계다. 첫 대면 자리에서 A는 반가움을 표했고, 우선 대화 목적인 '고객 불편 사항'부터 확인했다. 불편 사항이 없었다는 B의 답변을 들었지만 대화를 끊내지 않았다. B가 건의한 내용을 칭찬하며 B가 자연스럽게 본인의 성과를 이야기 할 수 있도록 대화를 이어 나갔다. 사전에 조사한 B의 근속 년수와 B가 다니고 있는 ○○사의 뉴스 기사 내용을 언급하며 B가 답하기 좋은 주제로 스몰토크를 준비했다. 치밀하게 준비된 스몰토크는 대화의 물꼬를 튼다. 짧은 시간이더라도 즐겁게 대화한 기억은 좋은 관계의 '시작점'이 된다.

🌑 전략적인 스몰토크가 만족감을 높인다

나는 전 직장 근무 당시 고객사와 대면 미팅을 할 일이 많았다. 낯을 가리는 성격은 아니지만 종종 두려웠다. 회사를 대표해서 의견을 전달하는 것이 부담스러웠기 때문이다. 미팅 전에 고객사의 연혁, 최근 뉴스 기사 등 관련 정보를 수집했다. 사전 준비를 진행한 미팅과 그렇지 않은 상태의 미팅은 큰 차이가 있었다. 짧은 시간에 의견 전달과 좋은 인상을 남겨야 하는 미팅에서 '상대방이 흥미를 갖고 설명할 수 있는 정보'는 효과가 좋았다. 준비된 스몰토크는 긴장감을 낮췄다. 또한 '고객사에 대한 관심이 많은 담당자'라는 인상을 줄 수 있었다. 이로 인해 더 많은 기회를 얻었다.

'나의 이야기'가 아닌 '상대방의 이야기'를 끌어내는 스몰토크는 효과가 있을까? 2011년 07월 03일자 중앙선데이의 「말하면서 억눌린 감정 분출, 카타르시스 효과 느껴」 기사[*]에 따르면 이러한 스몰토크나 수다를 떠는 것에 치유 효과가 있다고 한다. 상담심리학에서 내담자 중심 치료로 잘 알려져 있는 로저스 기법의 기반은 '무조건적인 긍정적 수용'이다. 내담자의 말을 잘 들어주기만 해도 내담자 스스로 상당히 많은 심리적 문제들을 해결한다는 것이다. 이렇듯 상대방에 대한 주제로 스몰토크를 하는 것은 상대방에게 카타르시스를 경험하게 할 수 있다. 하지만 주의해야 할 것은 상대방이 원해야 한다는 것이다. 지나친 관심은 오히려 부담이다. 자제해야 하는 때를 잘 파악하자.

---

[*] https://www.joongang.co.kr/article/5727442

준비가 되지 않은 상황에서 활용할 수 있는 스몰토크

관계를 돈독하게 하고 싶은 사람과 스몰토크 상황이 온다면 이런 주제들을 활용해 보자.

대화의 핵심은 상대방의 답변에서 취향이나 성향을 발견하는 것이다. 다음번 스몰토크에서 '준비된 스몰토크'를 할 수 있도록 말이다. 상대방이 어색함을 느끼고 마음을 열지 않을 때는 어쩔 수 없지만 상대방이 적극적으로 대화에 임할 때는 많은 정보를 알 수 있게 될 것이다.

1. 사무실에서 동료와 나눌 수 있는 잡담: 근황 혹은 옷차림 등으로 시작해 보자.

"운동화 사셨나요? B브랜드 좋아해요?"

(선호 브랜드를 알 수 있는 답이 나올 수 있다.)

"원피스가 잘 어울리시네요. 원피스 자주 입으세요?"

(스타일링 취향을 알 수 있다.)

"폰 바꾸셨나봐요. 새로 나온 모델 맞죠?"

(스마트폰 혹은 전자기기에 대한 관심도를 알 수 있다.)

2. 사무실 밖에서 조금 어색한 상대와의 대화: '지금 여기 혹은 요즘'에서 '화제'를 고르되 본인의 취향만 말해 버리고 종결형으로 끝내지 않도록 주의한다.

"이 커피 맛있네요, 어떠세요?"/"이 카페 분위기 마음에 드시나요?"

(취향을 알 수 있다.)

"오늘 날씨가 더운 것 같아요. 더위에 강한 편이신가요?"

(체질이나 선호하는 환경에 대한 정보를 알 수 있다. 상대가 만약 더운 곳을 싫어한다면 여름에 만날 때는 장소 선정에 신경 써야 한다.)

"이 가게가 예전에는 서점이 있던 자리라는데, 알고 있었나요?"

(상대가 스몰토크를 어려워한다면 내가 알고 있는 정보를 들려주면 좋다. 오히려 상대가 편안함을 느낄 수 있다.)

"어제 월드컵 경기 보셨나요?"

(스포츠에 대한 관심도를 알 수 있다.)

"곧 여름휴가 시즌이네요. 휴가는 언제로 계획하고 있나요?"

(휴식 혹은 여행 관련 생각을 들어볼 수 있다.)

스몰토크는 얼어 붙은 분위기를 따뜻하게 만든다. 나아가 경제적인 효과를 가져오고 상대방에게 만족감을 주기도 한다. 다만 '알맹이'가 없는 스몰토크는 위험하다. 상대방과 라포가 형성되지 않은 상태에서 지나치게 관심을 보이거나 외모, 정치, 종교 등의 민감한 주제로 이야기하는 것도 피해야 한다. 상대방의 감정을 상하게 할 수 있다. 스몰토크에도 '알맹이'가 있어야 한다. 알찬 정보가 담긴 스몰토크는 마음을 움직인다.

대통령의 연설이나 유명 인사의 스피치에는 공통적으로 스몰토크가 포함된다. 이러한 스몰토크는 사전에 준비된 '알맹이'가 있다. 듣는 사람을 미소 짓게 만들고 호의적인 태도로 만든다. 호의적인 분위기 속에서 대화가 물 흐르듯 흘러가는 경험은 누구나 해봤을 것이다. 소통이 잘되면 대체로 업무 효율이 높아진다. 스몰토크의 긍정적인 기능을 잘 활용할 수 있도록 평소 사전 준비를 해두는 일은 본인에게 좋은 커뮤니케이션 역량이 된다.

Q 최근에 스몰토크로
대화의 분위기를 풀어본 경험이 있나요?

Q 친해지고 싶은 사람이 있나요?
그 사람과 스몰토크할 때
어떤 주제를 꺼내면 좋을지 생각해봅시다.

유머는 대화의 무드를 바꾼다

"유머의 핵심은 우스꽝스러움 그 자체가 아니라
유희적인 태도로 자유롭게 유머와 진지함을 넘나드는 독특한 방식에 있다."

– 토마스 홀트 베른트[*]

유머 감각이 좋은 직장인들은 대체로 소통을 잘한다. 심각한 회의에서도 사람들을 웃게 만들고 합의를 이끌어내는 능력이 있다. 편하지 못한 상황에서는 분위기를 반전시킨다. 회사 밖에서도 유머는 환영받는다. 대화를 즐겁게 만들기 때문이다. 이러한 유머 감각은 타고나야 하는 것일까? 타고난 사람은 없다. 연습하면 누구나 가능하다. 의식하고 노력하면 된다. 과하지 않을 정도로, 기분 좋은 소통을 위한 유머 감각을 갖는 것을 목표로 하자.

유머의 본질과 기능

프로이트는 유머가 억압된 무의식을 반영한다고 했다. 개인 혹은 사회가 억압하고 금지한 생각을 초자아가 허용할 때 농담이 일어난다는 것이다. 누군가의 재미있는 말 한마디로 난감한 분위기가 풀어진 경험이 있는가? 적절한 유머는 사람들의 무의식을 대변할 수 있다. 공감할 수 있는 유머는 해방감을 느끼게 한다. 때로는 자기 자신을 치유하기도 한다. 프로이트는 "겁에 질려 있는

_____

[*] Thomas Holtbernd, 독일의 심리학자. 『웃음의 힘』을 썼다.

자아에게 유머를 통해 위안이 담긴 말을 해주는 자가 초자아"라고 했다. 유머는 나와 남을 지켜줄 수 있다.

살다 보면 좋지 않은 소식이 찾아올 때가 있다. 심각한 분위기에서 전달받는 소식은 우울하다. 똑같은 소식을 긍정적인 분위기에서 따뜻한 유머의 말로 전달 받으면 어떠한가? 부정적 감정에 잠식되지 않는다. 함께 웃으면 창의적인 해결책도 떠오른다. 직장인들이 '재미있는 동료'를 좋아하는 이유이다. 직장에서는 극복해야 할 과제가 많다. 계속되는 도전 과제가 때로는 우리를 지치게 만들기도 한다. 유머는 이럴 때 다시 도전할 수 있는 에너지가 되어준다.

유머는 어떻게 에너지원이 될까? 2012년 노스캐롤라이나 대학의 심리학자와 플로리다 국제대학의 과학자로 이루어진 연구팀은 유머와 웃음 관련 연구 논문을 분석한 결과를 발표했다. 농담과 장난 같은 유머와 웃음이 사람에게 아주 이롭다는 사실을 밝혀냈다. 피로감을 없애주고 성과를 높이는 데 도움을 준다는 것이다. 또한 로마린다 대학의 리 버크 교수는 웃음이 면역 체계에 미치는 영향을 밝혀냈다. 코미디 영화를 본 그룹과 그렇지 않은 그룹으로 나누었을 때 코미디 영화를 보며 웃었던 그룹의 면역력이 강해졌다고 한다. 유머를 던지기 전에 상대방에게 먼저 따뜻한 미소를 지어보자. 그를 위한 한마디 유머가 상대에게 강한 에너지원이 된다.

빌게이츠가 불치병 판정을 받았다. 약물로도 수술로도 치료할 수 없는 불치병이라는 말을 듣고 빌게이츠는 말했다. "그럼 포맷해 주세요."

횟집에서 한상 가득 차려주신 사장님께: (밥상 아래의 상다리를 살펴보며) "아이고 세상에나…. 상 다리가 부러질 것 같아요 사장님!"

🍵 유머가 마음을 움직일 수 있을까?

2000년도에 한국방송광고공사가 전국의 성인(13~59세)남녀 6천 명을 대상으로 조사를 했다. '매체 및 제품 이용행태 조사'였다. 응답자들은 광고의 유형 중 유머 광고(6점 만점에 4.66점)에 가장 높은 호감도를 나타냈다. 20년이 지난 지금도 사람들은 유머 광고에 열광하고 있다. 2020년에 배우 성동일이 출연한 KCC 광고의 반응은 폭발적이었다. 2주 만에 270만 회, 2023년 9월 말 기준으로는 887만 회라는 조회수를 기록했다. 마케팅 효과는 기대 이상이었다. 사람들은 유머가 섞인 상황과 메시지에 반응한다. 재미있는 콘텐츠는 시간 가는 줄 모르고 보게 된다. 이렇게 유머는 순식간에 마음을 사로잡는다.

완성된 유머만 사람의 마음을 사로잡을 수 있을까? 그렇지 않다. 미국 메릴랜드 대학교의 신경과학자이자 심리학자인 로버트 프로빈 교수는 웃음에 대한 1200가지 사례를 분석했다. 사람들의 자연스러운 웃음에 대한 것이다. 정형화된 유머에는 20%의 사람만 웃었다. 프로빈 교수는 "서로가 장난기 어린 분위기에서 긍정적인 말투로 대화할 때 자연스러운 웃음이 가장 많이 나왔다"고 설명했다. 의도하고 준비한 유머가 아니어도 된다. 평소 소통 과정에서 유머러스한 태도가 중요하다는 뜻이다. 유머를 준비해두기 어렵다면 태도부터 가져봐도 충분하다.

노무현 대통령은 연설 중 상대국 정상과 교역액 수치가 다르다는 점을 즉석에서 유머로 해결했다. 그는 "두 나라 사이에 교역이 활발하다 보니 비행기 타고 오는 사이에 또 늘어났나 봅니다."*라며 재치 있게 분위기를 풀었다.

또한 김대중 대통령의 경우 옥중생활 동안 러시아 문학을 접했던 경험에 대해 언급하며, "나는 오랜 옥중생활을 통해 러시아 문학을 섭렵할 기회를 가졌습니다. 푸시킨, 톨스토이, 도스토옙스키, 투르게네프 등 여러 러시아 고전을 탐독했고, 솔제니친과 사하로프의 작품들도 애독했습니다. 감옥에 있었던 시간이 러시아 문학을 읽은 것만으로도 의미 있었다고 생각합니다."**라고 말했다.

유머는 마음을 사로잡을 뿐만 아니라 치유하기도 한다. 폴란드에서 유머의 스트레스 조절 효과를 알아보는 실험이 이루어졌다. 바르샤바 의과대와 인문사회과학대 합동 연구진이 진행했다. 16~65세의 정신과 외래진료 환자 94명을 대상으로 하였다. 참가자들은 모두 우울증에 걸렸다가 증상이 가라앉은 상태였다. 실험은 두 단계로 구성되었다. 스트레스 상황에 대해 객관적으로 묻다

---

* 강원국, 『대통령의 글쓰기』, 메디치, 2023년, 240페이지.
** 강원국, 『대통령의 글쓰기』, 메디치, 2023년, 51페이지.

가 점차 재미있는 질문을 던지는 식이었다. 연구 결과, 유머러스한 질문에 응답한 참가자들은 모두 부정적 감정이 완화됐다. 재미있는 질문이 거듭될수록 참가자들의 답변도 좋아졌다. 마지막 질문에는 모든 참가자가 긍정적으로 답했다. 유머의 치유 효과이다.

예능에서의 사례를 살펴보자. SBS의 예능 〈집사부일체〉에서 멤버들은 차를 타고 함께 이동하고 있었다. 멤버들이 서로 산을 좋아한다는 이야기를 하던 중 이승기가 군대에서 겪은 산과 관련된 에피소드를 이야기하기 시작했다.

> **양세형**: (갑자기 앞을 가리키며) **승기야, 저기 신호등 보이지?**
> **이승기**: 네.
> **양세형**: 저기 지나면 이제 군대 이야기 그만할까?
> **이승기와 다른 멤버들**: 하하하하하
> **양세형**: (신호등에 가까워지자) **지금 얼른, 계속해!**

멤버들 모두가 웃었고, 이승기도 군대 이야기를 그만하게 되었다. 자칫 지루해질 수 있는 상황에서, 양세형이 한 마디로 유머러스하게 상황을 정리한 것이다.

🗨 유머가 섞인 예쁜 말을 하는 법

첫째, 웃음을 위해 헌신해 보자. 사람들은 일상 이야기를 좋아한다. 남의 험담은 좋은 웃음 소재가 아니다. 그 순간 재미있을지 몰라도 험담의 대상이 되는 타인에게는 상처가 된다. 남 이야기 말고 나의 이야기를 하자. 자랑이 아닌 실패담을 털어놔 보자. 소통을 잘하는 사람들은 무용담이 아닌 실패담을 이야기한다. 웃음의 소재로 활용한다. 실패에서 배운 것을 사람들과 공유하며 즐거운 대화를 이끈다. 타인을 위해 기꺼이 스스로가 웃음의 소재가 되어 보자. 유머는 헌신할 정도의 가치가 있다.

둘째, 시행착오를 기꺼이 겪어보자. 우울증을 진단받은 환자들이 8주간 농담하는 훈련을 받았더니 기분이 나아졌다는 연구 결과가 있다. 이렇듯 몇 주 동안 의식적으로 노력한다면 유머 감각은 좋아지고, 덤으로 우울한 기분까지 없앨 수 있다. 상황이나 분위기를 잘 파악하면 된다. 긍정적인 단어를 사용하고 타이밍을 살피고 시도해 보자. 유머 감각을 키우기 위해 훈련하면 어휘력과 센스도 자연스럽게 좋아진다. 훈련 초반에는 어색한 유머로 분위기를 망칠 수 있다. 조급하게 생각하지 말자. 다양한 경험이 쌓일수록 편안한 유머를 구사할 수 있게 된다.

셋째, 유머의 재료는 아주 많다. 유머가 주제인 온라인 커뮤니티도 많고, 예능 콘텐츠에서도 아이디어를 가져올 수 있다. 일상 대화에서도 재료가 넘쳐난다. 유머 감각을 키우고 싶다면 유머의 재료들을 평소에 잘 모아두자. 잘 기억해 두었다가 적절한 시점에 시도하면 된다. 좋은 유머의 예시를 수집할 때 기준이 되는 것이 있다. 상대방의 콤플렉스나 약점을 건드리지 않는 유머이다.

사회적인 통념을 언급하는 유머도 좋다. 간단하고 명료해야 한다. 품격 있는 유머를 발견한다면 소리 내서 따라해 보자. 거부감이 들지 않는다면 내 것으로 만들 수 있다. 거부감이 드는 것은 내 것이 아니다.

좋은 유머는 누구도 깎아내리지 않고 솔직함을 드러낸다. 아래는 엘르 시상식에서 있었던 장도연의 수상 소감이다.

"사실 제가 시력이 안 좋아서 지금 눈에 뵈는 게 없어요~(사람들 모두 폭소) **한국인의 매운맛을 표현하기 위해 태양초 색깔의 드레스를 입어 봤습니다."**

반면 나쁜 예시도 있다. 2022년 아카데미 시상식장에서 한 코미디언이 윌 스미스의 부인 제이다 스미스를 상대로 무례한 발언을 했다. 자가면역질환을 앓으며 탈모가 생겨 부득이하게 삭발한 그녀를 유머의 소재로 삼은 것이다. 결국 화가 난 그녀의 남편 윌 스미스가 시상식 도중 그 코미디언의 뺨을 때리는 사건이 발생했다.

유머 감각이 있는 사람은 타인과 논쟁하지 않는다. 민감한 주제의 대화도 웃으며 풀어나가고 마무리한다. 유머는 소통에서 강력한 무기가 된다. 혹자는 '유머 감각'이 시각, 촉각, 후각, 미각, 청각 다음의 6번째 감각이라고도 한다. 없어도 생존에 문제가 되지는 않지만 반드시 필요한 감각이라는 뜻일 것이다.

이렇게 꼭 필요한 유머 감각은 의식적으로 노력하면 좋아질 수 있다.

　유머를 연습하고 일상에서 활용해 보자. 유머 감각 좋은 사람들의 비결이 궁금한가? 그들의 스마트폰 사진첩에는 재미있는 밈(Meme:인터넷 상에서 유행하는 '문화 요소'이자 대중 문화의 일부)이나 자료가 많다. 유머러스한 사람이 되기 위해 일상에서 발견한 자료를 모아두고 메모해 둔 것이다. 이것부터 따라서 시작하자. 작은 것부터 시도하면 어느 순간 사람들을 웃게 만들어 주고 있는 자기 자신을 발견할 수 있을 것이다.

Q 상대의 유머에 기분이 안 좋았던 적이 있나요?
왜 그랬을까요?

Q 당신의 유머 코드는 무엇인가요?
주변 사람들은요?

Q 유머 감각이 좋은 친구나 동료의 특징은
무엇인 것 같아요?

겸손하게 말하면 경쟁자도 내 편이 된다

"겸손하게 의견을 말하면 상대는 곧 납득하고 반대하는 사람도 줄어든다."

– 벤저민 프랭클린[*]

한국은 겸손을 미덕으로 생각하는 사람들이 많다. 우리가 겸손해야 하는 이유는 무엇일까? 끊임없이 본인의 역량과 가치를 증명해야 하는 직장에서 마저 겸손하게 말해야 하는 이유는 무엇일까? 첫 번째로 직장 내 관계에서 발생할 수 있는 충돌을 예방하기 위해서이다. 두 번째로는 겸손한 말하기가 역량을 키우는 것에 실제로 도움이 되기 때문이다. 직장에서는 적이 없는 것이 중요하다. 겸손하고 과묵하게 성장하는 사람을 적으로 생각하는 사람은 거의 없다.

A: B 씨! 프로젝트 잘 마무리 되었다는 소식 들었어요. 축하드려요!

B: A 씨! 몇 주 동안 A 씨께서 오전 시간을 할애하여 같이 검토해 주신 덕분이에요.

A: 에이 뭘요. 저는 짧은 시간 도와 드렸는걸요. B 씨가 고생 많으셨죠.

B: 제가 처음 해보는 프로젝트라서 판매 전략 관점에서는 모르는 부분이 많았어요. A 씨가 도와주시지 않았다면 마무리하기 어려웠을 거

---

[*] 미국 정치가.

예요. 정말 감사합니다.

A: (웃으며) 도움이 되었다니 다행이네요. 다음에도 또 필요하시면 알려주세요.

B: (웃으며) A 씨도 제 도움이 필요하시다면 언제든지 편하게 말씀하세요!

B는 자랑해도 될만한 프로젝트를 마무리했다. 많은 공을 들였음에도 자랑하지 않았다. 오히려 도움을 준 동료에게 겸손한 감사의 인사를 전했다. 본인이 부족했던 부분을 인정하며, 성공의 공을 동료에게 돌렸다. 특히 B가 표현한 "덕분이에요"라는 말의 힘은 강하다. 인간은 타인을 도울 때 자기 효능감이 올라가고 존중감을 느낀다. 본인이 누군가에게 도움이 되었다는 말을 듣고 싫어할 사람은 없다.

🍃 협업에서 겸손은 큰 무기가 된다

직장인은 주로 협업한다. 책임을 나누거나 도움을 주고받는다. 업무 완료 후 본인의 성과에 동료의 도움이 있었다면 이렇게 해보자. 자랑하고 싶은 마음은 잠시 접어두고 공을 동료에게 돌려보는 것이다. 그러면 동료는 다음에도 도움을 주고 싶어 할 것이다. 심리학에서 '벤자민 프랭클린 효과'라는 용어가 있다. 도움을 준 사람이 도움을 요청한 사람에게 호감을 느끼는 현상을 말한다. 겸손한 태도를 유지하며 동료에게 친절을 베풀자. 직장에서 호감형 동료가 될 것이다.

(A가 브랜드 홍보 행사를 성공적으로 마쳤다.)

팀원들: A 씨~ 이번 행사 너무 성공적이었어요. 정말 대단해요!

A: 감사합니다. 브랜드가 좋으니 행사에 많이 참여하신 것 같아 다행이죠 하하….

팀원들: 그래도 혼자 진행하신 거잖아요. 어떻게 준비한거예요?

A: (쑥쓰러워하며) 처음에는 막막했어요. 선배님들이 질문에 잘 답변해 주신 덕분이에요. 감사합니다.

직장에서 자랑하거나 칭찬을 즐기는 사람들이 많다. 열심히 추진한 것이니 이해할 수 있는 상황이다. 하지만 A는 겸손한 태도로 일관했다. 본인의 공을 과시하지 않았다. 오히려 팀원들과 함께 만든 브랜드를 높이는 말을 했다. 팀원들의 긍지를 높인 것이다. 또한 혼자 어떻게 준비했냐는 질문에는 "덕분입니다."라는 표현으로 팀원들에게 감사를 전했다. 만약 이때 "내가 잘한 것" 혹은 "혼자서 모두 한 것"이라는 뉘앙스로 말했다면 호감을 얻기는 어렵게 된다.

🍃 겸손은 타인의 시기나 질투, 감정 소모를 막아준다

독일의 철학자 쇼펜하우어는 겸손하지 않을 때 위험에 빠질 수 있다고 경고했다. "자신의 뛰어난 재능을 과시하는 순간 공격의 표적이 된다는 사실을 잊어서는 안된다" "특히 똑같은 일로 경쟁 관계에 있는 사람들로부터는 증오나 원한을 사게 된다."라는 명언을 남겼다. 본인이 재능이 있더라도 자랑하거나 과시하면 동료에게 부정적인 감정을 불러일으킬 수 있다. 동료의 성향에 따라 다르겠지만 듣는 사람의 자존감이 떨어질 수 있다. 최악의 경우 열등감이 심한 동료는 공격성을 보이기도 한다. 훗날 난처한 상황을 겪게 될 수도 있다.

● '지적 겸손'은 사람을 성장시킨다

겸손한 말하기는 시기나 질투를 예방하는 것 외에도 어떠한 효과가 있을까? 겸손한 사람은 배우고자 하는 마음이 있어 성장할 수 있다. 경험 많은 70세 인턴과 열정 많은 30세 CEO의 이야기를 그린 영화 〈인턴〉에서는 '지적 겸손'이 있는 사람이라면 나이에 상관없이 멋진 삶을 살 수 있다는 것을 잘 보여줬다. 주인공 벤이 처음 입사했을 때는 모두가 당황했다. 하지만 겸손한 자세로 젊은 세대를 존중한 벤은 동료와 CEO의 호감을 얻을 수 있었다. 70세에도 성장할 수 있다는 점을 보여준 것이다.

심리학자들이 '지적 겸손'이라고 부르는 이 용어는 자신의 지식과 능력을 인정하면서도 타인의 의견과 지식을 존중하고 받아들이는 태도를 말한다. 미국의 심리학 전문 매체 중 하나인 「Psychology Today」에 따르면 지적 겸손한 사람들은 타인의 의견을 적극적으로 수용한다고 한다. 이들은 자신의 지식과 능력에 통합하는 경향이 있다고 한다. 건강한 정신과 삶을 위한 정보를 제공하는 미국의 온라인 플랫폼 「Verywell Mind」에서도 지적 겸손한 사람들의 특징을 소개했다. 자신의 지식과 능력에 대해 자부심을 덜 느끼고 다른 사람들의 기여를 강조하는 경향이 있다는 내용을 소개했다. 지적 겸손이 높은 사람들은 적극적이고 이타적이다.

엘리자베스 크룸 레이-맨쿠소 미국 페퍼다인대 교수 연구진의 '지적 겸손도' 측정 연구에 따르면 '지적 겸손도'가 낮은 사람들은 개인이든 집단이든 돌발 변수에 취약하다고 한다. 직장은 다양한 변수에 대한 대처 능력과 문제 해결력을 학습하게 되는 기회의 장이다. 일방향의 교육을 받을 때보다 협업을 할 때 우리는 더 많은 것을 익히고 성장한다. '지적 겸손'이 높은 사람은 이 과정에서 겸손한 말하기를 통해 많은 것을 얻고 배울 수 있다. 반면에 '지적 겸손'이 낮은 사람은 본인이 알아야 할 내용을 모두 알고 있다는 착각에 빠진다. 변수에 대한 대응과 피드백을 받기가 어렵고 결과적으로 성장이 더디게 된다.

직장에서 피드백은 왜 중요할까? 미국 경영학의 아버지라 불리는 피터 드러커는 피드백에 대한 중요성을 강조했다. "성장과 관련해서 역사상 알려진 유일하고도 확실한 학습 방법은 피드백이다." 피드백은 성장을 하기 위한 필수 조건이다. 회사의 채용 조건을 겨우 통과하여 턱걸이로 입사한 사람이더라도 '지적 겸손도'가 높아 피드백 수용을 잘하는 경우가 많다. 좋은 선배들의 피드백을 흡수하며 놀라운 퍼포먼스를 보이는 사례를 많이 보았다. 사람들은 겸손한 사람의 성장을 돕는다. 만약 본인이 스스로 '지적 겸손'이 낮다고 생각된다면 "당신이 아무것도 모른다는 것을 아는 것이 진정한 지혜다."라는 소크라테스의 말을 마음에 새기자.

🌥 고개를 숙일수록 더 빛나는 겸손
미국의 링컨 대통령은 "겸손이란 지극히 당연한 것을 당연하게 하는 것"이라고 말했다. 이것이 지금까지 관찰해 온 일잘러들의 공통적인 특징이다. 그들은 동료들에게 추앙받을 만한 성과를 이루고도 들뜨거나 흥분하지 않는다. 그들은 "당연히 해야 할 일을 했을 뿐이다."라며 겸손한 태도를 유지한다. 오히려 성과를 이뤄온 과정을 정리하여 동료와 후배들에게 공유하며 회사의 자산으로 남긴다.

혹자는 겸손은 경쟁 사회에서 본인의 성과를 드러내기 어렵다며 추천하지 않는다. 경쟁 사회에서 생존하기 어려운 것이 아니냐며 걱정한다. 퍼스널 브랜딩이 점점 중요해지고 있는 요즘, 겸손은 시대에 역행하는 것처럼 보이기도 한다. 하지만 정직한 노력 뒤에 따라오는 겸손은 본인을 더 빛나게 해준다는 것을 잊지 말자. 겸손한 말하기는 동료와의 좋은 관계를 지켜주고 본인이 성장할 수 있는 피드백이 따라오게 만든다.

Q 겸손한 말하기가 도움이 되었던
경험이 있나요?

Q 오늘 대화에서 내가 과시하거나
자랑한 적이 있었나요?
어떻게 겸손하게 바꿀 수 있을까요?

디테일이 긍정적인 이미지를 만든다

"1% 실수가 100% 실패를 부른다."

– 왕중추[*]

디테일에 강한 사람은 주변인의 존경을 받는다. '디테일에 강한 사람'은 어떤 사람일까? 직장에서는 '사소한 것도 놓치지 않는 사람'이다. 이들은 보고서나 이메일을 '받는 사람'의 관점에서 작성한다. 추가 질문이 필요 없을 정도로 사소한 정보까지 완벽하게 담는다. 대화할 때도 마찬가지이다. 내용이 많은 것은 요약하고 빠뜨린 내용은 없는지 확인한다. 누군가 관련된 질문을 던졌을 때 답변 역시 잘한다.

물론 디테일에는 정해진 정답이 없다. 때로는 담백하게 말해야 할 때가 있고, 자세한 설명을 듣기 싫어하는 사람에게는 기피 대상이 될 수 있다. 하지만 직장에서는 역량으로 인정받는다. 따라서 좋은 평가를 원한다면 필수적으로 길러야 한다. 다만 단기간의 노력만으로는 어려울 수 있다. 다행인 점은 노력으로 디테일을 챙길 수 있다는 것이다. 3가지만 기억하자. 간단한 실천으로 긍정적인 인상을 남길 수 있다.

---

[*] 『디테일의 힘』을 쓴 중국의 작가.

🔹 첫째, 육하원칙 중 2W1H를 기억하자

'디테일한 말하기'는 장황하게 말하는 것이 아니다. 필요한 정보를 빠뜨리지 않는 것이다. 다음 3가지 요소를 기억하자

Why(이유): 왜 그 일을 해야 하는가?

What(행동): 그 일을 하려면 무엇이 필요한가?

How(방법): 그 일을 하려면 어떻게 해야 하는가?

직장 내에서는 육하원칙을 모두 말할 필요는 없다. 보통은 '왜(이유)?', '무엇(행동)?', '어떻게(방법)?'가 핵심이다. 2W1H를 놓치지 않고 말하는 습관을 익혀두면 필요한 말을 빠르고 정확하게 전달할 수 있다.

2W1H를 포함한 말하기가 중요한 이유가 또 있다. 인간은 '인지적 구두쇠'이기 때문이다. 이 용어는 1984년 사회 심리학자 수잔 피스케와 셸리 테일러가 처음 사용했다. 인간이 정보를 처리하고 의사 결정을 내릴 때 단순하고 효율적인 전략에 의존하는 경우가 많다는 것을 뜻한다. 대화에서 인지하고 받아들이는 것은 '듣는 사람'의 몫이다. 그러므로 전달하고자 하는 내용이 듣는 사람에게 100% 전달되지 않을 때가 많다. 듣는 사람이 집중력을 잃거나, 본인도 모르게 섣부른 판단을 해버릴 수 있기 때문이다. 대화를 종료하기 전에 2W1H를 통해 핵심을 다시 한번 짚어주자. 소통의 오류는 이 과정에서 발견된다.

"부장님, 총무팀에서 자리 이동이 2주 뒤에 가능하다고 하네요. 그 때 맞춰서 진행해도 될까요?"

→ "부장님, 총무팀에서 엔지니어들 자리 이동(What) 시 필수 장비가 있어야 하므로(Why) 설치하는 데 2주의 시간이 걸린다고 합니다. 그 때 맞춰서 일정을 변경(How)해도 될까요?"

"이 대리~! 회사에서 인턴 멘토 TF팀을 만든다고 해서 이 대리 추천 하려고 하는데, 1개월 동안 활동할 수 있겠어?"

→ "이 대리~! 회사에서 인턴 멘토 TF팀을 만든다고 해서 이 대리를 추천하려고 하는데, 1개월 동안 활동할 수 있겠어? 활동하게 되면 나중에 이 대리 덕분에 팀에서 좋은 인턴을 배정 받을 수 있게 돼.(Why) 인턴에게 총 4번 멘토링 30분씩만 해주면 되는 거야.(How) 이 대리의 경험이랑 노하우를 잘 알려주면 좋을 것 같아.(What)"

처리 중인 업무에 대한 중간 공유도 2W1H로 진행하면 된다. '무엇을 어떻게 왜? 그렇게 처리하고 있는지' 간단하게 공유하자. 방향성이 잘못되었다면 이 단계에서 발견할 수 있다. 직장에서 발생하는 다양한 오류는 디테일을 놓치는 순간 시작된다. 처리 중인 이유(Why), 처리할 것(What), 처리 방법(How) 외에도 리스크 등을 중간 공유하자. 또한 소통을 완료했더라도 서로가 주기적으로 리마인드 해주면 오류를 줄일 수 있다.

"지시하신 건은 □□때문에(Why) ○○을(What) ~~으로(How) 진행하고 있습니다. 현재까지 문제 되는 이슈는 없습니다."
"말씀하신 ○○은(What) ~~하는 방향(How)으로 처리하고 있습니다. 예산 이슈가 있는데요. 이슈의 원인은 □□입니다.(이후 Why에 대한 상세 설명)"

🌰 둘째, 사례나 근거를 바탕으로 말하자

애매모호한 말은 오류를 가져오고 갈등을 유발한다. 구체적인 답변이나 결과물을 원한다면 디테일한 가이드와 설명이 필수이다. 직장에서는 다른 팀과 협업할 일이 많다. 이전에 처리했던 유사한 사례나 완성본 예시를 보여주자. 누군가를 설득하거나 의견을 주장할 때는 반드시 근거를 가져가야 한다. 근거는 개인 의견이 아니다. 정량적인 데이터나 법령 혹은 고객들의 정성적인 피드백과 같은 구체적인 자료로 준비해야 한다.

추상적인 내용을 명료하게 보여줄 수 있는 것이 사례와 근거이다. 다만 '속 빈 강정'이 되지 않도록 주의해야 한다. 프로젝트를 기획하는 상황을 가정해 보자. '유사 성공 사례'만 거창하게 이야기하는 것은 좋지 않다. '실패하지 않을 수 있는 근거가 되어주는 수치' '리스크 대비가 가능한 현실적인 이유' 등이 핵심이다. 구체적인 사례와 근거는 기획 단계 뿐만 아니라 실행 단계에서 더 중요하다. 실행 단계에서는 사례와 근거가 없다면 진행이 어렵다. 꿈과 희망만 좇을 수는 없기 때문이다. 회사는 명확한 목표를 위해 움직이는 조직이다.

프로젝트 뿐만 아니라 본인을 소개해야 하는 상황에서도 사례와 근거는 중요하다. 입사 지원서의 자기소개서 항목에도 사례를 설명하라는 문항이 많다. 면접에서도 사례를 바탕으로 구체적으로 설명하는 면접자가 좋은 점수를 받는다. 근거 없는 자기 자랑은 답변의 신뢰도를 떨어뜨릴 뿐이다. 면접과 같은 형식적인 자리가 아니더라도 일상에서 긍정적인 이미지를 주고 싶다면 기억하자. 본인의 강점이나 취미 혹은 최근 관심사를 이용해 간략한 소개를 하는 것도 좋다. 취미나 관심사는 한 사람을 설명하는 좋은 사례가 되기 때문이다.

"회계 자격증 공부를 하고 있는 ○○○입니다."

"카페 창업에 관심이 있는 ○○○입니다."

"취미로 다이빙을 배우고 있는 ○○○입니다."

"처음 뵙겠습니다. ○○○입니다. 평소에는 직장인이지만 부캐는 축구 선수입니다."

셋째, 디테일을 원한다면 사전 준비는 기본이다

"기회는 준비를 만났을 때 큰 행운이 따른다." 토머스 에디슨의 말이다. 디테일한 대화를 위해서는 반드시 사전 준비가 필요하다. 중요한 연설이나 발표를 위해 준비한 경험이 있을 것이다. 일상에서도 대화 전에 준비하는 습관을 들여야 한다. 2W1H 중 빠진 내용은 없는지 확인하자. 준비한 사례와 근거가 설득력이 있는지도 점검하자. 예상 질문에 대한 답변을 생각하는 것도 도움이 된다. 그래도 불안하다면 대화하기 전에 혼자서 말해보는 연습을 해도 좋다.

말하기 연습은 사소해 보이지만 큰 차이를 가져온다.

　이미지 트레이닝이라는 단어를 들어봤을 것이다. 스포츠 선수들이 주로 하는 훈련이다. 인간의 뇌가 실제와 가상을 구분하지 못하는 것을 이용한 훈련이다. KBS 다큐멘터리 「마음」에서 관련 연구가 나온다. 미국 클리블랜드 병원의 신경과학자 광예(Guang Yue) 박사의 연구이다. 피실험자는 젊은이와 노년층으로 이들은 총 4개월간 50회에 걸쳐 10~15분씩 마음속으로 근육을 강하게 수축시키는 훈련을 받았다. 그 결과 훈련받은 부위의 근육이 실제로 약 15% 강화되었다. 이미지 트레이닝은 신체뿐 아니라 심리적인 준비를 할 때도 도움이 된다. 대화 장소와 말하는 모습을 생생하게 상상하자. 잠깐의 노력만으로 디테일한 말하기를 할 수 있다.

　"파이크 밸리는 무릎을 펴고 하는 동작이고요." "모리스 동작인 것 같네요." 국민MC 유재석이 2008 베이징 올림픽 남자체조 평행봉 결승 해설에서 한 말이다. 철저한 준비는 생소한 것도 익숙하게 한다. 유재석은 비전문가임에도 이질감 없는 해설을 보여줬다. 금메달을 획득한 중국 선수가 경기를 마친 순간에도 침착하게 칭찬했다. 메달을 따지 못한 한국 선수에 대한 언급도 놓치지 않았다. 해설자의 태도까지 준비한 것이다. 전문 해설위원이 아니지만 '사전 준비'의 힘을 보여주었다. 체조는 해설에 주의가 요구되는 경기이기에 유재석의 해설 소식에 사람들은 우려했다. 하지만 그는 성실히 준비했고 그 덕분에 전문 해설위원과 시청자로부터 호평을 받았다.

'디테일한 말하기'는 이렇듯 많은 이점이 있다. 말하는 과정과 준비하는 과정 모두 유익하다. 듣고 있는 사람도 편안하다. 그렇다 보니 직장에서는 대화의 효율을 높인다. 누군가에게 설명을 듣는 상황을 상상해 보자. 몇 개의 질문을 반드시 해야만 세부 사항을 파악할 수 있는 대화가 좋은가? 한 번의 설명으로 명쾌하여 질문할 것이 없는 대화가 좋은가? 직장인들은 후자의 상황을 좋아한다. 시간을 절약할 수 있기 때문이다. 디테일한 말하기로 대화 효율을 높이면 동료와 지인들에게 긍정적인 이미지로 기억될 것이다.

세상에는 천재보다 평범한 사람이 더 많다. '디테일한 말하기'는 평범함을 비범함으로 만들어 준다. 시간이 쌓일수록 효과는 더 커지고 디테일을 놓치는 사람과의 격차도 커진다. 디테일은 대화 뿐만 아니라 인생의 많은 것을 바꿀 수 있는 무기가 된다.

영국의 작가이자 사회 비평가인 찰스 디킨스(Charles Dickens)는 '천재는 디테일을 살필 줄 아는 사람'이라고 말했다. 위에서 소개한 3가지 방법 중 본인에게 무리가 되지 않는 방법부터 실천해 보자.

Q 최근 대화나 업무에서
디테일이 중요한 역할을 했던 사례가 있나요?
그 결과는 어땠나요?

Q 동료의 꼼꼼한 준비에 감탄한 적이 있나요?
칭찬을 건네며 어떻게 준비했는지 물어봅시다.

유연한 기준이 대화도 부드럽게 한다

"설교가 20분을 넘어가면 죄인도 구원받기를 포기한다."

– 마크 트웨인[*]

　많은 회사가 채용 과정에서 '수용력'을 중요하게 평가한다. 수용력은 조직 적응과 업무 성과에 큰 영향을 미치기 때문이다. 뛰어난 인재라도 수용력이 없다면 겉돌 수밖에 없다. 동료와의 소통에서도 어려움을 겪는다. 본인의 기준만 강요하는 경우가 많기 때문이다. 합의된 기준임에도 완벽히 따르지 못할 때도 있다. 물론 누구에게나 자신만의 기준은 필요하다. 하지만 상황에 따라 조정할 수 있어야 한다. 유연하지 못하면 오류에 갇힌다. '불통'의 이미지가 된다. 동료들은 더 이상 대화하고 싶어 하지 않는다.

　만약 다른 사람의 기준을 수용하기가 어렵다면 관찰부터 해보자. 수용은 '받아들이는 것'이다. 본인이 받아들이지 않고, 타인에게 강요하고 있지는 않은지 돌아보자. 상대의 반응과 기분을 파악하려고 노력하면 자신이 강요하고 있지 않은지 알 수 있다. 대화 도중 상대방에게 물어보는 것도 좋다. 그 후에 동의할 수 있는 내용과 동의가 어려운 내용을 구분하자. 이렇게까지만 하더라

---

[*] Mark Twain. 미국의 소설가. 본명은 새뮤얼 랭혼 클레먼스(Samuel Langhorne Clemens)로 '마크 트웨인' 은 필명이다.

도 성공이다. 조금씩 기준을 조정하면 새로운 것이 보인다. 갇혀있던 사고에서 빠져나올 수 있게 된다.

🌙 유연한 대화를 할 수 없는 이유

첫째, 대화 나르시시즘에 빠지기 때문이다. 이 개념을 만든 미국의 사회학자 찰스 더버는 대화 참여자의 반응을 2가지로 나눈다. 대화 초점을 자기 쪽으로 끌어오는 '전환 반응'과 상대의 말에 호응하는 '지지 반응'이다. 대화 나르시시즘에 빠진 사람은 극단적인 '전환 반응'을 보인다. 아래 대화에서 A는 B의 어제의 저녁 식사 언급에 호응하지 않는다. 두 사람은 대화하는 것처럼 보이지만 각자 자기 할 말만 하고 있다. 좋은 대화가 아니다. C와 D는 '지지반응'을 보이며 소통하고 있다. 대화할 때 '지지 반응'을 잊지 말자. 적당한 나르시시즘은 자신감을 준다. 하지만 부정적인 대화 나르시시즘은 대화하고 싶지 않은 사람으로 만든다.

Bad

> **A: 아직 저녁 시간 되려면 멀었는데 왜 이렇게 배가 고프지.**
>
> **B: 그래? <u>나는</u> 배 안 고픈데.**(전환 반응)
>
> **A: <u>나는</u> 자꾸 배에서 소리가 나**(전환 반응)
>
> **B: 점심 먹었어?** (지지반응)
>
> **A: 시간이 없어서 대충 먹었어.**
>
> **B: 잘 챙겨먹지! <u>나도</u> 어제 저녁으로 단백질바 1개만 먹었더니 힘이**

하나도 없더라. 너한테도 말했었잖아.(전환 반응)

A: 아 말했었지. 그런데 나 배고파서 빵 먹어야겠다.(전환 반응)

B: 난 안 먹어도 될 것 같아.(전환 반응)

Good

C: 아직 저녁 시간 되려면 멀었는데 왜 이렇게 배가 고프지.

D: 밥 안 먹었어? (지지반응)

C: 시간이 없어서 대충 먹었어.

D: 뭐 먹었는데? (지지반응)

C: 단백질 음료 마셨어.

D: 뭐 먹으러 갈까? (지지반응)

C: 그럴까… 너는 배 안 고파? 점심 뭐 먹었어? (지지반응)

D: 나는 백반 먹었어. 저녁을 좀 빨리 먹을까? 아니면 길 건너에 요거
트 가게 생겼던데 간단히 그거라도 먹을래?

C: 오, 정말? 좋아, 가자!

둘째, '지식의 저주' 때문이다. 1990년 스탠퍼드 대학 심리학과 대학원생이
었던 엘리자베스 뉴턴은 실험을 진행했다. 참여자를 2개 그룹으로 나눴다. 노
래의 리듬에 맞춰 책상을 두드리는 그룹과 두드리는 소리를 듣고 노래를 맞추
는 그룹이다. 미국의 유행가 혹은 국가처럼 잘 알려진 노래였다. 두드리는 그
룹은 정답을 맞힐 확률을 50%로 예상했다. 실제로 답을 맞힌 비율은 2.5%였

다. 두드리는 사람은 멜로디나 가사를 알지만 듣는 사람은 '탁탁' 소리만 듣기 때문이었다. 본인이 알고 있는 지식을 타인도 알고 있다고 착각하는 것이 '지식의 저주'다. 아래 대화를 살펴보자.

> A : 요즘 잠을 못 자요.
>
> B : 그럼 자기 전에 목욕을 해보세요.
>
> A : 안 그래도 잠들기 30분 전에 목욕을 하는데 불면증인가봐요.
>
> B : 당연히 90분 전에 해야 하는 거 아닌가요…? 몸속 온도가 원래대로 돌아오기까지 90분이 걸리잖아요.
>
> A : 그래요? 몰랐어요.
>
> B : 아 모르셨어요? 90분이 지난 후부터 몸속 온도랑 피부 온도 차이가 줄어들어서 숙면 취하기가 좋아요.
>
> A : 네…. 좋은 정보네요. 감사해요.
>
> B : 램수면과 논램수면의 차이는 아시죠?

지식을 공유할 때는 상대의 반응을 관찰하자. 내가 알고 있는 상식을 상대는 모를 수 있다. 또한 "불면증이면 매일 피곤하죠…? 저도 불면증이었고 지금은 좀 나아졌어요. 괜찮으시다면 정보를 드리고 싶네요."처럼 공감을 먼저 표하고 도움을 주어도 되는지 묻는다면 상대에게 더 설득력 있는 도움을 줄 수 있을 것이다.

셋째, 자의식 과잉 때문이다. 이는 개인 심리학의 창시자 아들러가 정의했다. 자신에 대한 타인의 반응을 지나치게 의식하고 관찰하는 현상이다. 자의식이 높은 사람들은 타인에게 존경받고 싶어하고, 관심을 끌고 싶어한다. 목표를 너무 높게 설정하는 경우가 많다. 남들에게 어떻게 비추어질까를 걱정하며 인위적이고 부자연스러운 행동을 한다. 자의식이 부족한 것도 문제이지만 과한 것도 문제이다.

A: 아직 퇴근 안 하셨어요?

B: 네. 일이 많아서요.

A: 이번 주 4일 내내 야근하시지 않았어요?

B: 괜찮아요. 얼마든지 야근할 수 있습니다. 이번 달에도 실적 1위가 목표거든요.

A: 그렇군요…. 멋지네요.

B: 멋지긴요. 저는 1등을 해야 하는 사람이에요. 힘들어도 해내야죠.

A: 실적도 좋지만 건강도 챙기셔야죠….

위 대화에서 둘은 B의 과한 자의식 때문에 유연한 대화를 하지 못하고 있다. 정신건강의학과 오은영 박사는 "내가 어떤 사람으로 살고 싶은지에 대한 비중보다 내가 어떤 사람이냐에 무게를 두고 살아가는 것"이 중요하다고 말한다. '지금 이대로의 나도 좋다.'는 편안한 마음을 가져보자. 자연스러운 대화가 가능해진다.

☁ 유연한 대화의 장점

첫째, 상대방에게 강요하지 않을 수 있다. 특정한 기준을 반드시 지켜야 하는 상황을 제외하면 우리는 대부분의 일을 조율하며 살아간다. 누군가 좋은 의도라며 해준 말에 불편했던 경험이 있는가? 나를 위해 해준 말이지만 강요로 들린다. 청춘들이 명절에 친척 집에 가기 싫어하는 이유이다. 이와 마찬가지로 나의 기준은 '내 생각'일 뿐이다. 세상에는 다양한 기준이 있다. 상대가 불편해하면 잔소리가 된다. 좋은 의도가 왜곡된다. 대화 중 상대가 불편한 내색을 보이면 기준이 맞지 않는 것이다. 이때는 상대의 기준을 이해하고 존중하여 대화를 해보자. 상대방에게 거부감을 주지 않고 의도하는 바를 전할 수 있다.

> "저는 이번 프로젝트에서 ~기준을 가지고 있는데 어떻게 생각하세요?"
> "이 안건에서 지켜져야 하는 기준이 무엇이라고 생각하시나요?"
> "어떠한 기준을 가지고 작성하셨나요?"
> "혹시 기준이 다를 수 있지만, 궁금하시다면 제 의견을 말씀 드려봐도 될까요?"

둘째, 선입견과 편견에 빠지지 않는다. 영국의 소설가 올더스 헉슬리는 "우리의 경험은 우리에게 실제 일어난 일이 아니라 우리에게 일어난 일로부터 우리가 만들어 낸 것"이라고 말했다. 정답이라고 생각한 것이 사실은 아닐 수 있다. "그러니까 이렇다는 거지?" "대부분 그렇던데"라고 말하는 것들은 억측일 수 있다. 확신하는 것일수록 검증하는 자세를 가져야 한다. 동료의 의견이 맞을 수 있다는 유연한 자세를 취하면 선입견과 편견에 매몰되지 않는다. 선입견과 편견은 누구나 가지고 있다. 하지만 강요하면 호감을 잃게 된다. '내가 틀릴 수도 있다.' '더 좋은 답이 있을 수 있다.'는 자세로 유연하게 수용하는 사람이 호감을 얻고 성장한다.

> "저는 이렇게 알고 있었는데요. 시간이 흘러서 달라졌을 수도 있겠네요. 다시 알려주실 수 있나요?"
> "그 동안 ~방식으로 처리해서 문제가 없었는데요, 새로운 방식이 있다면 알고 싶네요. 설명해 주실 수 있나요?"
> "제 선입견일 수 있겠네요…. 방금 좋은 아이디어 말씀하신 것 같은데, 자세한 내용을 들어볼 수 있을까요?"

셋째, 새로운 시도를 할 수 있다. 유연한 기준을 가지면 새로운 행동을 하게 된다. 하지만 본인만의 기준을 고수하면 변화는 없다. 성장을 위해서는 새로운 것을 배우는 것을 즐기고 생소한 것들이라도 받아들이자. 2017년 12월 6일 YTN 사이언스의 「나이가 들었다고 뇌기능이 떨어지는 것은 아니다?」 기사에 따르면 골똘히 공부하거나 새로운 시도를 하며 자극을 받는 것은 우리의 뇌에도 더 많은 정보를 오가게 하며 신경세포에 긍정적인 영향을 미친다. 타인과의 대화를 통해 실제로 더 똑똑해질수 있고, 사고의 확장이 일어나게 되는 것이다.* 이처럼 새로운 시도는 인생을 풍요롭게 한다.

☁ 수용력 높은 말하기를 하는 방법

첫째, 다름을 인정하자. 직장에 비슷한 성향의 사람만 있다면 어떨까? 주위에 똑같은 사람만 있다면 과연 성장할 수 있을까? 성장할 수 없다. 다름을 인정하는 대화는 깊이가 있다. 반복하면 다양한 시각으로 생각할 수 있게 된다. 물론 의견이 충돌하면 그 순간에는 긍정적인 감정을 갖기가 어렵다. 하지만 이럴 때일수록 기회에 초점을 맞추자.

> "제 생각은 이러한데요, 대리님 생각도 말씀해 주실 수 있나요?"
> "그 내용까지는 제가 몰랐는데, 덕분에 하나 배웠네요!"
> "서로 관점이 다르네요. 각자의 상황은 이해했으니 합의점을 함께 찾아보는 게 어떨까요?"
> "팀장님과 제 생각이 다른데, 잘 들어주시고 이해해 주셔서 감사합니다."

'다름'은 '배움의 기회'이다. 입장의 차이를 극복하면 서로를 이해하게 된다. 이전에 생각하지 못한 새로운 관점에서 현상을 바라보게 된다. '다른 생각'은 '틀린 생각'이 아니라는 점을 명심하자.

---

* YTN, "나이가 들었다고 뇌기능이 떨어지는 것은 아니다?", 2017.12.06. (https://science.ytn.co.kr/program/view_hotclip.php?mcd=0036&key=201712061719083841)

둘째, 본인의 무지를 인정하자. 스튜어트 폭스맨 박사는 칼럼에 한 실험을 기고했다. 이 실험은 의사가 치료법을 잘 모를 때 환자에게 모르겠다고 솔직하게 말하는 것이었다. 놀랍게도 이 말을 들은 환자 상당수는 의사를 더 신뢰하게 되었다고 말했다. 이를 보고 폭스맨 박사는 환자들도 의사가 모든 걸 안다고 여기지는 않는다며, 다만 최선을 다하고 있다는 확신을 이 "모르겠습니다. 하지만 밝혀내겠습니다."라는 말에서 얻는 것이라고 말했다.[*] 모르는 것을 인정할 때 많은 것을 배운다. 서로의 정보량이 다르기 때문에 당연히 모를 수 있다. 배우려는 태도로 더 많은 것을 알게 되면 된다.

셋째, "나를 설득해 달라"고 말하는 것도 좋다. 대화 중 의견차가 좁혀지지 않은채로 신경전만 팽팽하게 하는 것은 서로의 에너지만 소모시킨다. 더 나은 방향의 합의에 이르기 위해 상대에게 도움을 요청하자.

> "설명 감사합니다. 다만 아직 완벽하게 설득이 되지는 않아요. 혹시 다른 근거도 있나요?"
> "그 부분까지는 이해가 되었습니다. ○○ 내용은 납득이 가지 않는데 조금 더 설득력 있는 내용도 있을까요? 없다면 ○○ 내용을 □□관점에서 다시 한번 설명해 주실 수 있나요?"

---

[*] 셀레스트 헤들리, 『말센스』, 스몰빅라이프, 2019, 67페이지.

이처럼 의견 대립보다는 설득을 요청하는 것이 낫다. 설득이 되지 않는 부분을 솔직하게 말하고, 더 강한 논리를 요청하자. 사람의 성향에 따라 잠깐은 불편할 수 있겠지만 결국에는 서로가 성장하게 된다. 설득하고 설득 당하려는 시도에서 최적의 결론을 이끌어 낼 수 있기 때문이다.

우리 사회는 과거에 비해 더 많이 연결되는 것처럼 보이지만 격차는 심하게 벌어지고 있다. 빈부 격차 뿐만 아니라 정보의 격차, 세대간 갈등이 극명해지고 있다. 갈등이 싫어서 비슷한 가치관을 가진 사람들과만 대화하게 되면 편향적 사고를 하게 된다. 이는 수용력을 더 낮아지게 만든다. 정반대의 다른 의견도 적극적으로 듣고 이해하는 태도가 필요하다. 이러한 수용적인 태도와 유연한 기준은 대화와 관계의 스펙트럼을 넓혀줄 것이다.

Q 나를 위해 해준 말이었지만 강요로 들렸던 조언이 있나요?
왜 그렇게 느꼈을까요?

Q 세대 차이로 인한 문제는
어떻게 해결해야 현명할까요?

예쁜 말을 하고 싶은 그대에게

"당신의 말이 곧 당신이다." [*]

– 프랭크 런츠

예쁜 말은 자기 자신과의 대화에서부터 시작된다. 자기 자신과 어떤 대화를 하고 있는지부터 점검하자. 자신과 대화를 잘하지 못하는 사람일수록 마음에 부정적인 감정이 쌓였을 가능성이 높다. 상처, 결핍, 피해 의식, 의심과 같은 부정적인 마음이 해소되지 않고 남아있어서 자신과의 대화조차 어려워한다. 이는 곧 말투에 드러난다. 말투를 바꾸고 싶다면 자신의 마음을 먼저 돌봐야 하는 이유이다.

자신을 사랑하고 존중할 수 있는 사람이 타인도 존중할 수 있다. 예쁜 말은 자연스럽게 나온다. 말투와 행동도 긍정적으로 바뀐다. 생각은 말로서 형성되고 행동을 바꾸기 때문이다. 말하는 대로 생각하게 되고 그대로 인생이 흘러간다.

―――

[*] Frank Luntz. 커뮤니케이션 전문가. 미국의 주요 뉴스 매체에서 자주 등장하며, 미국 정치 및 커뮤니케이션 분야에서 높은 인지도와 신뢰성을 갖추고 있다.

나는 예쁜 말을 시작하고 나서부터 인생에 많은 변화가 생겼다. 가장 큰 변화는 기분 좋을 일이 많다는 것이다. 내가 하는 예쁜 말은 나와 상대방이 동시에 듣는다. 대체로 함께 웃고 기분이 좋아진다. 분위기는 밝아지고 소통이 원활해진다. 스스로 내 자신에게 예쁜 말로 전하는 격려와 칭찬은 내 중심을 지켜준다. 의지만 있다면 누구나 시작할 수 있다. 스스로에게 예쁜 말을 건네며 각자만의 마음 챙김을 통해 편해지자는 것이다.

☁ 우리가 예쁘게 말하지 못하는 이유

미국의 심리학자 앨버트 엘리스는 "우리를 혼란하게 만드는 것은 우리가 겪는 사건 자체가 아니라 이를 합리적이지 못한 방식으로 받아들이는 것에서 비롯된다."고 말했다. "인간의 행복, 불행은 언제나 마음 상태와 연관되어 있다."*고 보았기 때문이다. 임상심리학자이자 정신과 의사인 윌리엄 글래서 역시 "대부분의 행동은 선택된 것이며 타인과 잘 지낼 수 있는 방법은 자신의 내면에 있다."고 주장했다. 불편한 상황임에도 불구하고 분위기를 반전시키고 이익을 얻는 사람들이 있다. 반면에 똑같은 상황에서 상처 주는 말을 굳이 꺼내 손해를 보는 사람도 있다. 화내지 않았는데 화낸다는 오해를 받는 사람도 있다. 사건을 받아들이고 말하는 방식의 차이이다. 예쁜 말이 어려운 이유는 무엇일까? 크게 4가지가 있다.

---

* 임정민, 『어른의 대화법』, 서사원, 2022, 117페이지.

첫째, 가까운 관계일수록 말투를 신경 쓰지 않는다. 우리는 왜 가족이나 연인, 친한 친구나 동료에게 더 날카로운 말을 내뱉는 것일까? 뇌과학자 정재승 교수는 SBS의 「집사부일체」에서 인간이 가족이나 연인과 같은 가까운 사람에게 더 많이, 자주 화내는 이유를 설명했다. 인간의 뇌에는 자신을 인지하는 영역과 타인을 인지하는 영역이 있는데, 나와 가깝다고 생각하는 사람일수록 두 영역 중 '나를 인지하는 영역'에 가깝게 저장된다. 문제는 저장뿐만 아니라 자신처럼 통제할 수 있다고 착각하는 데서 시작된다. 때문에 말투를 신경 쓰지 않고 당연히 이해할 것이라고 믿는다. 가까운 사람의 거친 말은 더 아프다. 친밀할수록 예의와 선을 지켜야 한다. 뇌의 인지는 통제할 수 없지만 내뱉는 말은 의식하도록 하자.

둘째, 마음이 편안하지 못한 상태에서 대화하는 경우가 많다. 건강한 자아를 가지고 마음에 중심이 잡히면 말과 행동이 안정된다. 몸이 편안해지고 호흡이 자연스러워진다. 대화를 잘하기 위한 말투를 공부하기 전에 우선 내 안에 무엇을 채워야 할지 고민해 보자. 나는 어떤 사람인가? 과하게 수다스럽거나 침묵만 하고 있는가? 혹은 대화에 집중을 잘 못하는가? 내가 이런 모습인 이유는 여러 가지일 수 있다. 인정 욕구가 강한 사람은 본인의 능력을 쉬지 않고 드러낼 것이다. 어떤 이는 자기감이 건강하지 못해 늘 침묵한다. 누군가는 정적이 어색해서 실언을 쏟아낸다. 이러한 대화 패턴은 상대에게 좋은 인상을 남길 수 없으니 주의하자.

셋째, 분노, 불안, 상처, 수치심과 같은 부정적인 감정이 마음에 남을 수 있다. 미국의 심리학자 크리스틴 네프 박사는 마음챙김을 통해 고통을 조망할 수 있다고 말했다. 알아차리게 되면 고통의 대상과 자신을 과하게 동일시하지 않을 수 있다는 것이다. 부정적인 감정이 찾아오면 거리를 두고 관찰하자. 부정적인 감정을 빨리 끊어내거나 없애려고 할수록 감정은 더 커진다. '내가 지금 우울하구나.' '불안이 찾아왔구나.' 생각하며 잠시 곁에 두면 된다. 우리는 일상에서 크고 작은 부정적 감정을 느끼며 살아간다. 그저 다양한 감정 중 하나로 기꺼이 받아들이자. 이어서 스스로에게 예쁜 말을 해주어 좋은 감정으로 전환하는 연습을 해보자.

"처음 해보는 일인데, 잘할 수 있을까?"
→ "우선 하나씩 차근차근 해봐야겠다."

"나는 너무 가진 게 없어⋯."
→ "나는 잘 웃고 건강한 몸으로 일을 할 수 있음에 감사해."

"우울한데 누구한테 연락을 해⋯."
→ "선배님의 아기가 태어났네! 축하 메시지를 보내봐야지."

넷째, 너무 많은 말을 하며 살아간다. 타인과의 연결이 쉬워지고 언제 어디서든 대화할 수 있는 세상이다. 말하기는 쉽고 듣기는 점점 더 어려워진다. 우리는 이전보다 더 많은 대화를 하면서도 어떻게 말해야 하는지 어떻게 들어야 하는지 모른다. 본인의 말투가 남에게 상처를 주는지도 모른다. 자신에게 스스로 좋은 말을 해줄 시간조차 갖지 못한다. 가까운 사람에게는 무례한 말을 아무렇지 않게 내뱉는다. 이해해 줄 것이라고, 문제가 되지 않는다고 생각한다. 사실 상대방은 이해가 아니라 인내하고 있는 것인지도 모른다. 많은 말을 할수록 스스로 경계할 필요가 있다. 말투는 관계에서 의식적으로 신경 써야 한다.

🍃 마음 챙김을 시작하면 예쁜 말이 나온다

말투를 변화시키는 마음 챙김은 어떻게 해야 할까? 우선 거친 말투가 나오는 이유를 알아야 한다. 마음 안에 이유가 있다. 상대방 때문에 화가 났다고 생각하겠지만 실제로 화가 난 이유는, 분노의 원인이 된 말이나 사건을 바라보는 '본인의 관점' 때문이다. 깊은 내면에 답이 있다. 스스로 내면을 들여다보는 시간을 가져보자. 일리노이 대학에서 수행된 한 연구에 따르면, 방과 후 시간의 25퍼센트 이상을 혼자 보내는 10대들이 학업 성취도가 높았으며, 우울증에 걸릴 확률도 낮았다는 사실이 발견되었다. 생각할 시간을 가지기 위한 고독은 장점이 많다. 자발적 고독을 통해 감정을 글로 적어보자. 더불어 3가지를 습관으로 만들어 나가자.

첫째, 이해의 범위를 확장해 나가자. 납득 가능한 선을 알아야 한다. 누군가 선을 넘었을 때 대처법을 마련해 둔다면 인간관계와 본인의 마음 모두를 지킨다. 생각은 마음을 잠식한다. 내면이 불안한 사람은 분노조절장애나 공황장애에,

강박증 등의 증상이 나타날 가능성이 높다. 결국 이해의 범위는 좁아지고 '무조건 참기만 하는' 착한 사람이 되어 속으로만 아파한다. 혹은 예쁘게 말하지 못하고 상처 주는 말을 하는 사람이 된다. 나의 감정과 타인을 바라보는 방식을 의식하자. 포용력과 이해의 범위를 확장해 나가자. 말투가 좋아진다.

둘째, 지금 여기에 집중하자. 미국 정신과 의사 에릭 번의 교류 분석 이론에는 '인생 각본'이라는 개념이 있다. 사람들은 과거 경험을 통해 자신만의 인생 각본에 따라 살아간다는 것이다. 승리자의 각본, 패배자의 각본, 평범한 각본으로 나뉜다. '승리자의 각본'을 가진 사람은 '지금 여기'에 집중한다. 과거의 상처도 물론 있지만 인생의 주인공이 본인인 것을 안다. '패배자의 각본'을 가진 사람은 과거의 기억에 머물러 있다. "~했더라면 좋았을 텐데", "왜 나한테만 이런 일이?"라는 의문을 품고 산다. 마지막으로 '평범한 각본'을 가진 사람은 나만의 목표와 '나다움'보다는 남들과 비슷한 모습으로 살아가며 안도한다. 승리자의 각본으로 살아가는 사람들은 자신감 넘치고 여유 있는 말투를 가지고 있다. '지금, 여기'에 집중하며 살아가자.

셋째, 나는 소중하다는 사실을 기억하자. 자신이 생각하는 이상적인 자신과 현실의 자신을 비교하며 고통스러워하는 사람들이 있다. 이를 정신 의학 용어로는 '환상적 원망 충족'이라고 한다. 열등감이나 결핍을 감추기 위해서 상대를 공격하거나 무시하는 말을 한다. 만약 지금 괴롭다면 '환상적 원망 충족'은 아닐지 생각해 보자. 세계적인 심리학자 웨인 다이어는 "나의 가치는 다른 사람에 의해 검증될 수 없으며 내가 소중한 이유는 내가 그렇다고 믿기 때문"이라고 말했다. 타인이 나를 어떻게 생각하는지는 중요하지 않다. 현실을 인정하고 받아들일수록 마음이 편하다. 이상과 다른 내 모습도 그대로 괜찮다고 스스로 다독여 주면 어떨까?

☁ 예쁜 말은 기술이 아니라 마음이다

직장에서는 내 취향의 사람들만 만날 수 없다. 불편한 관계에서도 원활한 소통을 해야 한다. 다양성에 대한 이해와 존중이 더 많이 요구된다. 앞서 말했던 고독의 시간을 통해 감정을 정리하자. 그 후 다양한 사람들과 마음을 주고 받는 것을 추천한다. 말콤 글래드웰은 "세상에서 아름답고 의미 있는 일들의 대부분은 낯선 사람과 과감하게 말을 터보면서 시작된다."고 말했다. "속이려 드는 사람을 당해내긴 어렵지만 위험은 감수할 가치가 있다."고 전했다. 불편한 관계에서도 기꺼이 마음을 주고받는 경험은 예쁜 말의 좋은 자양분이 된다.

판단하지 말고 관찰하자. 예쁜 말은 단순히 상대방을 기분 좋게 해주는 스킬이 아니다. 재빠르게 처세에 유리한 말을 하는 것도 아니다. 느리더라도 좋다. 멋지게 포장된 말이 아니라도 좋다. 진심을 전하는 말이 '예쁜 말'이다. 대화 중 상대방의 말을 빠르게 판단하여 먼저 답하면 '효율성' 측면에서는 이익이다. 하지만 섣부른 판단이나 진심이 담기지 않은 말은 역효과를 가져온다. 반복되면 신뢰를 잃는다. 반면 마음에 집중한다면 상황과 상대를 있는 그대로 볼 수 있다. 타인과 예쁜 말을 주고 받으며 마음이 채워지는 경험을 할 수 있다.

화려한 말이 아니더라도 진심은 통한다. 직설적인 말은 완곡한 질문으로 표현하여 마음을 전해보자. 물론 이렇게 해도 내 마음을 몰라줄 수 있다. 그럴 때는 부정적인 감정으로 스스로를 괴롭히지 말고 상대방을 있는 그대로 인정하고 받아들이자. 지금이 아니더라도 시간이 지나면 상대방은 깨닫게 될 것이다.

세상에는 비호감이 되기를 의도하고 말하는 사람은 없다. 다만 본인이 인지하지 못한 마음 상태 혹은 선입견이나 상대에 대한 마음이 말투에 영향을 준다. 의도치 않게 비호감 말투를 사용하고 있는 것이다. 말투를 고치기 전에 마음을 챙겨야 한다. 부정적인 마음이 생기더라도 관찰하고 환기하며 극복하는 과정이 필요하다. 실수하더라도 다시 시도하자. 꾸준히 노력해야 한다. 내면의 언어를 바꾸는 과정은 삶의 모든 부분의 질을 향상시키는 과정이기에 쉽지 않기 때문이다. 하지만 의지를 가지고 실천해 나간다면 분명 효과가 있다.

만약 마음이 너무 좋지 않은 상태라면 대화를 보류하는 것도 방법이다. 하버드에서 수행된 연구에 따르면 타인에 대한 공감 능력은 고독을 경험한 후에 더 향상된다고 한다. 혼자 있는 시간이 타인과의 관계에 도움이 된다니 놀랍지 않은가? 이러한 관계 개선은 앞으로 일어날 대화의 질까지 높일 수 있을 것이다. 고독의 시간은 자신을 채우는 시간이다. 가끔은 대화를 줄이고 자발적 고독을 즐기자. 나를 온전히 챙기며 예쁜 말의 바탕이 되는 마음 챙김을 실천하자. '나를 괴롭게 하는 것은 무엇인가?' '나는 언제 행복한가?' 같은 질문을 스스로에게 해주며 자아 성찰의 시간을 가져보자. 건강한 자아가 바탕이 되면 어느 새 예쁜 말을 하고 있는 자기 자신을 발견하게 된다.

Q 본받고 싶은 말투를 사용하는 사람이 있나요?
그분과 대화할 때 어떤 마음이 드나요?

Q 오늘 느낀 부정적 감정 하나를
좋은 감정으로 바꾸어볼까요?

Q 가장 먼저, 나에게 하고 싶은 예쁜 말을 준비하고
소리 내 말해봅시다.

2장

이성적이고 논리적인
'T'처럼 대화하기

관찰은 대화의 좋은 재료다

"관찰이 전부다. 눈으로 볼 수 있는 것에서 시작해라.
그리고 눈으로 발견할 수 있는 것에서 배워라."

– 레오나르도 다빈치

    대화의 내용뿐만 아니라 표정, 자세, 뉘앙스까지 관찰할 수 있다면 더욱 좋다. 평소 관찰한 내용을 바탕으로 새로운 사람과 자연스럽게 대화를 시작할 수도 있고, 상대방의 표정을 보고 대화의 길이를 조절할 수도 있다. 대화 중간에도 관찰을 잘하면 밀도 있는 소통이 가능해진다. 대화의 흐름을 읽을 수 있다면 더할 나위 없다.

    좋은 대화에 정답은 없지만, 관찰은 모범 답안의 힌트를 제공한다. 좋은 관찰을 위해 대화 중에는 스마트폰을 내려놓자. 시각과 청각을 곤두세우자. 관찰한 정보가 맞는지 상대에게 직접 물어봐도 좋다. 관찰 부족에서 오는 오해를 막을 수 있다. 정확한 소통이 이루어지며 신뢰할 수 있는 사람으로 기억된다.

    때로는 관찰한 것이 본인의 관점과 다를 수 있다. 비난하거나 무시하지 말자. 최대한 관찰 내용을 있는 그대로 인정해 주는 것이 좋다. 관찰한 내용을 수용하면 좋은 소통이 시작된다. 하버드대학교의 말하기 전문가들은 "대화할 때 상호 최선을 다해 적극적으로 소통의 분위기를 조성해야 한다."고 주장한다. 류리나 저자의 책 『하버드 100년 전통 말하기 수업』에서는 하버드대학교 사회학 박사 마틴 화이트가 3가지로 나눈 소통의 방식이 나온다. '상호이탈식', '불대등식', '상호의존식'이다. 상호이탈식은 자신이 흥미를 느끼는 이야기만 하는 것이고 불대등식은 대화가 어느 한쪽을 중심으로만 진행되어 둘 다 바른 소통이라고 보기 힘들다. 상호의존식 소통에 이르러서야 대등한 관계에서 적절한 소통이 이루어져 서로의 관점을 공유하고 서로에게 긍정적인 영향을 미치는 관계를 형성하게 된다.[*] 직장은 공동의 목표를 향해 가는 곳이다. 관찰을 바탕으로 동료의 관점을 이해하자. 상호 의존식 대화를 하며 함께 성장할 수 있도록 노력해 보자.

🍃 친밀한 대화는 공통점 발견에서 시작된다

사무실 안에서 고개를 푹 숙이거나 일부러 눈을 피하며 걷는 사람이 있다. 급한 일이라면 어쩔 수 없지만 동료를 관찰할 기회를 놓치는 것은 아쉽다. 이와는 반대로 여유가 있을 때마다 동료를 관찰하는 사람이 있다. 이들은 대화 소재를 잘 찾아내고 자연스럽게 대화를 시작한다. 내가 만나본 일잘러 중 직장 내 인간관계가 좋은 사람들이 대부분 그랬다. 그들은 꾸준히 관찰한다. 동료와의 공통점을 찾기 위해 노력하고, 사내 소통 채널에서도 관찰 포인트를 잘 찾아낸다. 회의 시간에는 대화를 객관적으로 관찰하며 오류를 찾는다. 공통의 목적을 달성하기 위한 대화를 하고 있는지 늘 점검한다. 직장에서는 공통

---

[*] 류리나, 『하버드 100년 전통 말하기 수업』, 리드리드출판, 2020년, 95페이지.

의 목표를 말하는 사람이 성과를 보이고, 공통점을 잘 캐치하는 사람이 호감을 얻는다.

'유사성의 원리(Principle of Similarity)'라는 게슈탈트 심리학 법칙이 있다. 19세기 말 독일의 철학자 에렌펠스가 시작하여 20세기에 독일의 심리학자 베르트하이머, 쾰러, 코프카에 의해 발전된 심리학이다. 인간은 유사한 자극 요소를 묶어서 지각하고 하나의 집합으로 인식한다는 이론이다. 공통점이 있으면 상대방은 동질성을 갖는다. 이를 활용하여 전설적인 인물이 된 사람이 있다. 기네스북에 오른 자동차 판매왕 조 지라드(Joe Girard)이다. 그는 고객과의 사소한 공통점을 연결하는데 뛰어났다. 유사성의 원리는 관계에서 막강한 힘을 발휘한다. 동료와의 유사성을 관찰하자. 좋은 관계의 시작이 된다.

관찰은 이렇듯 서로에 대한 이해를 돕고 협업을 수월하게 만든다. 때로는 사무실 환경에 따라 관찰이 어려울 수 있을 것이다. 이때는 차를 마시는 시간이나 회식(혹은 식사) 자리를 적극 활용하자. 회식은 편하게 대화할 수 있는 시간이다. 그동안 관찰한 내용을 바탕으로 공통점을 언급해 보자. 만약 회식이 없고 재택근무만 하는 회사라면 사내 메신저를 활용하면 된다. 적극적으로 댓글과 이모지를 남겨보자. 동료가 말을 걸어올 가능성이 커진다. 관찰로 발전시킨 좋은 관계는 소통을 원활하게 해준다.

사람마다 고유의 언어가 있다. 차가운 말투로 냉정하게 지적하는 사람이 있는 반면에, 따뜻한 말로 동기부여를 해주는 사람도 있다. 우리는 한국어라는 같은 언어를 사용하지만 각자 언어가 다르다. 상대방이 자주 사용하는 단어나 표현 방식을 관찰하자. 대화할 때 상대방의 언어와 유사한 언어로 표현하면 소통이 잘된다. 상대방이 익숙함을 느끼기 때문이다. '멋지다'라는 말을 많이 쓰는 사람에게 "이번에 마무리하신 안건 정말 멋졌어요!"라고 칭찬하고, '함께'를 자주 쓰는 사람에게 "이번 이슈도 함께 잘 해결할 수 있다고 믿어요!"라는 용기를 전하며 '1등'이라는 말을 많이 쓰는 사람에게는 "덕분에 맛집 알게 되었네요. 이 근처에서 여기가 맛으로 1등인 것 같아요!"와 같이 말투를 따라 하는 것도 방법이다. 말투가 익숙한 사람과는 시간이 지날수록 자연스럽게 가까워지게 된다. 의도치 않더라도 자연스럽게 서로의 말 습관이 각자의 말투로 흡수되기도 한다.

때론 상대방의 언어나 말 습관에서 많은 정보를 캐치할 수 있다. 조급한 성격을 가진 사람은 "빨리빨리"라는 말을 많이 한다. 의욕이 없는 사람은 "대충"이라는 말을 많이 한다. 열정이 많은 사람은 "열심히" "파이팅"을 외치며 주변을 북돋는다. 성향뿐 아니라 상대방의 컨디션도 알 수 있다. "힘들다." "피곤하다."와 같은 말들이다. 대화의 목적 달성을 잘하는 사람들은 이러한 정보를 반영하여 대화한다. 의욕이 없는 사람에게는 쉽고 간결하게 설명한다. 컨디션이 좋지 않은 사람에게는 대화를 보류하고 일정을 다시 잡기도 한다. 상대방의 말 습관에 반영된 가치관이나 관심사도 기억해 둔다. 말투 관찰은 협업만으로는 알기 어려운 정보를 얻게 해준다.

관찰을 통해 얻은 사전 정보는 칭찬의 상황 혹은 갈등 상황에서도 유리하게 작용한다. 아첨하라는 것이 아니다. 관찰한 정보를 바탕으로 적절히 활용하고 동료의 입장을 고려하자는 것이다. 동료의 상황이나 마음을 이해하며 진솔한 대화를 이어갈 수 있다. 다만 상대방이 공개하고 싶어 하지 않는 부분까지 깊게 알고자 하는 것은 금물이다. 상대방이 부담스럽지 않은 선에서 관찰한 바를 언급해 보자.

> "요즘 피곤하다는 말을 많이 하시던데 컨디션 좀 나아지셨나요?"
>
> "오늘 졸리다는 말을 많이 하셨는데 잠을 잘 못잤나요? 무슨 고민이 있어요?"
>
> "(평소 관찰한 동료의 출근 시간) 항상 일찍 출근하시던데, 부지런하시네요!"
>
> "사내 메신저에서 파이팅이라는 말을 자주 해주셔서 저도 덕분에 힘이 많이 나네요!"
>
> "꼼꼼하게 하자고 항상 말씀하셨는데 협력사가 실수해서 속상하시겠어요…. 복구는 언제쯤 가능하다고 하나요? 제가 도와드릴 일은 없을까요?"

요즘은 대화 자체를 어려워하는 사람이 많다. 나 역시 가끔은 대화 주제나 상황에 따라 종종 걱정이 될 때가 있다. 누군가에게 부정적인 피드백을 해야 하는 경우이다. 아직도 많이 어렵다. 하지만 꼭 필요한 경우라면 용기를 낸다. 이럴 때는 저명한 인사가 피드백하는 프로그램을 찾아본다. 학습 효과가 있다. 말의 흐름을 참고한다. 유튜브의 많은 강의도 도움이 된다. 토크쇼나 드라마도 좋다. 하고 싶은 말을 정리하여 말하기를 연습하면 효과적으로 전달할 수 있다. 긴장되는 대화를 앞두고 있는가? 도움이 될 만한 타인의 대화를 관찰하고 공부해보자.

나는 처음 뵙는 어르신과도 대화를 꽤 잘한다. '모든 어른에게는 배울 점이 있다.'는 생각을 가지게 된 후부터 익숙해진 듯하다. 관찰은 어른과 대화할 때 도움이 된다. 여기서 말하는 어른은 본인이 생각했을 때 '나이 차이가 나는 사람 혹은 어렵게 느껴지는 사람'이다. 팀장님 혹은 아르바이트 가게의 사장님이 될 수도 있다. 어른의 앞에서는 '잘 알지 못하는' 내용을 섣부르게 말했다가 낭패를 볼 수 있다. 어른들은 인생 경험이 많아 우리보다 대부분 많이 알고 있기 때문이다. 어른과 대화할 때는 배우고자 하는 자세가 좋다. 때로는 전략적으로 알아도 모르는 척하는 말투가 도움이 된다. 어른의 이야기를 경청하고 지혜를 배우자.

어른과 대화할 때 도움이 되는 말

좋은 관계를 유지하고 싶은 어른이 특정 주제에 관해 이야기를 해주시는 상황이라면 아래와 같은 말을 건네보자.

"그렇군요! 흥미로운 이야기입니다. 혹시 더 설명해 주실 수 있을까요?"

"상세하게 말씀해 주셔서 많이 배웠습니다. 감사합니다."

"말씀해 주신 내용 잘 기억하겠습니다."

(대화 중 앉아있는 좌석을 여러 번 살피는 어른에게) "혹시 좌석이 불편하신가요?"

(대화 중 옷을 반복해서 만지는 어른에게) "혹시 추우시면 온도를 좀 올릴까요?"

그렇다면 반대로 나를 어른으로 생각하는 사람과의 대화는 어떻게 해야 할까? 내가 나이가 많아질수록 나와의 대화를 어려워하는 사람도 많아질 것이다. 내가 조언으로 건넨 말에 상대방은 혼났다고 느낀다. 그들의 언어로 이해시켜야 한다. 그들에게 '나도 그렇다.'고 말하자. 공감은 마음의 벽을 허문다. 그들이 재미있어하는 말이나 단어를 관찰해서 대화 초반에 활용해도 좋다.

"○○님, 낯가린다고 했었죠? 사실 저도 그렇답니다…"

"저도 그런 일이 생길 때는 주저하게 될 때가 많아요."

"너무 걱정하지 마세요. 수습하면 되죠. 저도 당황하면 머릿속이 하얗게 되더라고요."

관찰한 내용은 내 기준으로 판단하지 말고 문화로 이해하자. 상대방이 친근하게 느낄 것이다. 마음의 장벽과 대화의 장벽을 허물 것이다.

단, 관찰을 통해 정보를 가졌다고 해서 모두 아는 것처럼 행동하는 것은 금물이다. 대화에 도움이 될 정도로만 활용해야 한다. 그 정보가 맞을 것이라고 확신하는 것도 위험하다. 혼자서 친밀하다고 느껴 선을 지키지 못하면 그 관계는 영원히 시작하지 못하게 될 수도 있다. 반대로 누군가 나에 대해 선을 넘는 대화를 한다면 "죄송하지만 그 내용은 말하기가 조심스럽네요."라고 말하자.

손자병법에 '지피지기면 백전불태'라는 말이 있다. '적을 알고 나를 알면 백번 싸워도 위태롭지 않다.'는 뜻이다. 상대방과 공통점을 관찰하고 말 습관이나 언어를 이해하자. 친근한 대화를 할 수 있게 된다. 대화가 잘 흘러가고 있는지도 관찰하자. 상대방의 반응에 따라 대화를 조절할 수 있다. 관찰 없이 말만 오가는 소통은 오류를 가져온다. 의식적으로 관찰하면 상호 만족할 수 있는 대화를 할 수 있다. 무엇보다 관찰한 내용을 선입견 없이 받아들이고 인정하는 것이 중요하다. 직장 내에서 동료와 함께 성장하는 자양분이 되어줄 것이다.

Q 상대방의 말투나 제스처를 관찰하여
대화에 반영한 경험이 있나요?
어떻게 도움이 되었나요?

Q 대화에서 더 나은 관찰자가 되기 위해
어떤 노력을 하고 있나요?

간결한 말은 어디서든 환영받는다

세상은 빠르게 변화한다. 사람들이 집중할 수 있는 시간이 갈수록 짧아지고 있다는 연구 결과가 쏟아진다. 회사에서는 특히나 간결한 말이 필수이다. 심리학 용어 중 '간결성의 원리'라는 말이 있다. 게슈탈트 심리학의 기본 원리이다. 시각적인 그림이나 입체적 대상물을 가능한 한 단순하게 이해하고 단순한 형태로 보려고 하는 심리 현상을 뜻한다. 짧고 단순하게 이해하고 싶어 하는 사람들이 점점 많아졌다. 신경 쓸 일이 많기 때문이다. 결국 최소의 에너지로 최대의 정보를 전하는 사람들이 인정받게 된다.

간결하고 담백하게 말하면 전달력이 올라가고 말실수는 줄어든다. 대화에서는 오가는 모든 말이 완벽하게 전달되지 않기 때문이다. 말했어도 상대방이 알아듣지 못했다면 말하지 않은 것이나 다름없다. 전달하고자 하는 메시지를 간결한 말로 전달하자. 대화 시간은 줄어들고 효과는 좋아질 것이다. 말이 많아지면 말실수가 잦아진다. 사실을 근거로 상황에 맞는 말만 하는 것만으로도 실언은 줄어든다. 회사 밖에서도 마찬가지이다. 장황한 말이 실수를 유발하고 실언은 오해를 부른다. 간결한 말은 말하는 사람과 듣는 사람 모두에게 도움이 된다.

▲ 말의 양과 전달력은 정비례하지 않는다

정신과 의사인 마크 고울스톤은, 한 사람이 40초 이상 말을 하면 대화는 일방적인 독백이 된다고 주장한다. 그는 대화 초반의 20초를 신호등 녹색불에 비유한다. 처음 20초 동안에는 서로 호감을 바탕으로 상대가 하는 말을 주의 깊게 듣기 때문이다. 이어지는 20초는 노란불이다. 20초가 지나면 청자의 흥미는 점점 떨어지고 상대방의 말이 장황하다고 느끼기 시작한다. 마침내 40초가 되는 순간은 빨간불이 켜진다. 청자는 화자의 말을 제대로 듣지 못하거나 건성으로 듣는다. 말을 많이 하면 더 많은 양이 전달된다고 생각하는 사람들이 있다. 오산이다. 장황한 말은 주변인들이 대화를 피하게 만든다.

비전문가도 알아듣도록 설명할 수 있어야 한다. 어려운 단어, 과도한 외래어, 특정 소수만 아는 용어를 사용하지 말자. 전문가일수록 어려운 내용을 알아듣기 쉽게 설명할 수 있다. 자신의 부족함을 감추고 싶거나, 뽐내고 싶은 지식이 많을 때 어려운 단어를 사용하는 경우가 많다. 하지만 상대에게 익숙하지 않은 단어는 결국 전달되지 않는다. 전달되지 않으면 의미가 없다. 특히 협업 과정에서 불필요한 용어를 남발하면 소통을 방해한다. 토크쇼의 제왕 래리 킹은 명연설의 공통점을 이렇게 설명했다. "위대한 연설가들이 공통적으로 지킨 원칙을 정리한 말이 있다. 그것은 'KISS'다. 'Keep It Simple, Stupid'(단순하게, 머리 나쁜 사람도 알아듣게).*

----

* 이정환, "'대화의 신' 래리 킹이 청중을 휘어잡는 방법", 미디어 오늘, 2015.04.24. (https://www.mediatoday. co.kr/news/articleView.html?idxno=122862)

다음으로는 정보를 버리는 것이 더 중요하다. 대화의 효율성과 생산성을 높이기 때문이다. 미국의 대형 통신사인 AP통신은 2012년에 설문조사를 실시해 18세~45세 성인의 집중력 지속 시간이 평균 8초였다는 결과를 보고했다. TV 광고가 대부분 15초로 제작되는 것은 이 때문이다. 요즘은 SNS 영상이 짧게 수 초로 제작되는 것이 유행이다. 길게 말해도 상대방은 10초 이내까지만 집중할 수 있게 되었다. 일잘러들은 모든 정보를 전달하려고 하지 않는다. 꼭 필요한 핵심만 전달한다. 상대방이 어디까지 이해했는지, 동의는 하고 있는지, 확인하며 소통한다.

재미가 없고 감동마저 없는 말이라면? 말하기 전에 한 번 더 고민하자. 자기 자랑이나 과거부터 반복해서 말해온 무용담 같은 말이다.

"그때 사장님한테 그 프로젝트 포기하지 말자고 말한 사람이 나라니까!"
"그때 나 아니었으면 지금의 우리 팀도 없었어!"

군이 하지 않아도 되는 쓸데없는 말이다. 듣는 사람 입장에서는 재미도 없고 감동도 느껴지지 않는다. 환영받지 못할 가능성이 크다. 회식 때마다 자신의 무용담을 반복적으로 말하는 상사가 한 명쯤 꼭 있다. 아무도 물어보지 않은 이야기는 환영받지 못한다. 듣는 일도 에너지가 필요하기 때문이다.

"오해하지 말고 들어~"

"너니까 말해주는 거야~"

"솔직히 말하면….”

    이런 말들도 한두 번 정도라면 괜찮지만 말을 할 때마다 말 습관으로 반복되면 심리적 벽을 만든다.

    말할 때 재미와 감동 중 하나는 챙길 수 있도록 의식해 보자. 2개 모두 챙길 수 없다면 10초 이내로 이야기하자. 잊지 말자. 나이가 들수록 굳이 하지 않아도 될 말을 참는 사람이 존경받고 사랑받는다.

🍃 간결한 말하기가 어려운 이유 3가지

    첫째, 내용을 정복하지 못했기 때문이다. 횡설수설하거나 사족을 붙이는 이유는 말할 내용이 정리가 안 되었기 때문이다. 머릿속에 구체적으로 말할 내용이 그려져 있다면 긴장하더라도 준비한 말을 할 수 있다. 만약 그렇지 못한 상태라면 압박감을 느껴 머릿속이 백지가 되는 경험을 한다. 말하기 전에는 자신이 할 말을 소리 내어 말해보거나 글로 정리해 본 후 말해보자. 링컨, 오바마, 처칠, 스티브 잡스와 같은 역사적으로 성공한 사람들은 핵심이 담긴 말을 간결하게 했다. 여기서 주목해야 할 것은 이들의 화술이나 언변이 아니다. 간결하게 말하기 위해 오랜 시간 동안 공들인 준비성이다.

둘째, 질문을 제대로 파악했는지 점검이 필요한 상황이다. 제대로 파악하지 못했기 때문이다. 질문에서 본질을 파악하는 것이 가장 중요하다. 본질을 알아야 핵심을 이해할 수 있다. '이것은 무엇에 대한 질문인가?' '이 질문을 왜 하는가?'를 알아야 한다. 온라인상에 올라오는 면접 후기 중 본인이 면접에서 틀린 답을 했음에도 불구하고 합격했다는 사례를 보았을 것이다. 비록 면접관이 의도한 정답은 아니었지만 질문의 요지를 정확히 파악했기에 좋은 평가를 받은 것이다. 본질을 파악하지 못한 답변은 핵심이 없어 장황하다. 만약 대화 중 질문을 이해하지 못했다면 다시 한번 확인하고 답하자. 불필요한 말로 서로의 시간을 낭비하는 일을 줄일 수 있다.

> "~내용을 질문하신 게 맞으실까요?"
> "~한 경험에 대해 답변드리면 될까요?"
> "방금 하신 질문은 ~에 대해서 설명해 드리면 이해하실 수 있을까요?"
> "지금 그 질문은 ~에 대해 이야기해달라는 거 맞지?"
> "~에 대해서 물어보고 있는 거지?"

셋째, 심리적으로 편하지 않은 상황이다. 상대방의 감정을 지나치게 고려하고 있거나 어색한 상황이다. 눈치를 보느라 말이 길어질 때가 있다. 가깝지 않은 사람과의 대화가 다소 불편하더라도 너무 긴장하지 말자. 입장 정리를 해서 간결하게 말하면 된다. 핵심 키워드를 포함하여 간결하게 말이다. 길게 말하는 것은 오히려 핵심을 불분명하게 만든다. 배려하려다가 역효과를 보는 것이다.

Bad

    A: 할 얘기가 뭔가요?

    B: 그게…. 이번에 ○○대리님이 이직을 하시잖아요?

    A: 네 알아요.

    B: 근데 제가 ○○대리님께 고마운게 많아요. 또 친하고요. 늘 업무적으로 도움도 많이 받았어요. 아마 저처럼 생각하는 분들 많을 거예요. 다른 팀하고도 많이 친하시더라고요. 그래서 말인데…. 송별회를 어디서 하면 좋을까요? 좋은 식당을 예약하고 싶은데, 오히려 부담스러워할 것 같네요. 그렇다고 간단히 하자니….

Good

    A: 할 얘기가 뭔가요?

    C: ○○대리님 이직 소식 들으셨죠?

    A: 네 알아요.

    C: 송별회 음식점 예약하려고 하는데요, A 님의 의견을 묻고 싶어요. 워낙 ○○대리님께 도움받은 사람이 많아서 다들 좋은 식당으로 가자고 하시네요. A 님 생각은 어떠세요?

☁ 핵심과 의도를 전달하는 간결한 말하기

기네스 세계 기록을 보유한 자동차 판매왕 조 지라드의 말이다. 그는 말을 더듬는 습관이 있어 제대로 말하는 것을 어려워했다. 그런 그가 어떻게 세계적인 판매왕이 될 수 있었을까? 간결한 말의 힘이다. 그는 말을 더듬었기 때문에 많은 말을 하지 않고 늘 짧게 말했다. 간결한 말하기는 이처럼 전달력과 설득력을 높인다. 5가지를 기억하고 실천하자.

첫째, 유쾌하지 않은 상황일수록 명쾌하게 말해야 한다. 유쾌하지 않은 상황일수록 말하는 능력이 힘을 발휘한다. 사실만을 이야기하고 다른 사람의 평가나 생각이 아닌 자신의 생각을 말해야 한다. 유쾌하지 않은 문제에 대하여 상대에게 도리를 따지는 것은 위험하다. 본인이 느낀 바만 이야기하면 된다. 꼬리표를 달거나 사람 자체를 부정하는 말은 관계를 악화시킬 뿐이다. 때로는 간결한 말 한마디가 비난이나 질책보다 깊은 깨달음을 준다. 상대에게 진심을 전달할 수 있다. 모두가 힘든 상황일 때는 명쾌한 메시지가 단합하게 만든다.

어려운 상황이지만 간결한 말로 명쾌하게 메시지를 전달한 사례가 있다. 1941년, 영국의 수상 처칠이 자신이 졸업한 해로우 고등학교에서 남긴 명연설이다. "절대로 굴복하지 마라. 절대로 굴복하지 마라. 절대로, 절대로, 절대로! 엄청난 일이든 작은 일이든, 큰일이든 하찮은 일이든, 명예와 양심에 대한 확신 외에는 절대로 굴복하지 마라. 절대로 강압에 굴복하지 마라." 그 당시 영국을 비롯한 유럽 대륙은 제2차 세계 대전이 한창이었다. 영국의 앞날은 불투명하여 불안한 상황이었다. 절망스러운 상황 속에서 그의 간결하고 분명한 연설은 깊은 감동을 주었다.

둘째, 직장에서 두괄식 말하기는 필수이다. 가장 먼저 결론이나 목표를 말하고, 그다음 구체적인 이유와 사례를 들어 설명하자. 두괄식 말하기는 듣는 사람의 집중력을 높이고 빠른 이해를 돕는다. 불필요한 대화 시간을 줄여주고 이후에 나올 내용에 대한 가이드라인도 되어주므로 환영받는다. 유타 대학교의 야콥 옌센은 목적이나 목표를 말하는 것만으로도 듣는 사람의 의욕이 높아지고, 긍정적인 효과를 발휘한다는 사실을 밝혀냈다. 목표를 향한 의욕이다. 옌센의 연구에 따르면 모금 활동을 할 때 "우리 단체는 ○○달러를 목표로 모금 활동을 하고 있습니다."라고 목표 금액을 알리니 모금이 잘 되었다.

셋째, 간결한 거절은 뒤탈이 없다. 애매모호한 말은 오해만 키운다. 거절해야 하는 상황에서는 명확한 말이 중요하다. 거절이 미안해서 핑계를 대거나, 돌려 말하며 장황하게 말을 쏟아내는 사람들이 있다. 상대의 마음이 다치지 않게 적당히 에둘러 말하는 것은 괜찮다. 하지만 지나치게 장황한 것은 바람직하지 않다. 거절에서 중요한 점은 거절의 이유를 얼마나 잘 전달하느냐에 달린다.

"부장님 죄송합니다. 지금 진행하는 프로젝트 팀원 모두가 이번 주까지 시간이 필요합니다. 다음 주부터 시작하면 너무 늦을까요?"

넷째, 비유와 은유를 활용하는 것이 때로는 도움이 된다. 사람들을 쉽게 이해시킬 수 있다. 타고난 말 센스가 없더라도 상대방에게 익숙한 단어나 상황으로 비유를 들면 된다. 오랜 시간이 지나면 그 당시의 다른 말은 잊게 되더라도 비유를 기억하는 경우가 많다. 때로는 백 마디 말보다 한마디의 적절한 비유가 더 와닿는 것이다. 적절한 비유를 할 수 있다면 여러 말을 할 필요 없다.

노벨문학상을 수상한 영국의 수상 처칠은 1946년 웨스트민스터 대학에서 진행한 연설에서 '철의 장막'(유럽을 상징적·사상적·물리적으로 나누던 경계)이라고 표현했다. 냉전의 시작을 인상적으로 비유한 것이다. 또한 영국의 마거릿 대처 수상은 "인플레이션은 실업의 부모이며, 그것은 저축을 해온 사람들의 눈에는 보이지 않는 도둑입니다."라는 연설로, 인플레이션에 대한 공포를 쉽게 전달했다. 추상적이고 어려운 경제 용어인 인플레이션을 국민에게 와닿는 대상으로 비유한 것이다.

다섯째, 반복해야 하는 내용이라면 '간격 반복'을 사용하는 것이 좋다. 본인이 완벽하게 알고 있는 내용을 누군가에게 재차 반복해야 할 때가 있다. 반복은 지루하고 비생산적이다. 단기간 집중적 학습보다 적당한 간격으로 여러 번 반복하는 것이 장기 기억에 도움이 된다는 것은 잘 알려져 있다. 경미한 치매 환자에게도 이 기법을 사용한다. 만약 중요한 내용이라면 한 번에 길게 말하기보다는 간결한 말을 통해 일정 주기로 반복하자. 전달 효과가 높아질 것이다.

인간은 누구나 '인지적인 구두쇠' 경향이 있다. 이는 심리학자 수전 피스크와 셸리 테일러 교수가 만든 용어이다. 사람은 공통적으로 복잡한 과정을 거치지 않고 최대한 빠르게 상대방의 메시지를 이해하고자 하는 경향이 있다는 것이다. 따라서 대화할 때는 10초~20초 내에 요약해서 말하는 습관을 들이는 것이 필요하다. 만약 주변인으로부터 "말이 장황하다." "말이 너무 길다."라는 평을 들어본 적이 있다면 스피치 훈련을 해보는 것이 도움이 된다. 중복적으로 말하거나 불필요한 추임새를 넣지는 않는지 녹음하여 점검해봐야 한다. 하고 싶은 말을 정리하여 간결하고 설득력 있게 말하는 훈련을 반복해야 한다.

SBS 프로그램 〈골목식당〉에 출연하며 많은 자영업자에게 컨설팅과 도움을 준 백종원 대표가 2018년 국정감사에서 명쾌한 한마디로 화제가 되었다. 그는 "(죄송하지만) 도태될 분들은 도태되어야 합니다."라고 발언했다. 충분한 준비와 노력이 없는 상태로 자영업을 시작하는 것은 위험하며, 시작하지 말아야 한다는 본인의 뜻을 한마디로 간결하게 밝힌 것이다. 말을 길게 하는 것은 그만큼 말에 구속되는 것이다. 불필요한 말을 버리는 것이 본인의 뜻을 지키는 것임을 잊지 말자.

Q **혹시 주변에 말이 긴 사람이 있나요?**
어떻게 대처하세요?

Q **가장 기억에 남는**
짧고 강력했던 말은 무엇인가요?

똑똑한 질문으로 명확한 답을 얻는다

"질문이 없다면 통찰도 없다."

– 피터 드러커

    우리의 일상에는 수많은 질문이 있다. 직장과 가정, 친구와 연인 관계에서 끊임없이 서로 질문하고 답한다. 질문은 표면적으로 정보를 요청하고 받는 것처럼 보이지만 실제로는 더 많은 기능이 있다. 세상을 변화시킨 순간에는 항상 질문이 있었다. 질문은 내용과 상황에 따라 다양한 기능으로 활용할 수 있다. 질문을 잘하면 원활한 대화를 이끌어갈 수 있다. 대화에서 막히는 순간에는 질문이 해소해 준다. 좋은 질문을 하는 방법을 잘 기억하고 훈련하자. 똑똑한 질문을 해야만 똑똑한 답을 얻을 수 있다.

🍵 왜 우리는 똑똑한 질문을 해야 하는가?

    질문은 우리에게 영감을 주고 논리와 사고 영역을 확장 시켜준다. 답을 생각하는 과정에서 새로운 것을 깨닫고 발견하기 때문이다. 우리가 발견하는 사실이 좋은 것일 때도 있고 나쁜 것일 때도 있지만, 나쁜 것이더라도 괜찮다. 비판적인 사고를 가능하게 하며, 생각하는 힘을 기를 수 있다. 질문은 현명하게 하면 피와 살이 되고, 어리석게 하면 상처가 된다.

질문이 없으면 성장도 없다. 질문은 사람을 성장하게 만든다. 누군가 놓치고 있었거나 미처 생각하지 못한 부분을 확인하게 해준다. 직장에서는 질문을 잘하는 사람이 빠르게 적응한다. 일잘러들은 타인에게도 질문을 많이 하고 스스로 자문자답도 많이 한다. 조직을 성공시킨 사람들도 중요한 순간에는 질문을 통해 의사 결정을 해왔다. 평범해 보이는 질문 하나가 조직을 변화시키기도 한다. 특히 질문은 조직에서 함께 난관을 극복해 나갈 때 힘을 발휘한다. 서로의 상황을 이해하는 데 도움이 되기 때문이다.

또 질문은 불필요한 소통을 줄여준다. 대화 시간을 단축하고 오류를 잡아낸다. 직장뿐만 아니라 직장 밖에서도 마찬가지이다. 소통이 많은 만큼 오류도 많다. 질문을 많이 하면 오류는 줄어든다.

"저는 이렇게 이해했는데 맞나요?"
"지금 ~~한 것을 원하시는 게 맞을까요?"
"~ 말씀을 하셨는데요, ~의도가 맞습니까?"
"~이런 뜻으로 말씀하신 게 맞을까요?"

시간이 다소 걸리고 번거롭더라도 대화를 마무리하기 전 확실하게 질문해서 확인하자. 문제가 생긴 후 바로잡기 위한 시간과 노력은 훨씬 더 소모가 크기 때문이다.

질문은 양날의 검이다. 질문 안에 화자의 마음과 태도가 담겨있다. 상대방은 이를 느낄 수 있다. 질문은 마음을 치유하기도 하지만 때로는 파괴하기도 한다. 관계를 돈독하게도 만들 수 있지만 단번에 끝낼 수도 있는 것이 질문의 위력이다. "왜?" "근데?" "그래서"와 같은 말투는 추궁하는 것처럼 느껴질 수 있다. "왜 안 한 거야?" "어째서 제가 시키는 대로 하지 않은 거죠?"와 같은 질문은 비난할 의도 없이 궁금해서 한 질문일 수 있다. 다만 이런 말은 상대가 자신에게 문제가 있다고 받아들일 수 있는 질문이다. 결국 질문이라는 형태로 본인의 답을 강요하거나 질책하는 것이다. 순수한 궁금증이라면 오해받지 않도록 이렇게 이유를 밝히자.

> **"혹시 정말 궁금해서 물어보는 건데요."**
> **"제가 잘 몰라서 여쭤보는 건데요."**
> **"이건 저의 단순한 궁금증인데요, (궁금한 것 질문하기)"**

좋은 질문이란 무엇일까?

회사에서 업무 관련 질문을 해야 하는지 고민이 된다면 하는 편이 좋다. 대체로 질문을 통해 커뮤니케이션이 완성되기 때문이다. 질문을 통한 피드백이 많이 이루어질수록 동료와 방향성이 맞춰진다. 부부나 친구, 가족끼리도 마찬가지이다. 물어보지 않고 다르게 해석하면 오해가 쌓인다. 불편한 순간에도 질문을 해서 의도를 알고 나면 해소되는 경우가 많다. 좋은 질문의 기준 3가지를 기억하자.

하나, 생각 정리에 도움을 주는 질문이다. 타인과 자신 둘 다 해당이 된다. 질문을 하다 보면 결국 본질에 이르게 된다. 그러므로 좋은 질문을 하고 싶다면 서로의 생각을 정리할 수 있는 질문을 하자. 상호 익숙한 주제로부터 시작하여 고차원적인 내용으로 확장해 가는 것이다. 깨달음은 평소에 생각하는 바와 가깝게 있기 때문이다. 육하원칙(언제, 어디서, 누가, 무엇을, 어떻게, 왜?)을 활용하면 된다. 예를 들어 직업을 바꾸는 것을 타인과 함께 고민한다면 '누구를 위한 직업인가?' '무엇을 하게 되는가?' 등으로 질문을 하며 생각 정리를 할 수 있다.

둘, 상대방이 깨달음을 얻고 행동하게 할 수 있는 질문이다. 보통의 질문은 단순히 정보를 얻거나 궁금증을 해소하는 데서 끝나지만 좋은 질문은 인간의 삶을 바꾼다. 타인의 감정을 변화시키거나 즐거움을 증가시키기도 한다. 하버드 대학교의 마크바트 교수는 소통 시에 불행을 떠올리게 하는 화제를 피하라고 조언한다. 자신이 하려는 질문이 상대방에게 꼭 필요한지 생각하자. 긍정적인 감정을 일으키는 질문으로 바꾸자. 말하고 싶은 것을 질문의 형태로 바꾼다면 강요로 느껴지지 않는다. 좋은 질문을 잘하고 잘 받아주는 사람이 된다면 주변인들과 풍요로운 삶을 살 수 있게 된다.

셋, 답이 정해져 있는 질문은 금물이다. 하고 싶은 말에 물음표만 붙인다고 질문이 아니다. 질문 밑바탕에 정답으로 생각하는 내용이 깔려있다면 상대방에게는 강압적으로 느껴질 수 있다. '답정너'인 것이다. 강요하는 질문은 좋은 질문이 아니다. 질문의 형태이지만 압박감을 느끼거나 이용당한다고 느낀다.

차라리 원하는 바는 명확하게 이야기하는 것이 좋다. 본인이 원하는 답이 나올 때까지 질문을 계속하면 상대방은 당황할 수 있다는 사실을 잊지 말자.

☁ 똑똑한 질문들

커뮤니케이션 전문가들은 열린 질문을 강조한다. 열린 질문이란 예/아니오로 대답해야 하는 닫힌 질문과는 다르게 다양한 답변이 나오는 질문이다. 상대방의 생각이나 느낌을 알 수 있다. 다만 지나치게 열린 질문은 답변하는 사람의 입장에서는 광범위하게 느껴지기 때문에 대답하기 어렵다. 적당히 열린 질문을 하자. 지나치게 열린 질문과 닫힌 질문 모두 원하는 정보를 얻을 가능성이 낮아진다. 적당히 열린 질문은 의도한 질문 내에서 다양한 답변을 들을 수 있다.

Bad

"행복한 회사는 어떤 회사일까요?"

"직업이란 무엇이라고 생각하세요?"

Good

"주로 회사에서 어떤 상황일 때 행복감을 느끼시나요?"

"본인의 장점을 잘 살리면서 재미있게 할 수 있는 직업이 무엇이라고 생각하세요?"

무거운 질문을 하자. 무거운 질문은 편하게 느껴지지 않기 때문에 많은 사람에게 할 수는 없고 신뢰 관계가 쌓인 사람에게 가능하다. 질문의 주제도 상대방이 평소에 생각하기 싫은 문제이거나 회피하는 것일 수도 있다. 그러나 전달만 잘 된다면 상대방이 특정 주제에 대해 진지하게 생각할 기회가 된다.

"어떻게 그 아이디어를 실현시킬 건가요?"

"앞으로 3년 안에 시장이 어떻게 변할 거라고 생각하세요?"

"지금 말씀하신 방향이 회사를 어떻게 바꿀 수 있다고 생각하세요?"

무거운 질문은 어설프게 전달되면 상대방을 불편하게 만든다. '왜 이런 것을 물어보지?'라고 생각할 수 있다. 상대방이 언급하기 싫어하는 문제는 배려하며 질문하도록 하자.

상황에 따라 구체적인 질문을 하기가 어려울 수 있다. 그럴 때는 상대방이 말한 단어에 대한 꼬리 질문으로 상대가 자연스럽게 이야기를 이어갈 수 있도록 하자.

"어떤 상황이었는지 더 자세히 들어볼 수 있을까요?"

"방금 어려웠다고 말씀하셨는데 가장 어려웠던 점이 무엇이었나요?"

이때 상대가 답변할 때 불편한 표정을 짓는지 살펴보자. 연달아 질문을 받으면 상대방이 부담스러울 수 있기 때문이다. 만약 상대가 질문을 그만 받고 싶어 한다면 중단하자. 또한 구체화가 어려울 때는 여러 가지의 질문을 통해 시간이 필요하므로 집중력이 필요하다.

이 외에도 과거보다는 미래에 관한 질문, 부정적인 것보다는 긍정적인 대답을 할 수 있는 질문이 좋다. 이야기를 나누는 상대에 따라서 질문의 내용과 난이도를 조절하는 것도 중요하다. 다만 잊지 말자. 모든 질문에서 가장 우선시되어야 하는 것은 상대방을 배려하면서 하는 것이다. 똑똑하고 좋은 질문도 존중 없이는 원하는 답변을 들을 수 없다.

질문만 잘해도 인생은 훨씬 수월해진다. 질문을 하는 사람과 대답하는 사람 모두 얻을 수 있는 것이 많기 때문이다. 질문이 불편하다는 이유로 외면한다면, 결국 발전할 수 없게 된다. 질문받은 사람이 부담을 느끼지 않도록 똑똑하고 좋은 질문을 하는 훈련을 하자. 또한 반드시 기억해야 할 점은 스스로에게 끊임없이 질문해야 한다는 사실이다. "왜 이 일을 하고 있는가?" "이 업무를 통해 배울 수 있는 점은 무엇인가?" "성장의 시간으로 만들기 위해 무엇을 해야 하는가?"와 같은 것이다. 타인과 본인 인생을 함께 변화시킬 수 있는 똑똑한 질문 스킬을 키워 보자.

Q 질문하기 어려워하는 편인가요,
아니면 쉽게 질문하는 편인가요?

Q 질문 잘하는 동료랑 일하면
어떤 장점이 있을까요?

Q 상사한테 질문했다가 당황했던 경험이 있나요?
무엇이 문제였나요?

설득력을 높이는 준비의 기술

**"남을 설득하려고 할 때는 자기가 먼저 감동하고
자기를 설득하는 데서부터 시작해야 한다."**

– 토마스 칼라일[*]

설득은 타인의 태도나 행동을 변화시키기 위해 시도할 때가 많다. 비즈니스에서는 목표를 달성하기 위해 설득한다. 직장 밖에서도 우리는 크고 작은 설득을 하며 살아간다. 관성처럼 일관성을 유지하고 싶은 본능을 가지고 있다. 그렇기에 누군가를 설득하려면 생각보다 많은 준비가 필요하다. 타이밍도 중요하다. 설득은 논쟁이 아니다. 화려한 화술이나 논거보다는 진정성 있는 근거와 환경 조성이 중요하다. 상대방의 감정이나 입장을 고려하지 않는 설득은 실패로 끝난다. 더불어 말하려는 내용에 스스로 떳떳해야 한다. 가장 훌륭한 설득은 설득처럼 보이지 않는 설득이다.

☁ 경청할 수 있는 환경부터 조성해야 한다

설득은 상대방이 나의 말을 듣고 이해하는 것 이상으로 의지와 결심이 따라오게 해야 한다. 따라서 경청하도록 만들어야 한다. 머리와 가슴으로 듣게 해야 한다. 상대방이 들을 준비가 되어있지 않다면 그 준비를 할 수 있도록 도와

---

[*] Thomas Carlyle. 영국의 평론가이자 역사가.

줘야 한다. 이처럼 말하는 사람은 많은 것을 고려해야 한다. 다음의 4가지를 고려하여 듣는 태도를 만들자.

우선, 상대방의 감정 상태를 파악해야 한다. 마음이 닫힌 상태로는 좋은 말도 흡수되지 않는다. 탄탄한 논거도 상대방의 부정적인 감정은 뚫지 못한다. 예쁜 말로 마음의 문을 열 수 있는 타이밍을 살피자. 그다음 자신이 준비한 여러 방법과 논리와 이익을 설명하면 된다. 다만 자신의 이익만 드러나도록 해서는 안 된다. 상대에게 주어지는 이익 역시 적절하게 설명해야 한다.

마음의 문을 여는 백종원의 말들
(포항에서) **"포항이 원래 기적을 일으키는 도시"**
(서울의 젊은 식당 주인들에게) **"우리나라 요식업을 짊어지고 갈 사람들"**
(농민을 돕기 위한 프로젝트를 진행하며) **"우리가 그런(서로 돕는) 민족"**

설득에 도움이 되는 부가 요소를 점검하자. 미국 예일 대학교의 어빙 제니스라는 심리학자는 과자와 콜라를 대학생들에게 제공하며 설득했을 때와 제공하지 않고 설득했을 때 얼마나 차이가 나는지 조사했다. 실험 결과, 과자를 제공했을 때는 특정 문장을 읽고 나서 동의하는 학생의 비율이 80퍼센트 이상이었다. 반대로 과자를 제공하지 않았을 때는 똑같은 문장에 대한 동의 비율이 61.9퍼센트였다. 과자를 제공하는 것만으로 동의 비율이 20퍼센트 가까이 올라간 것이다. 논리적인 데이터로만 설득이 되는 사람이라면 객관적인 근거만 준비하면 된다. 자료 외 다른 요소가 설득에 도움이 되는 성향의 사람을 설득해야 한다면 미리 준비해 두자.

설득해야 하는 상대방의 컨디션, 대화 시간 등의 점검도 필요하다. 상대방의 감정만큼이나 컨디션과 대화 시간도 중요하다. 이러한 것들은 사소하게 느껴질 수 있다. 하지만 결정적인 순간에 영향을 미친다. 훌륭한 설득의 말이더라도 설득하려는 상대방이 몸상태가 좋지 않으면 집중할 수 없다. 대화를 할 수 있는 시간이 너무 짧아도 문제이다. 대화를 빨리 끝내기 위해 상대방이 지레짐작 하거나 섣부른 판단을 할 수 있기 때문이다.

마지막으로 집중에 방해가 되는 물리적인 환경을 점검하자. 설득의 과정은 말하는 사람과 듣는 사람 모두의 집중력이 요구된다. 높은 에너지가 필요하다. 특히 상대방이 대화 도중 집중력을 잃는다면 설득 가능성은 더 낮아진다. 그렇기에 대화 장소의 환경 점검은 중요하다. 대화하는 장소의 배치에서는 상대방의 시야에 말하는 사람만 들어오게 하는 것이 좋다. 상대방이 나와 내 뒤의 벽을 바라보도록 앉게 하는 것이다. 주변 소음은 내용 전달에 직접적인 영향을 미치므로 중요하게 확인할 부분이다. 추가로 온도와 습도, 조도까지 챙긴다면 더욱 완벽하다.

설득의 초반부에 '제안'으로 인식시켜야 한다. 설득의 말은 자칫하면 강요로 들릴 수 있다. 강요받는다는 느낌이 들면 경계심을 가진다. 제안을 통해 흥미를 유발하자. 특히 설득해야 하는 내용이 사회적 규범 혹은 대세와 관련이 있다면 대화 초반에 언급하자. 그 후 상대의 이익을 어필하는 것이다. 텍사스 대학교의 세나 가벤은 특정 주제에 대하여 '당신은 어떻게 생각하는가?'라고 질문했을 때 고작 10퍼센트만 동의하는 점을 확인했다. '모두가 그렇다고 하는데, 당신은 어떻게 생각하는가?'라는 질문에는 동의 비율이 약 50퍼센트까지 올랐다.

Bad

 "인터넷에서 검색한 내용인데…."

 "내가 어디에서 들었던 내용인데."

 "기억은 잘 안 나지만 내가 어디에서 본 것 같은데…."

 "아직 자료는 못 찾아봤지만 그냥 제 생각입니다만…."

Good

 "20년도 ○○연구학회 자료 중에서 찾아본 논문에 의하면…."

 "○○○다큐멘터리로 제작된 내용인데…."

 "미국의 ○○연구소가 실시한 최신 조사에서는…."

 "노벨경제학상을 받은 ○○○가 재미있는 설을 주장했는데…."

또한 설득은 나의 몫이고 납득은 상대방의 몫이다. 설득하려고 강요하는 의도를 보이면 상대방은 더욱 방어적으로 나올 수 있다. 부드러운 어투와 목소리로 일관하자. 유연함은 필수이다. 충분한 정보를 제공하고 상대방이 스스로 생각할 수 있도록 부드럽게 소통하자. 상대방이 거부감을 느끼지 않도록 납득시켜야 한다. 상대의 이익에 집중하여 부드러운 뉘앙스를 유지한다면 결과는 크게 달라질 수 있다. 설득을 당했던 상황을 떠올려보자. 물건을 구매하거나 인생에서 중요한 결정을 내렸을 때, 말하는 사람의 뉘앙스 차이로 전혀 다른 결정을 했던 경험이 있지 않은가?

결론을 단정 짓거나 강요하지 말자. 미국 메릴랜드 대학교의 애리사 존스는 결론을 강요하는 설득법과 결론을 유보하는 설득법의 차이를 검증했다. 결론을 단정적으로 강요하기보다 유보했을 때 오히려 상대방이 쉽게 설득된다는 사실을 발견한 것이다. 이러한 방법은 광고에서도 종종 볼 수 있는 기술이다. "우리 회사의 상품이 최고입니다! 꼭 구매하세요!"라고 하는 것보다, "어느 상품이 최고인지 똑똑한 사람은 알고 있다."라는 식으로 우회적으로 설득하는 것을 뜻한다.

🥄 내용의 신뢰도를 높이는 준비들

논거를 준비하자. 논리는 많을수록 좋다. 근거의 수가 많아지면 설득 효과도 그에 비례해서 높아질 가능성이 매우 높아진다. 논리가 많은 상황에서는 다양한 관점의 근거들 중 한 가지만 상대방에게 설득이 되더라도 효과가 있기 때문이다. 또한 상대방 입장에서는 설득을 거절할 때 반박 의견을 준비해야 하는데, 이때 우위를 차지할 수 있다. 거절에 대비한 논리가 이미 준비되어 있는 경우도 많다. 그렇기에 논거가 탄탄하고 많을수록 도움이 된다.

제3자 혹은 영향력 있는 사람의 말을 빌리자. 대화 당사자들과 이해관계가 전혀 없는 제3자가 말했을 때 설득 효과가 높아진다. 이는 캐나다 캘거리 대학교 교수인 데이비드 존스의 연구에서도 증명되었다. 이해관계가 없는 제3자의 입을 빌리거나 영향력 있는 사람의 말을 빌리면 신빙성이 높아진다.

적절한 시각 자료를 제시하자. 청각적인 메시지는 일시적이다. 구체적인 묘사도 어렵다. 시각 자료를 함께 하면, 원하는 바를 명확하게 전달할 수 있다. 말로만 전해질 때 발생하는 지루함을 줄이고 흥미를 유발시킨다. 상대방의 집중과 몰입을 유도할 수 있다. 또한 Paivo의 이중부호화이론(Dual coding theory)에 따르면 청각적 메시지와 시각적 메시지는 각각 다른 과정으로 처리되어 기억된다. 청각적 메시지는 시각적 메시지를, 시각적 메시지는 청각적 메시지를 상호 연상시킨다. 전달뿐만 아니라 기억의 지속 측면에서도 시각 자료를 함께 하는 것이 유리하다.

아래의 두 사례를 살펴보자.

1. 현대의 창업자 정주영 회장이 조선소를 건설할 때의 유명한 일화이다. 1970년대 초에는 대한민국에 건설 자본과 기술력이 없었다. 이때 정주영 회장이 차관을 받기 위해 영국의 A&P 애플도어의 롱바톰 회장을 만났다. 하지만 롱바톰 회장은 아시아의 작은 나라에서 온 정주영 회장의 요청에 특별한 관심을 보이지 않았다.
이 때 정 회장은 오백 원짜리의 거북선 그림을 보여주면서 이렇게 말했다. "우리나라는 영국보다 300년 앞서 철갑선을 만들어 외세를 물리쳤습니다. 대한민국은 잠재력이 큰 나라입니다."
정 회장이 내민 임팩트 강한 이미지(오백 원짜리 지폐)를 들고 생각에 잠긴 롱바톰 회장은 정 회장에게 차관을 승인했다.

2. 봉준호 감독이 이전 작품의 흥행 참패로 의기소침해 있었던 때 일이다. "한강에서 이런 괴물이 튀어나오는 겁니다."라는 한 마디와 함께 한 장짜리 괴물 합성 사진을 투자자에게 보여주었고 제작사 대표를 설득하는 데 성공했다.

긴 내용의 설명이 아닌, 한 장의 지폐와 한 장의 괴물 사진으로 강렬하게 설득에 성공한 결과이다. 이처럼 시각 이미지는 그 어떤 말보다 강력한 효과가 있다.

마지막으로 상대방의 예상 거절을 준비해 보자. 3~5개 정도로 준비하면 좋다. 상대방의 입장에서 생각해보는 것이다. 거절할 만한 이유를 미리 생각하고, 반박 논리를 준비해 가는 것이다. 이 과정에서 상대방의 고충이 발견될 수도 있다. 해결책까지 찾아낼 수 있는 것이다. 위에서 제시한 물리적 환경 혹은 청자의 상태를 컨트롤 하기 어려운 상황일 때 더욱 효과가 있다. 예상 거절에 대한 답변을 사전에 준비하면 성공할 가능성이 높아진다. 설득은 '가능한 이유'와 '가능하지 않은 이유'의 싸움이다. 결국 더욱 타당한 이유를 가진 사람이 이긴다.

다만 우리는 설득에 대해서 한가지 기억해야 할 것이 있다. 설득해도 소용없을 때는 설득을 그만두는 것이 방법이라는 것이다. 물론 쉽게 포기하라는 말이 아니다. 스스로 할 수 있는 최대한의 노력을 하자. 다만 설득이 계속 어렵고 거절 의사를 밝히는 데도 계속 시도하는 것은 바람직하지 않다. 과함이나 부담을 느낀 상대방과 멀어질 수도 있기 때문이다. 후회 없이 충분히 시도 했다면 나머지는 상대방의 마음에 맡기는 수밖에 없다.

설득해야 하는 사람의 성향에 따른 설득 전략

명분을 중요하게 생각하는 성향: 왜 해야 하는지 설명

증거와 데이터가 중요한 성향: 사실에 기반한 논리적이고 객관적인 근거 제시

경험과 자기 발전이 중요한 성향: 어떤 도움과 가치를 얻을 수 있는지 설명

관계와 신뢰가 중요한 성향: 관계와 신뢰에 어떤 영향을 가져올지 설명

본인의 상황과 입장이 가장 중요한 성향: 상대의 상황과 입장을 충분히 공감

하며 설득하고자 하는 바를 솔직하게 설명

Q 설득당한 경험 중
가장 기억에 남는 것은 무엇인가요?

Q 설득하기 위한 자료를 준비하는데
시간을 많이 쓰는 편인가요?

숫자로 말하면 꾸미지 않아도 된다

"비즈니스맨으로서 숫자를 챙기지 않는 것은 직무 유기이다."

– 나카오 류이치로[*]

숫자로 말하는 능력은 직장인의 필수 역량이다. 예산, 매출, 비용, 연봉과 같은 회사의 주요 정보가 숫자이기 때문이다. 상사와 동료는 정확한 숫자를 원한다. 객관화된 숫자는 신뢰할 수 있기 때문이다. 반면 객관성이 빠진 개인의 주관적인 의견은 설득력이 낮다. 경험과 직감만을 신뢰할 수는 없기 때문이다. 혹시 지금까지 '촉'이나 '감'으로만 주장하지는 않았는가? 정량적인 수치 없이 정성적인 의견만 내세운 적은 없는가? 설명하기 어려운 상황을 구체적인 숫자로 표현하고 해석할 수 있는 역량을 키워야 한다. 숫자로 말하는 습관은 3가지의 이점을 얻는다.

🌑 첫째, 숫자로 말하면 설득력과 전달력이 높아진다

숫자는 메시지의 설득력을 높여준다. 워싱턴 대학교의 리처드 옐치는 직장인을 대상으로 숫자와 설득력에 관한 실험을 진행했다. 126명을 두 그룹으로 나눴다. A그룹에는 '이 시스템을 도입하면 인건비가 크게 줄어듭니다.'라는 문장을 읽게 했다. B그룹에는 '이 시스템을 도입하면 인건비가 5퍼센트에서 최

---

[*] 『일 잘하는 사람은 숫자에 강합니다』의 저자.

대 45퍼센트까지 줄어듭니다.'라는 숫자가 포함된 문장을 읽게 했다. 실험 결과 숫자가 포함된 문장이 설득 효과가 압도적으로 높았다. 리처드 옐치의 분석에 따르면 메시지의 숫자 포함 여부는 상대방의 태도를 바꾼다. 숫자가 포함된 것만으로 설득력이 높아지는 것이다.

숫자는 메시지를 강력하게 전달하는 효과가 있다. 메시지를 정확하게 전달하면 상대방은 움직인다. 숫자를 포함한 당위성 설명은 전달이 잘 된다. "경쟁사들도 이 '솔루션(solution)'을 도입했다고 합니다." 보다는 "경쟁사 2곳을 조사해 보니 이 솔루션 도입 후 에러율이 10% 이상 감소했다고 합니다."가 더 와닿는다. 전달력 높은 메시지는 나에게만 좋은 것이 아니다. 상사가 회사를 상대로 내 의견을 대신 설득해 줄 수 있는 무기가 되어준다.

> "이 도서를 올해의 사내 도서로 지정합시다. CEO 100명 중 90명이 추천한 책입니다."
> "홍보 예산은 ○○ 칫솔/치약 세트에 배정되어야 합니다. 지난 1년간 고객의 재구매율이 40퍼센트가 넘는 제품이기 때문입니다."
> "이 기획안으로 진행하면 고객 만족도를 30% 이상 높일 수 있습니다."

수치가 없는 내용이더라도 숫자로 표현할 수 있어야 한다. 수치가 없는 내용이라면 서수로 표현하고 숫자 3을 이용하자. 서수는 많은 양의 내용을 설명해야 할 때 유용하다. 내용이 많으면 설명하는 사람도, 듣는 사람도 어렵다. 이

때 "첫째, 둘째"를 앞에 붙여 내용을 정리하면 듣는 사람이 쉽게 기억할 수 있다. 세계적인 컨설팅사 맥킨지와 하버드, MIT에서도 3을 사용하는 말하기 방식을 활용한다. 스티브 잡스의 "더 작고 가볍고 빨라졌다."는 말은 전 세계의 사람들에게 각인되었다. 강조하고 싶은 3가지만 선별한 것이다. 서수와 3은 메시지를 기억하기 쉽게 만든다.

> **"이번 회의에서 정해야 하는 안건은 3가지입니다. 첫 번째는 ~이고, 두 번째는 ~입니다."**
> **"내용이 좀 많지만 요약해서 크게 3가지로 설명하겠습니다."**
> **"네, 이 안건은 저희 팀의 4분기 과제로 진행하겠습니다. 진행에 앞서 3가지가 필요합니다. 첫 번째는 ~이고 두 번째는 ~입니다. 마지막으로 ~를 준비 부탁드립니다."**

🔹 둘째, 숫자는 목표 설정과 동기부여를 가능하게 한다

매출액과 점유율을 높여야 하는 회사의 과제는 각 팀에 숫자로 할당된다. 수치가 명확히 보이는 직무가 있지만 직무상 목표를 수치로 나타내기 어려운 직무도 있다. 이런 경우에는 '하루 10개 이상 작업 완료' '주간 20시간 이상 투입'처럼 숫자로 표현해서 목표를 설정할 수 있다. 숫자는 추상적인 목표도 구체적으로 설정할 수 있게 한다. 스스로 목표를 세워야 하는 상황이나 배정된 목표를 바탕으로 계획을 세울 때 유용하다. 다만 주의해야 할 점은 본인만 알 수 있는 숫자는 안 된다는 것이다. 상대도 이해할 수 있어야 한다.

"출시 전까지 제품 모니터링 진행하려고 합니다."

→ "출시 전까지 하루에 3회씩 14일간 제품 모니터링을 진행하려고 합니다."

"이번 분기에 인터뷰를 최대한 많이 해보려고 합니다."

→ "이번 분기에 하루에 최소 2명 인터뷰 진행 예정입니다. 총 100명이 목표입니다."

"모든 팀의 피드백을 받는 회의를 진행해서 디자인을 완성하겠습니다."

→ "모든 팀의 피드백을 받기 위해 주 1회 30분간 디자인 회의를 잡았습니다."

"이 상품은 잘 안 팔리네요."

→ "이 상품은 발매한 지 1개월이 지나도록 4,800개밖에 안 팔렸네요. 판매액을 25% 올려야 손익분기점을 넘기는 상황입니다."

목표 달성 과정을 공유할 때도 숫자로 말해야 한다. 목표를 세우는 것만큼이나 과정을 공유하는 것은 중요하다. 직장 상사는 마감일이 지켜질 수 있는지 궁금해한다. 목표가 제대로 달성되고 있는지 정확하게 알고 싶어한다. "상당히, 꽤, 많이, 어느 정도"와 같은 본인의 주관적인 생각이 아닌 객관적인 숫자로 말해야 한다. 숫자로 말하기 위해서는 근거 자료를 평소에 관리해야 하는 점도 잊지 말자. "측정하지 않으면 관리할 수 없으며, 지속적인 관찰 없이는 측정 역시 불가능하다." 피터 드러커의 말처럼 과정에 대한 관리가 선행되어야 한다.

"기획안 거의 다 됐습니다."

→ "기획안은 80% 완성되었고 2일 후에 전달 드릴 수 있습니다."

"팀원 모두가 열심히 노력하고 있습니다. 꽤 많이 달성했습니다."

→ "각 팀원이 120% 달성을 목표로 하고 있습니다. 현재 팀 전체 달성률은 92%입니다."

"문제가 좀 있지만 빠르게 최선을 다해보겠습니다."

→ "2가지의 오류가 발견되었지만 개발자와 확인해 보니 4시간 안에 해결할 수 있는 문제라고 합니다."

목표 설정과 달성하는 과정뿐만 아니라 동기부여 측면에서도 숫자는 중요하다. 2011년 뉴욕 대학교의 안드레아 보네치 교수가 포함된 연구팀이 실험을 진행했다. 목표를 이루는 과정의 초반부와 후반부에 각기 다른 메시지가 동기부여가 되는 것을 입증했다. '얼마나 했나'에 관한 메시지만으로는 후반부에 동기부여 효과가 떨어진다는 연구 결과이다. '진행한 정도'를 숫자로 말해

주는 것은 초반부에는 동기부여가 되니 알려주는 것이 좋다. 다만 후반부에는 안일해질 수 있다. 후반부에는 '남아있는 정도'를 숫자로 말하는 것이 동기부여가 된다. "열심히 합시다."라는 말보다 "20% 남았다. 얼마 남지 않았다."라는 메시지가 더 강력하다.

🔘 셋째, 숫자로 말하는 습관을 들이면 숫자 감각을 높일 수 있다

비즈니스는 숫자의 싸움이다. 직장인들이 하는 대부분의 업무는 더 높은 숫자를 위해, 때로는 더 낮은 숫자를 위한 것이다. 비즈니스 영역이 아니더라도 우리가 일상에서 진행하는 생산적인 활동도 숫자로 표현된다. '체지방 5kg 감량' '수면 시간 1시간 더 늘리기' '부모님께 1주일에 1~2번씩 더 연락드리는 일'과 같은 것들이다. 숫자로 말하기를 습관화하면 감각이 좋아진다. 최소한 업무 혹은 회사와 관련한 숫자만이라도 기억해 두자.

"수치로 볼 수 있을까요?" "데이터가 있나요?" 발표 혹은 회의에서 단골 질문이다. 누군가를 설득할 때 필수로 받게 되는 질문이다. 앞으로는 일상에서도 이런 질문을 많이 받을 것이다. 과거에는 주로 기업에서 전문적인 데이터 분석 도구를 활용했다. 이를 근거로 전략을 세웠다. 최근에는 기업뿐만 아니라 개인도 데이터 분석 도구를 활용한다. 1인 자영업자들도 데이터 분석 도구를 활용하여 수치를 분석한다. 더 이상 소비자를 감성적인 문구만으로 설득할 수 없다. 숫자 감각의 필요성은 점점 커질 것이다.

이렇듯 숫자 감각이 선택이 아닌 필수인 시대가 되었다. 숫자의 나열을 보고 의미 있는 인사이트를 도출해 낼 수 있어야 한다. 그 첫걸음이 숫자로 말하는 것부터 시작된다. 숫자로 말하기 시작하면 관심을 가지게 된다. 생각의 확장으로 이어지고 분석 능력이 높아진다. 데이터의 의미를 분석할 줄 알면 흐름을 읽을 수 있고 인사이트를 도출할 수 있다. 의사 결정의 순간에는 숫자와 인사이트가 핵심적인 역할을 한다. 평소 숫자로 말하는 습관을 들여보자. 동료들에게 신뢰를 얻을 수 있으며, 점차 성과와 연봉의 숫자도 높아질 것이다.

숫자를 말하기 전 확인해야 할 것

1. 숫자가 왜곡되지는 않았는가? 정확한 정보인가?
2. 출처가 있는가? 출처는 믿을 만한 곳인가?
3. 통계치는 말하기에 적절한 내용인가? 편향되거나 의도가 있는 통계는 아닌가?

Q 숫자를 효과적으로 사용하는 방법 중 어떤 방법이 가장 유용할 것 같나요?

Q 이번 한 주 동안 내가 한 업무를 숫자로 정리해 봅시다.

진짜 위로에는 충고나 평가가 없다

"충고는 하늘에서 내리는 눈과 같다.
부드럽게 오랫동안 떨어질수록 마음속 깊은 곳까지 파고든다."

– 새뮤얼 테일러 콜리지[*]

좋은 위로란 무엇일까? 사람들은 각자의 방식으로 위로의 말을 전한다. 적극적으로 해결책을 제시하는 사람도 있고 말없이 공감하는 사람도 있다. 가장 중요한 것은 마음이다. 위로가 필요한 순간에 지나친 충고나 평가는 오히려 상처가 된다. 충고나 평가는 성장을 위한 필수 요소이지만 위로의 순간에는 과하지 않도록 주의해야 한다. 위로가 필요한 사람에게 본인의 정답을 강요하지 말자. 스스로 깨닫도록 해주는 것이 상대방과의 관계에도 좋다. 위로하는 순간에는 그 어느 때보다 배려가 필요하다. "거봐, 이럴 줄 알았어." "넌 그게 문제야." 같은 말투는 아픈 사람의 상처를 덧나게 한다.

위로가 필요한 상대방에게 굴욕감을 주지 말자. 그 순간에 상대방은 더 모욕적으로 느낄 수 있기 때문이다. 상처는 최소화하고 효과는 극대화할 수 있는 방법을 찾자. "이야기를 좀 들어줄까? 아니면 해결 방법 찾는 일을 도와줄까?"라고 물어보는 것도 도움이 될 것이다. 결국 방식의 차이는 있어도 진심

---

[*] Samuel Taylor Coleridge. 영국 시인.

어린 위로의 마음을 전달하는 것이 중요하다. 불편한 상황에 놓이거나 마음이 좋지 않을 때는 본인 마음을 알기가 어려울 수 있다. 그런 이들을 위해 문제 해결이 필요한지, 경청과 공감이 필요한지 함께 파악하는 과정부터 위로라고 생각하자.

🌰 공감해줘야 할까, 조언해줘야 할까?

미국 하버드대학교의 조세린 슈 교수는 부정적 감정의 종류에 따라 도움 되는 조언이 다르다는 것을 밝혀냈다. 실험 결과 불안의 주원인은 직업과 경제적인 이슈였고, 슬픔의 주원인은 소중한 인연을 떠나보낸 경험과 같은 인간관계 문제가 대부분이었다. 불안이 문제였던 상황에는 구체적인 조언이 도움이 되었다. 반면 슬픔이 문제인 상황에서는 구체적인 조언보다는 공감과 위로가 더 큰 도움이 된다고 평가되었다.[*]

그러므로 상대방이 불안과 슬픔 중 불안함의 감정을 느낄 때는, 적절한 질문을 통해 고민 해결을 도와줄 수 있다. 회사에서는 문제 해결 혹은 개선이 필요한 상황이 많다. 예를 들어 부하 직원이 고객사 담당자와 논쟁이 일어나 고객사 담당자가 화를 냈다고 가정해 보자. 이때 "왜 고객사 담당자를 화나게 만들었어?" "무엇을 어떻게 했길래 고객사에서 화를 내?"와 같이 질문하면 부하 직원은 자신을 책망하는 질문으로 받아들이게 된다. 질문의 의도가 실패한 원

---

[*] 박진영, "[박진영의 사회심리학] 진정한 위로와 조언의 조건", 동아사이언스, 2021.08.07. (https://m.dongascience.com/news.php?idx=48542)

인을 물어보는 질문이기 때문이다. 부하직원도 고객사 담당자를 탓하는 답변을 하게 된다. 방법을 찾거나 미래형으로 질문하여 부하직원의 고민을 함께 해결해 주어야 한다.

"어떻게 소통했다면 감정적이지 않게 잘 해결되었을까?"
"다음에 비슷한 이슈가 있을 때 어떻게 커뮤니케이션 해야 할까?"

만약 부하 직원이 잘못한 것이 맞다면 "고객사 담당자는 무엇을 원했을까?"라고 질문하며 미래형 답변이 나오도록 하는 것이 현명한 문제 해결형 위로이다.

상대방이 슬픔을 느끼고 있다면 공감이 필요하다. 슬픔을 위로하는 데는 구체적인 조언이 필요없다. 논리적이고 냉철한 말보다는 마음을 어루만지는 것이 중요하다. 그 후 상대방의 구체적 문제에 대해 리액션을 해주자. 상대방의 감정을 우선 이해하고 받아들이자. 공감으로 위로를 받은 상대방은 문제를 말하기 시작할 것이다. 상대를 위해 경청을 지속하면 상대방은 결국 위로의 힘으로 스스로 해결책까지 생각해 낼 수 있다.

나: 아이고, 요즘 많이 힘들어? 직장 다니면서 석박사 통합과정까지 하는 게 진짜 힘든 일인가 보다. 강의도 병행하려니 체력도 빨리 소진되겠어.

상대방: 맞아. 공감해주니 고맙네. 사실 그래서 말인데…. (공감으로 위로를 받고 본인의 문제를 말하기 시작함)

나: 너니까 이 정도로 일과 학업을 병행할 수 있는 거야. 쉽지 않은 일을 항상 해내는 네가 내 친구라는 게 자랑스럽다!

☁ 우리가 위로라고 착각하는 것들

"네 자신도 뜻대로 하지 못하면서 타인을 자신의 뜻대로 하지 못한다고 해서 분노하지 마라." 독일의 사상가 토마스 아 켐피스의 말이다. 누군가의 고민 상담을 하기 전에 스스로에게 질문하자. 상대방을 경쟁자로 인식하고 있는지 말이다. 또한 해결 방법을 구체적으로 제시하고 있는지, 내가 하는 충고나 평가가 상대의 기분을 상하게 만드는지 말이다.

위로한답시고 본인의 관련 경험만 늘어놓거나 상대방을 무시하는 말을 하는 사람들이 있다. 정신분석학에 따르면 타인의 약점이나 단점을 끊임없이 들여다보면 자신의 욕구가 해소되는 느낌을 받는다고 한다. 이것은 진정한 위로가 아니다. 위로는 상대방을 가르치는 것이 아니다. 상대방의 약점을 내가 평가하는 시간도 아니다. 본인의 이야기를 하고 싶다면 솔직하고 담백하게 공유하자. 고치려고 노력한 이야기 혹은 극복 사례를 통해 상대방이 전략을 떠올릴 수 있도록 하자.

섣부른 욕심이 관계의 단절을 가져온다. 혹시라도 상대방이 본인의 치부나 단점에 대해 말하게 되면 그 상황만큼은 동의하지 말자. 인정하지 않는 것만으로도 상대방에게는 위로가 될 수 있다. 강점으로 보완할 수 있도록 힘을 보태주자. 위로를 받은 상대방은 자신감을 얻는다.

"이렇게 살아라." "그 생각은 잘못되었다. 왜 그렇게 부정적이냐." 등의 말로 혹독하게 충고하는 사람들이 있다. 상대방에게 스트레스를 주고 있다는 사실도 모른 채 말이다. 충고라고 해주는 말이지만 폭력적인 말이다. 프랑스 철학자 클로드 엘베시우스는 혹독한 충고를 쓸모없는 망치에 비유했다. 안 그래도 아픈 사람에게 또 한번 상처를 낼 필요는 없다. 혹독한 충고보다는 상대방 본인이 직접 깨닫게 도와주자. 상대방에게 위로를 전하는 길이다.

진심 어린 위로를 해주고 싶다면?

상대방의 마음을 헤아리자. 많은 사람들이 실수하는 것이 본인의 우월감을 드러내는 것이다. 다른 이의 장점은 보지 않고 단점만을 발견한다. B처럼 단점을 크게 확대해서 상대방을 부족한 사람으로 취급하는 경우가 많다.

Bad

A: "나 부모님하고 싸웠어."

B: "아무리 그래도 어른들하고 싸우면 안 되지!"

공자는 '세 사람이 길을 가면 거기에는 반드시 스승으로 삼을 만한 사람이 있다.'고 했다. 모든 사람에게는 배울 만한 장점이 있다. 위로가 필요한 순간에는 객관적인 사실에서 잠시 떨어져서 상대방의 마음을 우선 헤아려 보자.

Good

A: "나 부모님하고 싸웠어."

C: "뭔가 엄청난 의견 차이가 있었나 보구나. 그래서 그렇게 기분이 안 좋았던 거야?"

위로할 때는 충고와 판단을 멈추자. 위로할 때는 상대의 감정 상태가 불안정할 가능성이 높다. 상대의 감정을 파악하고 어루만지자. 충고나 판단은 이후 문제이다. 살이 계속 쪄서 속상하다는 사람에게 조깅을 하면 도움이 될 거라고 말하는 것은 위로한 것일까? 공감 대화를 한 것이 아니다. 상대방의 스트레스와 힘든 점을 먼저 물어봐야 한다. 더 나쁜 것은 "너보다 더 힘들고 고통받는 사람도 많다."고 일반화 시켜버리거나 비교하는 것이다. 고통은 사람마다 상대적이기 때문에 그 크기를 타인이 정할 수 없다. 순간의 실수로 인해 최악의 위로가 되지 않도록 주의하자.

Bad

"원래 다 그런 거야…."

"너만 힘든 거 아냐"

"당신의 문제점이 뭐라고 생각하나요?"

"지금 당신의 행동이 얼마나 부족한지 알고 있나요?"

Good

"정말 힘들겠구나. 내가 혹시 어떻게 도와줄 수 있을까?"

"그랬구나. 힘들겠다. 너는 어떻게 하고 싶어?"

"본인의 가장 큰 장점은 무엇인가요?"

"당신에게는 엄청난 잠재력이 있다는 것을 알고 있나요?"

위로가 필요한 순간, 상대방은 대부분 정답을 알고 있다. 위로가 필요한 이유, 취해야 할 액션을 이미 알고 있을지 모른다. 그렇기에 상대방의 아픈 점을 건드리지 않도록 유의하자. 충고나 평가는 쉽지만, 위로는 어렵다. 하지만 진심이 담긴 말이라면 짧고 미숙하더라도 상대에게 전해질 것이다. 욕심을 버리고 담백하게 전해보자. 따뜻한 온도와 느린 속도로 타인의 상처를 보듬어 주자.

그렇다면 타인이 아닌 내가 위로받는 상황에서는 타인의 피드백을 어떻게 받아들여야 할까? 도움 되지 않는 비난성 피드백까지 모두 받아들이지는 말자. 부정적인 자책의 지름길이다. 진심이 담긴 피드백과 진심 없이 내뱉는 말을 구분해서 받아들이자. 스스로 위로할 수 있는 사람이 타인도 안아줄 수 있다.

"그럴 수 있습니다." "나까지 슬프다." "너무 공감된다." "앞으로 더 좋아질 거야."
"너 정도면 충분해." "너라면 할 수 있어."
"같이 고민해 보자." "~이런 방법으로 해보는 건 어때?"

Q 누군가를 위로하고 나서
기분 좋았던 경험이 있다면 나눠주세요.

Q 충고와 위로의 차이를
어떻게 정의하고 있나요?

험담 1번이 예쁜 말 99번을 망친다

**"험담을 일삼는 자는 시리아 땅에 있으면서도
로마에 있는 사람을 죽일 수 있다."**

– 「탈무드」

직장에서는 의도치 않게 동료들끼리 남의 험담을 하는 경우가 있다. 나쁜 뜻은 없었을 것이다. 친한 동료에게 속상했던 일을 하소연하려다 대화가 끝날 때는 뒷담화가 되어있는 것이다. 우리는 회사에서 하루 평균 8시간 이상을 보낸다. 가족보다 동료들과 보내는 시간이 많다. 그래서일까? 자연스럽게 사무실에서 동료의 이야기를 꺼내는 순간이 찾아온다. 이 순간을 조심할 필요가 있다. 의식하고 경계해야 한다. 동료가 없는 자리에서 그 사람을 칭찬하는 것은 괜찮다. 그러나 뒷담화의 경우 문제가 매우 심각해질 수 있다. 뒷담화는 그 대상이 되는 사람이 없는 자리에서 흠을 이야기하는 것이다. 비도덕적이다.

스위스의 신학자이자 시인이었던 요하나 라바터는 이에 대한 중요성을 강조했다. 현재의 우리도 기준으로 삼을 수 있는 지침을 제시했다. "확실히 알지 못하면서 절대 남을 험담하지 마라. 설령 틀림이 없는 사실을 말할 때에도 이렇게 자문하라. '어째서 내가 이 얘기를 해야 하는가?'" 당사자가 말하고 싶지 않거나 듣고 있는 상대가 원하지 않는 정보일 수 있다. 타인의 이야기를 가볍게 하는 사람은 신뢰하기 어렵다. 나도 과거에 소중한 인연을 잃어보고 비로소 알 수 있었다. 앞에서 아무리 좋은 말을 주고받아도 뒤에서 험담하게 되면 쌓아온 신뢰가 한 순간에 무너진다. 험담하지 않는 것은 예쁜 말을 하는 것보다 중요하다.

● 험담과 뒷담화는 왜 하는 것일까?

험담의 사전적 정의는 '남의 흠을 들추어 헐뜯음. 또는 그런 말'이다. 면전에서 험담을 하는 사람은 피하거나 경고를 해야 한다. 더 큰 문제는 뒷담화이다. 당사자가 없는 자리에서 이름을 언급했다고 해서 무조건 험담은 아니다. 직장 내에서 문제 해결을 위해 관계자들이 모여 사실에 기반하여 말하는 것은 험담으로 보기 어렵다. 뒷담화는 악의적으로 당사자가 없는 자리에서 비난하거나 굳이 하지 않아도 될 말을 하는 것이다. 당사자가 나중에 알게 되면 상처가 될 말을 몰래 하는 것이다. 그렇다면 험담이나 뒷담화를 하는 사람들의 심리는 무엇일까?

첫째, 우월감과 타당성을 얻길 원하기 때문이다. 저명한 인지심리학자인 김경일 교수가 유튜브 채널 사피엔스 스튜디오에서 관련된 주제로 이야기했다. "뒷담화를 좋아하는 사람들은 고립에 대한 불안감을 가지고 있다. 자기 자신보다 불행한 사람을 찾아야만 약간의 우월감을 통해서 못난 안녕감을 느끼는 사람들이 있다."고 설명했다. 또한 뒷담화하는 사람 중 가장 최악의 유형은 "내가 싫어하는 사람은 다수가 싫어해야 해"라는 마음을 가지고 주위에 강요하는 사람이라고 한다. 이런 사람들은 자신이 싫어하는 감정에 대해 뒷담화하며 타당성을 얻는다. 자존감이 높고 스스로 건강한 우월감을 가진 사람은 뒷담화하지 않는다.

둘째, 크랩 멘탈리티(Crab mentality) 효과 때문이다. '크랩 이론'이라고도 하는 이 심리학 용어는 '남이 나보다 잘되는 것을 보기 힘든 질투심'에서 비롯된 현상을 뜻한다. 어부에게 잡힌 게(crab)가 양동이에서 탈출하려는 다른 게를 붙잡는 모습에서 유래되었다. 게들은 이렇게 탈출을 위해 협력하지 않고 다른 게가 탈출할 수 없도록 끌어내리는 습성이 있다. 최강록 정신건강의학과 전문의는 이 심리를 "공생하느니 공멸이 낫다는 심리"라고 설명한다. 그러므로 "힘들게 노력하던 일이 성과를 거두려고 할 때"나 "뭔가 좀 의욕을 가지고 해보려고 할 때" 내 주변에 토를 달거나 딴지를 거는 사람이 있다면 그 사람이 바로 내 발목을 잡는 '게'가 아닌지 고민해보라고 조언한다.*

셋째, 후련함을 느끼기 때문이다. 2022년에 전문 심리상담사와 대화할 기회가 있었다. 그때 상담사는 험담이 때로는 부정적인 감정을 해소하는 데 도움이 될 수 있다고 말씀하셨다. 너무 많이 참으면 감정이 쌓일 수 있다는 것이다. 친구나 동료에게 그들과 직접적인 관계가 없는 이의 흉을 보는 것 정도는 괜찮다고 하셨다. 그들과 일면식이 없는 사람에 대한 고민을 상담하는 것은 스트레스가 해소된다는 것이다. 다만 관계로 얽혀있는 직장에서 동료의 뒷담화

---

* 최강록, "내가 안 되는데 네가 될 것 같니? ‐ 크랩 멘탈리티 효과", 정신의학신문, 2021.04.23. (https://www.psychiatricnews.net/news/articleView.html?idxno=30872)

는 매우 위험하다. 그 순간에는 후련하고 재미있을 수 있다. 동료와 비밀을 공유했으니 동질감을 느낀다. 하지만 뒷담화만으로 친해진 관계는 유익하지 않다는 것을 알아야 한다. 참기 힘들 때는 차라리 가족이나 친구와 같은 전혀 이해관계가 없는 제 3자에게 털어놓자.

험담과 사실 전달의 차이

험담에는 본인의 의견이 반영된다. 아래 예시로 살펴보자.

"김 과장님이 어제 입고 온 흰색 니트 너무 별로던데요."

"김 과장님이 차 새로 사셨던데 사치스러운 사람인 것 같아요."

"바쁜 시즌에 혼자 여름 휴가를 가다니…. 김 과장님은 배려심이 부족한 사람 같아요."

상대방에 대한 부정적인 감정을 제 3자에게 이야기하고 있다. 이 말은 당사자가 들으면 기분이 좋지 않을 말이다. 반면 아래와 같은 말은 어떤가?

"김 과장님 어제 흰색 니트를 입고왔어요."

"김 과장님이 지난주에 새로 구입하신 차를 타고 오셨어요."

"김 과장님 여름휴가 계획 중이라고는 하셨는데 잘 모르겠어요. 직접 물어보세요."

상대방에 대한 평가나 감정이 담기지 않은 객관적인 사실이다. 애매하다면 차라리 "잘 모르겠다."고 하는 것이 현명하다. 남의 이야기는 가급적 하지 않는 것이 좋다. 부득이하게 해야 하는 상황이라면 문제가 없도록 '사실 전달'만 하자.

🍂 험담은 우리에게 어떠한 영향을 줄까?

험담의 장점은 단점과 위험에 비해 아주 미미하다. 아무리 가까운 가족이더라도 뒷담화는 기분이 좋지 않다. 이해 관계와 평판으로 얽혀있는 직장 내에서는 더욱 주의해야 한다. 회사에서는 타인이 언급되는 상황이 많다. 자리에 없는 타인이 언급되는 순간에는 경계하고 의식하자. 논의가 필요하여 부득이하게 타인을 언급하더라도 뒷담화로 이어지지 않도록 주의해야 한다. 험담은 모든 관계를 망치고 본인 스스로의 마음 안정에도 영향을 주기 때문이다. 험담이 미치는 영향은 크게 3가지로 설명할 수 있다.

첫째, 뒷담화의 대상이 되는 사람과의 관계를 악화시킨다. 뒷담화는 오해가 되고 갈등으로 번진다. "~라고 하던데"라고 표현할 수 있는 부정확한 남의 정보는 말하지 말아야 한다. 나도 과거에는 어리석게도 남을 험담할 때가 종종 있었다. 누군가가 나에게 타인의 험담을 늘어놓으면 열심히 들었다. 잘 들어주는 것이 예의라고 생각해서 맞장구 쳐주었다. 경청에 강박을 가지고 있었기 때문이다. 하지만 대화가 끝난 후 찜찜함은 지울 수 없었다. 험담이 그 당사자에게 전달되기라도 하는 날에는 어렵게 지켜온 관계가 무너졌다. 험담에 동조했다는 사실만으로 가해자가 되어있었다. 험담을 경청하는 것은 어리석은 행동이다. 피하는 것이 현명하다.

둘째, 본인의 평판이 나빠지고 사람들과 멀어진다. 대화하는 상대방은 '이 사람은 내가 없을 때도 이렇게 내 뒷담화를 하려나?'라고 생각한다. 티를 내지는 않겠지만 서서히 본인과의 관계에서 거리를 두게 된다. 남들에게 이야기가 퍼질 수 있으니 중요한 것은 이야기하지 않는다. 대화에서 부정적인 감정을 느낀 사람들은 좋은 험담을 일삼는 사람에게 좋은 평가를 내리지 않는다. 결국 평판이 안 좋아진다. 한번 나빠진 평판은 되돌리기가 어렵다.

셋째, 본인의 정신 건강에도 좋지 않다. 험담은 부정적 감정을 가져온다. 모임이나 회식에서 뒷담화하고 집에 돌아와 후회한 경험이 있을 것이다. 당사자가 알게 될까 불안했을 것이다. 험담은 한번 내뱉으면 돌이킬 수 없다. 그 말의 여파 때문에 본인도 불안하고 에너지를 쏟아야 한다. 결국 대화한 상대를 피곤하게 만들었다는 후회와 본인의 평판에 문제가 생길 것을 걱정하게 된다. 탈무드에는 "험담은 듣는 사람과 말하는 사람, 험담의 대상이 되는 사람 3명을 죽인다."는 말이 있다. 말하는 사람인 본인에게도 뒷담화는 칼이 되어 돌아온다.

☛ 험담에 대처하는 현명한 자세

"보지 않는 곳에서 나를 좋게 말하는 사람은 진정한 친구이다." 영국의 성직자이자 역사가인 토마스 풀러의 말이다. 당사자가 없는 자리에서 칭찬은 괜찮지만 험담은 피해야 한다. 험담이 오가는 상황에 함께 있었다는 사실만으로 오해가 생길 수 있다. 자리를 박차고 나갈 수는 없더라도 상대방이 눈치채고 중단할 수 있도록 하자. "아 그랬구나"라고 짧게 말하고 자연스럽게 화제를 전환하는 말을 하자. 피하는 것이 상책이며 가능하다면 험담을 즐기는 사람과의 인간관계도 다시 생각해 봐야 한다. 거리를 두는 것이 현명한 방법이다.

> **"맞다, 그런데 ~~그거(다른 화제) 뭐였더라?"**
> **"나 근데 갑자기 생각났는데…. (다른 화제)"**
> **"아참, 저번에 너가 얘기해준 것 중에 궁금한 거 생각났는데(다른 화제)**
> **물어봐도 돼?"**
> **"어제 얘기했던 맛집 정보 다시 말해줄래?"**

난데없이 험담을 늘어놓는 사람들이 있다. 무방비 상태로 타인의 험담을 들으면 당황스럽다. 흥분한 대화 상대방에게 "험담하지 말라."고 하거나 "뒷담화하고 싶지 않다."며 단호하게 거절하기는 어려울 수 있다. 대화 상대방이 무안함을 느끼거나 서운해할 수 있기 때문이다. 상사의 말에 동조하지 않는 것을 어려워하는 사람들도 많다. 대화를 피할 수 없는 상황에서는 동조하지 말고 완곡하게 거절하자.

> **"그랬구나. 어려운 상황이네."**
> **"글쎄…. 어렵다. 나는 잘 모르겠는데…."**
> **"그러지 말고 직접 가서 그분과 대화로 풀어 보는 건 어떨까?"**

본인 혹은 소중한 사람이 험담을 즐긴다면? 타인에 대한 험담보다는 칭찬하는 말이 자기 자신에게 도움이 된다는 사실을 알려주자. 뒷담화는 스스로의 자존감에 부정적인 영향을 준다. 영국의 공립 연구대학인 스태퍼드셔 (Staffordshire) 대학교의 제니퍼 콜(Jennifer Cole) 박사와 연구팀은 160여명의 참여자에게 타인의 뒷담화 빈도와 감정 등을 조사했다.[*] 조사 결과, "좋은 점을 많이 가진 타인을 솔직하게 칭찬하는 것만으로도 자존감이 높아진다"면서 "다른 사람의 이야기를 긍정적으로 하면 그 사람뿐만 아니라 자신의 정신건강에도 좋다는 것"이라고 밝혔다. 타인에 대한 험담은 순간적인 쾌감을 느끼게 해 줄지 몰라도 결과적으로 말을 하는 본인과 외부 관계에 악영향을 가져온다는 것을 알 수 있다.

다만 때로는 험담 대상에 대한 정보를 소중한 사람에게 알려줘야 하는 상황이 올 수 있다. 사기꾼 혹은 위험한 인물일 때이다. 이 때는 소중한 사람이 피해를 입을 수 있기 때문에 알려줘야 한다. 다만 이처럼 특수한 경우를 제외하면 험담은 대부분 위험하다. 회사에서 동료와 일상을 공유하다 보면 조금은 괜찮지 않냐고 반문할 수 있다. 기준이나 범위가 애매하다고 생각할 수 있다. 그 사람에 대해 나눈 이야기를 당사자에게 그대로 전달할 수 있는지 생각해 보자. 동료에 대해 논하기보다는 건설적인 생각들을 논하며 대화로 풀어낼 수 있는 사람이 되자. "위대한 정신을 가진 사람들은 생각을 논한다. 평범한 사람들은 사건을 논한다. 마음이 좁은 사람들은 사람을 논한다."는 엘리터 루즈벨트(전 미국의 영부인)의 말을 마음에 새기자.

---

[*] British Psychological Society, "It's good to gossip -- but be nice!", 『sciencedaily』, 2010.09.08. (https://www.sciencedaily.com/releases/2010/09/100908074502.htm)

남의 험담을 들었을 때는 그 내용에 본인이 해당되는 내용은 없는지 스스로를 돌아보고 반성하는 시간을 갖자. 본인에게 소중한 사람이 험담을 일삼아도 이성을 유지하자. 균형 있는 판단을 내릴 수 있어야 한다. 험담의 대상이 되는 사람이 합리적인 사람이라면 직접 대화하는 것이 서로에게 도움이 된다. 당사자에게 직접 건의하자. 예쁜 말 99번 하려는 노력보다 험담 1번 하지 않으려는 노력이 더 값지다는 것을 잊지 말자.

다음 상황 속 A는 B 대리로부터 몇 차례 수정 요청을 받았지만 구체적인 수정 사항은 듣지 못했다. 이 경우 A는 두 가지 경우의 말하기를 할 수 있다.

Bad

A: B 대리님이 어제 기획안 수정해 오라고 했는데, 제대로 알려주지도 않고…. 진짜 기분 나빴어요. B 대리님은 성향이 정말 나랑 안 맞아. 너무 별로예요.

다른 동료: 속상했겠다…. 혹시 자세히 알려주실 수 있냐고는 물어봤어요?

A: 아뇨. 항상 바빠 보여서 말 걸기도 어려워요. 메신저 남기면 딱딱하게 대답하셔서 질문하기도 싫어요.

다른 동료: 그래요? 그 대리님 차가워 보이지는 않던데 의외네요.

험담하기를 택한 A는 B 대리님에 대한 주관적인 의견으로 동료에게도 편견을 심었다. B 대리가 알게 되면 기분이 좋지 않을 험담이다. 성장할 수 있는 기회도 놓쳤다.

Good

A: 대리님, 검토해 주신 점 감사합니다. 어제 기획안 수정하라고 말씀하셨는데요. 제가 생각했을 때는 1번과 5번의 문장을 좀 더 압축해서 쓰면 될 것 같은데 어떻게 생각하실까요? 혹시 바쁘시겠지만 조금 더 구체적으로 수정 필요한 부분 의견 부탁드려도 될까요?

B 대리: 네, A 씨 맞아요. 문장을 줄이는 것도 중요하고요. 내용을 효과적으로 보여줄 수 있는 도표를 넣어보세요. 참고할 수 있는 자료는 제가 메신저로 지금 보내드렸어요.

A: 참고 자료 정말 감사합니다 대리님! 앞으로는 수정 없이 한 번에 통과 되도록 더욱 노력하겠습니다!

여기서의 A는 용기를 내어 당사자에게 질문하고 건설적인 피드백을 받았다. B 대리님에 대해 험담하지 않았기 때문에 관계가 나빠질 걱정도 없다. 후자의 상황이 더 성장할 기회가 된다는 사실은 두말할 필요도 없다.

Q 나도 모르게 험담에 휘말린 적 있나요?

Q 험담을 듣게 됐을 때
어떻게 대처하는 것이 좋을까요?

3장

감성적이고 조화롭게
'F'처럼 말하기

공감은 동료의 마음을 어루만진다

10년간 다양한 조직에서 수많은 공감을 해왔다. 타인의 공감도 관찰했다. 무엇보다 일잘러들의 공감은 목적에 따라 2가지로 나뉜다는 것을 알게 되었다. 합리적인 공감과 무조건적인 공감이다. 이 둘은 상대방의 심리 상태와 관계에 따라 다르게 적용된다. 두 방식 모두 궁극적으로 상대방의 상황과 입장을 온전히 이해하는 것을 목표로 한다. 다만, 둘의 차이는 대화 초반의 접근 방식에 있다.

합리적인 공감은 상대가 이성적일 때 효과적이다. 이때는 질문을 통해 상대가 어떤 점에서 공감을 받고 싶어 하는지 파악할 수 있다. 반면, 무조건적인 공감은 상대의 심리 상태가 불안정할 때 유용하다. 울고 있는 상대에게 "너는 왜 그랬는데?"라는 말은 도움이 되지 않는다. 이럴 때는 상대의 슬픔을 있는 그대로 받아들이며 '울고 싶구나.'라고 생각하는 것이 중요하다. 물론, 공적인 상황에서 눈물을 무기로 사용하는 경우는 예외다. 그런 상황이 아니라면, 공감은 마음을 어루만진다. 이후에 합리적인 공감을 위한 질문을 하면 된다.

직장에서는 주로 합리적인 공감이 이루어진다. 하지만 때로는 동료에게도 무조건적인 공감이 필요할 때가 있다. 친구나 가족처럼 편안한 관계에서도 합리적인 공감이 가능하다. 상황과 사람에 따라 적절한 공감 방식을 활용해 보자.

🍩 왜들 그렇게 공감을 강조할까?

첫째, 공감은 치유 효과가 있다. 미국의 심리학자 칼 로저스는 공감을 이렇게 설명했다. "누군가와 오랜 대화를 나눈 끝에 치유 받은 느낌을 받은 적이 있는가? 누군가와 특별한 관계를 맺으면서 자기 자신에 대한 호감을 되찾은 적은? 만약 그렇다면 이는 개방적이고 믿을 수 있는 상황에서 두 사람 사이에 상호작용이 일어난 것이다. 상대방은 아마도 어떠한 판단도 내리지 않은 채 온전히 관심을 기울이며 당신의 말을 들어줬을 것이다."[*] 심리치료에서도 공감은 핵심적인 역할을 한다. 공감을 잘하는 의사일수록 환자의 치료 효과가 높다는 것은 잘 알려져 있다. 공감은 원활한 대화를 이끌고 존재를 오롯이 수용하기 때문에 치유 효과가 있다.

둘째, 공감은 생각을 확장시킨다. 합리적인 공감을 시도하는 것만으로도 배울 점이 많다. 상대방의 이야기에 집중하며 이해하려고 노력할 때, 본인과 다른 관점을 받아들이게 되어 세계가 확장된다. 질문하고 답을 들으면서 상대의 생각을 파악하는 과정에서 문제의 본질을 이해하고 갈등이 해소된다. 공감은

---

[*] 정선우, "수용과 전념을 말하다 - 민병배 선생님", 정신의학신문, 2016.12.30 (https://www.psychiatricnews.net/news/articleView.html?idxno=2092)

일방적인 동의가 아니라, 이해하고 받아들이는 과정이다.

개발팀 팀장: "기술지원팀도 힘들지 않나요?"

기술지원팀 팀장: "네 쉽지 않습니다. 지원을 나갔을 때 동작하지 않는 경우도 종종 있어요."

개발팀 팀장: "그렇군요…. 버전이 빠르게 변경되는 과정에서 오류가 생길 수 있습니다."

기술지원팀 팀장: "이해합니다. 그렇지만 안정적이지 않은 버전이라면 릴리즈되면 안 됩니다."

개발팀 팀장: "맞습니다. 다만 고객사의 릴리즈 요청 기일이 빠듯한 경우가 많습니다."

기술지원팀 팀장: "그렇다면 대규모 릴리즈는 사전 테스트 단계를 추가하거나 임시로 개발팀이나 기술지원팀에서 인원을 뽑아 TF를 구성해야 할 것 같습니다."

개발팀 팀장: "그렇다면 좋겠지만 저희 팀도 몇 명이 해외 출장을 간 상황이라 인력이 부족합니다."

기술지원팀 팀장: "아…. 개발팀이 그런 상황이었군요. 역시 인력 부족이군요…."

개발팀 팀장: "신규 채용을 요청해야 하는 걸까요, 기술지원팀은 상황이 어떤가요?"

기술지원팀 팀장: "저희도 마찬가지인 상황입니다. 그렇다면 고객사

감성적이고 조화롭게 'F'처럼 말하기

에서 지원 요청 시 만약을 대비해 개발팀에서도 원
격으로 대기 해주시는 것은 어떨까요?"

개발팀 팀장: "좋은 생각입니다. 당분간은 서로 고통 분담을 해야겠군
요."

위 대화에서 두 팀은 '합리적인 공감'을 통해 서로의 입장과 상황을 이해하게 되었다.

셋째, 공감 능력을 키우면 성공할 가능성이 높다. 미국 컬럼비아 대학교에서 사회적으로 성공한 수백 명의 CEO를 대상으로 성공 비결에 관한 주제로 설문 조사를 시행했다. "당신과 당신의 회사가 성공할 수 있었던 이유 중 가장 중요한 비결은?"이라는 질문에 기술력이나 업무 능력을 답한 사람은 15%가 되지 않았다. 응답자의 85%는 '원만한 인간관계'와 '조직 문화를 위한 공감 능력'을 꼽았다. 회사는 결국 사람들이 모여있는 곳이다. 개인의 기술적인 역량도 중요하지만, CEO들이 강조한 인간 관계는 공감을 바탕으로한 커뮤니케이션에서 시작된다.

🌰 우리가 오해한 공감

긍정적인 맞장구만 치는 것은 공감이 아니다. 이해되지 않는 부분에 공감하기는 어렵다. 이해하기 위해 질문하는 것이 합리적인 공감이다. "왜 그렇게 생각해?"라고 물어보자. 질문을 통해 상대방의 의도를 파악하고 실마리를 찾을

수 있다. 공감은 단순히 상대방을 위한 것이 아니라, 대화를 통해 본인의 마음도 편해진다. 긍정적인 감정으로 함께 해결책을 찾을 수 있다.

그러나 질문할 때는 선을 넘지 않도록 주의해야 한다. 공감을 핑계로 사생활을 침해하는 경우가 종종 있기 때문에, 직장에서는 적당한 거리를 유지해야 한다. 상대방이 원하는 만큼만 공감하고, 무조건적인 공감만을 원할 때도 있다는 점을 염두에 두자. 질문 자체가 부담이 될 수 있으므로 "질문해도 되나요? 대답하기 어려우면 안 해도 돼요."라는 식으로 상대방의 선을 파악하는 것이 좋다. 만약 공감 과정에서 깊게 관여했다면, 다시 제자리를 찾아 적절한 거리를 유지해야 한다. 적절한 거리감이 관계를 지킨다는 점을 기억하자.

공감의 말이 오히려 도움이 되지 않는 순간도 있다. 상대방이 본인의 단점으로 인해 힘들어할 때는 공감하지 않는 것이 좋다. 이러한 공감은 상대방의 단점을 동의한다는 뜻으로 전달될 수 있기 때문이다. 자신감을 떨어뜨릴 수 있다. 지적하는 말처럼 들릴 수 있으니 주의가 필요하다. 적절한 타이밍에 의견을 제안하고, 상대방이 스스로 자책하고 있다면 고통의 감정에만 공감하자. 단점을 있는 그대로 말하기보다는 자신감을 북돋아 주는 것이 상대에게 도움이 된다.

A: 휴…. 나는 왜 이렇게 기획안 후반부에서 퀄리티가 항상 떨어지는지 모르겠어.

B: 그러게…. 너는 기획안 후반부 작업을 잘 못하는 것 같더라….

A: ….

B: 어쩔 수 없지…. 팀장님이나 동료에게 후반부는 부탁해 보는 건 어때?

공감하겠다는 취지는 좋았으나 결론적으로 B는 A의 약점을 건드리는 발언을 했다. A의 입장에서는 자존심에 상처를 입었을 수도 있다. 또한 회사에서는 동료의 위험한 발언에 대해서는 공감하지 않는 것이 안전하다. 아래 대화에서 D는 사수를 험담하는 내용에 공감하지 않고 C의 강점에는 공감했다. 덕분에 C도 새로운 관점으로 생각할 수 있게 되었다.

C: 우리 사수는 항상 나한테 일 다 시키고 자기는 회의만 다녀.

D: 어떤 일을 시키시는데? 네가 하기 어려운 일이야?

C: 우리 팀에 인턴 2명이 들어왔거든. 내가 멘토로 1개월 동안 계속 봐 줘야 해.

D: 오…. 사수님이 너를 많이 인정하시나 보네. 너는 내가 보기에도 교육을 꼼꼼하게 참 잘하더라. 한 달간은 조금 힘들겠지만 리더십도 기를 수 있는 기회겠다!

D: 그런 건가?

(이후 멘토로서 더 잘하기 위한 방법을 토론하는 C와 D)

때로는 거친 표현으로 공감의 효과를 높일 수 있다. 격한 공감을 표현할 때는 다소 거칠어도 좋다. 표면적으로 들리는 말은 예쁘지 않을 수 있어도 따뜻한 마음이 전해진다. 상대의 성향이나 상황에 따라 다른 말로 공감하는 전략이다. 오히려 상대방이 쾌감을 느낄 때도 있다. 직장인들 사이에서 성과를 낸 동료에게 비속어로 과장하여 표현하는 경우가 있다. 듣는 사람도 오히려 좋아한다.

> A: B 님, 이번에 회사 홍보 콘텐츠 만드신 거 대박이던데요!
>
> B: 하하하. 정말 열심히 했어요. 야근도 너무 많이 하고 아이디어가 떠오르지 않는 날에는 미치는 줄 알았어요.
>
> A: 세상에…. 고생 진짜 많으셨어요…. 유저들이 이거 만든 사람 '미쳤다'고 했어요.
>
> B: 정말요? 기분 너무 좋네요!!

이 대화에서 A는 공감하며 "미쳤다."라는 다소 거친 표현으로 동료의 성과를 격하게 칭찬했고, "미쳤다."라는 말이 나쁜 뜻이 아니라는 것을 알고 있는 B는 진심으로 기뻐했다. 가족간의 대화에서도 격한 공감을 활용해볼 수 있다.

> 엄마: 아까 마트에 갔는데 어떤 젊은 청년이 어깨 부딪히고 미안하다는 말도 없이 "아이씨" 이러더니 그냥 가더라니까….
>
> 딸: 뭐? 아니 뭐 그런 버르장머리 없는 인간이 다 있어! 얼굴 기억해?

만나면 확 그냥!

엄마: 몰라. 동네 사람은 아닌 것 같아서 마주칠 일은 없을 것 같아.

딸: 괜찮아? 멍은 안 들었어?

엄마: (웃으며) 응. 그 정도는 아니야 괜찮아. 기분만 조금 나빴어.

딸: 다음부터 마트는 웬만하면 나랑 같이 가자!

☁ 공감의 말을 선물하려면

우선 상대의 말을 잘 들어봐야 한다. 도움이 되고 싶은 마음에 상대의 말을 끊고 의견을 제시할 때가 있다. 문제는 우리가 이런 습관을 잘 인지하지 못한다는 것이다. 그렇기에 의식적으로 상대의 말을 잘 듣는 것부터 시작해야 한다. 말하는 의도를 잘 이해하고 해석해야 한다. 섣부른 맞장구나 동정은 겉으로 보기에는 공감 해주는 것처럼 보인다. 하지만 상대방의 부정적인 감정을 더 깊게 만든다. 또한 강제적으로 감정이나 생각을 차단하는 것은 좋지 않다. 위로를 해주기 위한 "그런 거 아냐~". "그렇게 생각하지 마."라는 말이 위로가 되지 않을 수 있다. 또한 상대방이 원치 않는 분석, 평가는 상대를 더 아프게 할 수 있다는 것을 잊지 말자.

판단하지 말고 마음을 이해하자. 공감이 필요한 순간 어떠한 판단으로 하는 말이나 행동은 틀릴 수 있다. 판단보다는 상대가 어떤 심정일지를 생각하고 마음을 이해해 보자. 큰 효과를 볼 수 있을 것이다.

아내: 오전에 수도관이 터져서 너무 놀랐어.

남편: 그래서 바로 수리 업체에 연락했어?

아내: 응, 연락은 했는데 명함을 어디에 뒀었는지 기억이 안 나서 찾는 데 시간이 좀 걸렸어.

남편: 그러니까 이럴 때를 대비해서 명함은 한 곳에 모아두거나 휴대폰에 저장을 바로 하라고 내가 여러 번 얘기했잖아.

아내: 아니, 당신은 근데 괜찮냐는 질문도 안하고, 그렇게 지적부터 해? 너무해 정말!

아내: 오전에 수도관이 터져서 너무 놀랐어.

남편: 괜찮아? 다치지는 않았어?

아내: 응, 수리업체 명함을 어디에 뒀었는지 기억이 안 나서 찾는 데 시간도 좀 걸렸어.

남편: 고생했네 당신…. 앞으로는 그럼 명함 모아두면 금방 찾겠다. 그치?

아내: 응 그래야겠어.

공감을 먼저 한 후 답변하는 것이 좋다. 논리적으로 맞지 않거나 상대방이 잘못된 정보를 말할 때는 모두 공감할 필요는 없다. 그 순간 확실하게 "아니오"라고 답변하면 된다. 하지만 일반적인 상황에서는 공감이 대부분 긍정적인 효과를 낸다. 자료에 대한 피드백을 할 때는 그들이 노력한 부분을 먼저 공감해 주자. 상사가 무엇인가 걱정할 때도 그 마음을 먼저 이해한 후 명확하게 보고하는 것이 좋다. 친밀한 동료가 슬픔에 빠졌을 때는 '무조건적인 공감'이 큰 위로가 된다. 직장 내에서는 사무적인 말만 오가는 것 같지만, 그 안에는 많은 공감이 이루어지고 있다.

직장은 전쟁터라며 감정은 필요 없다고 말하는 사람도 있다. 공감은 실질적인 해결책이 아니기 때문에 쓸모없다고 주장하기도 한다. 그러나 공감은 어쩌면 문제 해결보다 더 높은 차원의 해결이다. 그것은 '존재 자체의 수용'을 의미하기 때문이다.

> **팀장님:** 김 대리, 다음 주 제출해야 하는 보고서는 잘 마무리 되어가고 있지?
>
> **김 대리:** 네 팀장님께서 1차로 피드백 주신 것 모두 반영했고요, 더 보강할 수 있는 내용이 없을지 추가로 리서치 중입니다.
>
> **팀장님:** 그렇군. 괜히 긴장되네 이거….
>
> **김 대리:** 그러니까요. 저도 긴장이 됩니다. 하하…. 저희 팀원이 함께 차근차근 준비한 것이니 분명 좋은 결과 있을 것이라고 믿고 있습니다. (팀장님의 긴장되는 마음 공감하기)

공감은 교감이다. 상대방은 자신감을 찾고 자가 치유한다. 표면적인 문제 속에 숨은 본질적인 원인을 해결할 수 있게 된다. '무조건적인 공감'은 '합리적인 공감'으로 가는 과정에서 상대의 생각과 감정을 그대로 수용하고 이해하겠다는 표현이다. 시간적 여유나 상황에 따라 '무조건적인 공감'과 '합리적인 공감'을 적절히 섞어보자. 상대방에 대한 공감은 결국 나를 위한 것이다. 우리가 있는 곳이 전쟁터라면 강력한 무기가 되어줄 것이다.

공감하는 말투

"충분히 슬퍼해도 괜찮아요."

"진짜 쉽지 않죠. 저도 마찬가지에요."

"울고 싶은 만큼 울어도 괜찮아요. 제가 휴지 가져올게요."

"지금 마음이 정말 좋지 않겠어요…."

"그랬군요." "좋네요." "정말 그렇네요?"

"제 생각도 그래요."

"그 말이 딱 맞네요."

"나도 마찬가지야. 그 일은 다들 어려워하는 것 같아. 나도 힘들더라고. 같이 힘내자!"

"그 마음 이해합니다 팀장님, 걱정 많이 되시겠어요."

Q 공감이 '치유 효과'가 있다는
주장에 동의하시나요?

Q 공감이 '존재 자체의 수용'이라는 관점에서 볼 때,
이러한 깊은 수준의 공감을 받아본 적이 있나요?

지나친 솔직함은 무례하다

선의의 거짓말을 해야 하는 상황이 아니라면 우리는 솔직해야 한다. 특히 직장에서는 작은 문제를 덮으려던 거짓말이 스노우볼처럼 더 큰 문제가 된다. 결국 내부의 동료는 물론 외부의 고객, 중요한 비즈니스 파트너까지 모두 잃게 된다. 업무 중 실수했더라도 솔직하게 공유해야 하며 특히 합리적인 조직에서는 솔직한 사람이 더 인정받는다. 명확한 자기 주관을 밝히기 때문이다. 솔직한 사람과의 대화는 군더더기가 없다. 숨은 의도를 찾아야 하는 피로감이 없다. 말하는 그대로 이해하고 해석하면 된다. 그렇다면 어느 정도로 솔직해야 할까?

업무 공유는 솔직하고 투명해야 한다. 하지만 일상에서는 솔직한 정도가 지나치면 타인에게 상처가 된다. 의도치 않게 무례를 범하게 될 수도 있다. 정보의 양이 '지나친' 경우라면 무례하지는 않다. 하지만 문제가 일어날 위험은 여전히 남아있다. 나의 정보를 과하게 공개한다면 이는 약점으로 악용될 수 있다. 타인의 정보를 과하게 노출하면 입이 가벼운 사람이 된다. 결론적으로 '지나친 솔직함'은 부정적인 효과를 가져온다. 솔직한 의견을 전달할 때 관계는 지킬 수 있어야 한다. 적당한 솔직함이 관계를 지킨다.

● 솔직함이 독이 될 때

타인의 솔직한 심정이나 정보를 대수롭지 않게 말해버리는 사람들이 있다. 난감하다. 본인의 기준과 타인의 기준은 다르다는 것을 모르는 것이다. 솔직함의 기준은 사람마다 다르다. 험담에 관한 목차에서도 강조했듯 타인에 대한 말이라면 '모르쇠'가 현명하다. 나에 대한 솔직한 상태를 말할 때도 마찬가지이다. 굳이 솔직하게 이야기해서 얻을 것이 없을 때가 있다. 타인이 궁금해하지 않을 수 있기 때문이다. 무엇보다 진실한 관계가 아닌 사람이거나 확실치 않은 관계에서는 더 조심하자. 타인을 언급하는 상황에서 솔직함은 독이 된다.

지나친 솔직함으로 불편함을 주는 상황들을 살펴보자.

"자 신입 회원 소개해드릴게요. 이하늘 님입니다. 요가는 아예 모르신다고 합니다. 한번도 안해보셔서 1도 모르시는 분입니다."

솔직한 소개는 좋지만 신입 회원이 무안함을 느낄 수 있다. 이럴 때는 신입 회원 본인이 직접 소개하게 하거나 "하늘님은 요가는 처음이지만 수영과 헬스를 오래하셨어요."라고 장점을 부각하여 소개해주는 것이 더 좋다.

"(다른 사람들이 있는 자리에서) A대리님~! 이번에 결혼식에만 1억 넘게

쓰신다면서요, 결혼식 기대해도 되나요?"

비꼬려는 의도 없이 순수한 궁금증이었을 수 있다. 하지만 타인과 관련된 정보를 말할 때는 솔직하면 안된다. 공개하고 싶지 않은 정보였을 수 있다.

"(뜬금없이) 사실 부장님께서 저한테 내후년에 팀장으로 진급시키실 생각이 있다고 하시더라고요. 저는 회사가 마음에 안들어서 이직 생각을 하고 있는데 고민이 되네요."

질문을 받지 않았는데도 불구하고 자신의 이야기를 솔직하게 하면 자기 자랑으로 오해받을 수 있다. 악의를 가진 사람이 이 말을 들었다면 좋지 않은 소문을 퍼뜨릴 수 있다. 본인을 위험에 빠뜨리는 솔직함이다.

오랜만에 만난 상대방에게 "얼굴이 왜 이렇게 안 좋아졌어?"라고 말하는 사람들이 있다. 떠오르는 대로 말한 것이다. 이 말을 들은 상대방은 상처받았을 수 있다. 가까운 사이일수록 이런 경우가 많다. "살쪘어?" "살이 왜 이렇게 많이 빠졌어?" "피부가 푸석푸석하네."와 같은 발언이다. 상대방을 걱정해서 건넨 질문이라고 반문할 수 있다. 이러한 질문이 누구를 위한 것인지 고민해 보자. 궁금증을 해소하고 싶은 나를 위한 질문은 아닐까? 이 말을 들은 상대방은 걱정해 준다고 느끼지 않는다. 걱정되는 마음으로 건넨 질문이 좋은 의도로 전달되지 않는다. 서로 좋을 것이 없다. 그렇다면 굳이 솔직한 느낌을 말해야 할까?

때로는 전략적 회피와 중립이 필요한 순간이 있다. 정치, 사상, 성별, 인종 등의 이해관계가 대립하는 주제의 대화를 하는 상황이다. 누가 옳은지 알 수 없다. 솔직한 의견이 갈등으로 번질 가능성만 커진다. 솔직하게 말했을 뿐인데 말싸움을 좋아하는 사람의 타겟이 된다. 공식적인 토론 시간이 아니라면 이런 주제들은 삼가자. 솔직하게 말하기 전에 신중해야 한다. 또한 친밀한 관계가 아니거나 진실한 관계를 맺을 수 없는 사람과 대화할 때도 조심해야 한다. 비밀은 언젠가 폭로 당할 가능성이 있다는 것을 명심하자.

> **A: 옆 팀 신 차장님 말이예요…. 업무 처리 속도가 너무 느리지 않아요?**
> **B: 글쎄요**(잠시 3초간 침묵)**, 그나저나 이제 가을이네요. 하늘 좀 봐요. 쾌청하지 않아요?**

여기서 B는 대화를 회피했다. 갑작스러운 날씨 이야기가 어색하지만 '그런 이야기는 하지 말라.'는 뜻을 전한 것이다.

> **C: 저는 이사님이 가끔 생각이 없어 보여요. 이번 프로젝트는 진짜 이해 안 되지 않아요?**
> **D: 글쎄요. 어떻게 바라보느냐에 따라 다르게 해석할 수 있을 것 같아요. 이사님이 경험이 많으신 분이니 생각해 둔 방향이 있지 않을까요?**

이 대화에서의 D도 솔직한 심정으로는 이사님이 이해가 가지 않지만, 대화에서는 중립을 지켰다.

🌰 지나친 솔직함이 상처가 되는 순간

소중한 사람들과 진실한 관계를 맺는 것은 중요하다. 다만 지나친 솔직함에 대해서는 진지하게 고민해 봐야 한다. 탈무드에서는 '평화를 위해서라면 하나님께서도 진실을 수정하셨듯이 평화는 그만큼 고귀한 가치'라고 했다. 관계에서도 평화는 중요하다. '지나침'의 기준을 잡기가 어렵다면 말하기 전에 스스로에게 물어보자. '상대방에게 지금 이 말이 반드시 필요한가?' '내가 지금 하려는 질문은 누구를 위한 것인가?' '이 말이 관계에 도움이 되는가?' 라는 3가지 질문이다.

예시로 무리하게 업무 일정을 요구하는 동료에게는 "내일까지는 어렵습니다. 금요일 오전까지는 해드릴 수 있습니다."라고 말할 수 있다. 딱 잘라 솔직하게 표현하지 않고 정중하게 거절하는 것이다. JTBC에서 방영한 「효리네 민박」에서 이효리는 "언니, 우리 또 언제 볼 수 있을까요?"라는 게스트의 질문에 이렇게 답한다. "그러게. TV에서 봐~." 현실적으로 어려운 상황이지만 완곡하게 표현했다.

솔직하지 않은 소통을 하는데 어떻게 진실한 관계를 맺을 수 있을지 의문이 생길 수 있다. 대화할 때 이렇게까지 신경을 써야 하냐며 동의하지 않을 수도 있다. 무조건 솔직해야 한다고 주장하는 사람들 중에는 현실과 진실을 알려줘야 한다며 자신의 무례한 말을 합리화하는 경우가 많다. 상처 주는 말을 해놓고는 "나 원래 솔직한 사람이야." "그래도 너한테 도움 되는 말이지?"라고 말한다. 과연 상대방도 그런 솔직함을 원할까? 솔직함과 소통 능력 부족을 구분할 필요가 있다. 이런 사람들은 스스로 진지하게 고민해봐야 한다. 정직하게 사는 것은 중요하지만, 융통성 없이 솔직하게 말하는 것은 소통에 문제가 있다는 신호다. 주변에서도 그의 솔직한 말투에 대해 침묵할 수 있다. 그들은 이미 적응했거나 혹은 그러한 말투를 반면교사 삼고 있을지 모르는 일이다.

예쁜 말로도 충분히 소통할 수 있다. 말하기 전에 한 번만 생각하고 나쁜 감정을 유발하는 말은 배제하면 된다. "어떻게 그럴 수 있어?"보다는 "그럴 수 있지, 그런데 다음부터는 안그러면 좋겠다."라고 말할 수 있는 여유를 갖자.

하버드 의대 리사 이에조니 교수팀은 '선의의 거짓말'에 대한 조사를 했다. 의사 1,891명을 대상으로 한 설문 조사 결과 전체 응답자의 55% 이상이 "환자의 예후를 실제보다 긍정적으로 설명한다."고 답했다. 불안해하는 환자가 좌절감을 느끼거나 화가 나는 것을 원치 않아서이다. 이에조니 교수는 "때로는 거짓말이 환자에게 희망을 줄 수 있으므로 선의의 거짓말을 하는 의사들의 경우 반드시 부정직하다고 생각하지 않는다."고 말했다.

선의의 거짓말은 '하얀' 거짓말이라고도 한다. 옥스퍼드 영어 사전에서 흰색은 '도움이 되는, 해롭지 않은'이라는 의미가 포함되어 있다. 직장에서 관계를 지키며 소통하려면 때로는 하얀 거짓말이 필요하다. 직장 상사가 옷을 샀다며 자랑하는 상황에서 "제 취향 아닌데요." "너무 안 어울려요."라고는 할 수 없지 않은가? 솔직하고 상처 되는 말을 선의의 거짓말로 바꾸어 이야기해 보자.

(항상 비판적인 말을 하는 친구에게)

"왜 이렇게 생각이 부정적이야? 너는 뇌를 좀 고쳐야겠다."

→ "비판적인 사고도 필요하지만 때로는 긍정적인 것도 좋을 것 같아!"

(동료의 실수로 함께 야근하게 된 상황)

"그럴 줄 알았어. 내 말 안들어서 그래!"

→ "실수할 수 있지! 금방 만회할 수 있을 거야!"

(대화에서 정적이 많아 다소 불편한 상황)

"오늘은 별로 대화할 기분이 아닌데"

→ "오늘은 왠지 아무 말 안 해도 편안하고 괜찮네."

🍃 솔직하게 말하기 어려울 때, 어떻게 표현하면 좋을까?

직장 내 행사는 소속감과 유대감 측면에서 적극 참여하는 것이 좋다. 하지만 공식 행사가 아니라면 고민이 된다. 개인적인 저녁 식사 요청은 거절하고 싶을 때도 있다. 그러나 본인의 욕심으로 팀원들이 원치 않는 시간을 강요하는 사람들이 있다. 팀장님의 제안을 거절하면 미움을 받지는 않을까 팀원들은 두렵다. 이렇듯 솔직하게 말하면 관계가 어색해지거나 피해를 보게 되는 상황들이 있다. 그럴 때는 기분 좋은 말 사이에 거절을 끼워서 말해보자.

가족이나 친구에게도 마찬가지이다. 소중한 사람의 부탁이나 호의를 거절해야 한다면 직설적으로 말하기보다는 완곡하게 표현하자. 이런 상황을 예시로 들어보자. 남편이 매주 토요일 새벽에 등산을 가자고 하는데 아내는 함께 시간을 보내는 것이 좋지만, 때로는 주말 아침을 편하게 쉬고 싶어 거절하는 상황이다.

> "요즘 당신과 등산을 다니니까 점점 건강해지는 것 같아요. 등산의 기쁨을 알려줘서 고마워요.(기분 좋은 말)
>
> 그런데 여보, 가끔은 토요일에 늦잠을 자고 싶은 날이 있어요. 회사에서 새로운 프로젝트가 시작되어서 당분간 금요일에 계속 야근할 것 같은데 3~4주 후에 상황이 좋아지면 그때 다시 당신을 따라가도 될까요?(거절, 솔직한 마음)
>
> 대신 당신이 오는 시간 맞춰서 제가 맛있는 보양식을 준비해 둘게요.(기분 좋은 말)"

때로는 누군가를 비난하거나 비판하고 싶어질 수도 있다. 이럴 때는 침묵하는 것도 방법이다. 약속에 너무 늦은 애인 때문에 화가 날 때는 "지금 몇 시야!"라고 화를 내는 경우가 있다. 사정이 있어 늦은 애인은 속상하다. 최악의 경우 싸움으로 번진다. 비난 대신 미소 지으며 시계를 살짝 쳐다보는 제스처를 해보자. "오는 길에 붕어빵 사온다더니 하도 안 와서 붕어 낚시 간 줄 알았네"와 같은 유머의 말도 좋다. 잊지 말자. 부정적인 감정이 찾아오는 상황일수록 솔직함이 지나치지 않게 해야 한다.

진실 자체가 불편한 상황도 있다. 누군가의 반복되는 잘못을 지적해야 하거나 진실을 반드시 알려야 하는 상황일 수도 있고, 진실이 상대방에게 실망과 좌절이 되는 경우가 있겠다. 완곡한 표현과 선의의 거짓말로 처리하기 어려운 상황이라면 더 곤욕이다. 이럴 때는 최대한 상대방이 덜 아플 수 있는 말을 찾아야 한다. '왜 말하는지, 무엇이 중요한지' 등의 진심을 담아 전달하자. 받아들이기 어려운 진실이라도 전하는 말에 따라 타격을 줄일 수 있다. 이러한 노력으로 상대방은 상처를 잘 이겨내고 성장의 동력으로 삼을 수 있다.

목적을 언급하며 솔직하게 말하기

"당신이 이번 프로젝트에 얼마나 신경쓰고 노력했는지 알고 있어요. 동료들에게 심한 말도 하고 혼자 밤도 새면서 추진한 것이겠지요. 하지만 그럴수록 함께하는 프로젝트 인원들은 더 주눅들게 되지 않을까요. 그들이 당신을 무서워하고 어렵게 생각하면 아이디어를 자유롭게 건의하기 어려울 거예요. 답답하거나 화가 나더라도 그들에게 완곡하게 표현하면 어때요?"

Q 솔직함과 무례함의 경계를
어떻게 설정하시나요?

Q 솔직함을 유지하면서도
상대방의 감정을 존중했던 사례가 있나요?

비판은 애정을 담아야 한다

'비판하다'의 사전적 정의는 '현상이나 사물의 옳고 그름을 판단하여 밝히거나 잘못된 점을 지적하다'이다. 비판은 불편할 수 있지만 꼭 필요한 지적을 포함하고 있으며, 고정관념에 갇히지 않도록 도와준다. 따라서 비판을 수용하는 사람은 발전하고 깨달음을 얻는다. 하지만 비판은 상대방에게 부정적인 감정을 줄 수 있어 쉽게 하기 어렵다. 사소한 질문조차 비판으로 들릴 수 있다. 예를 들어, 동료에게 "요즘 문제 없이 잘 되고 있죠?"라는 안부 인사도 상대방이 '내가 평소에 문제가 많았나?'라고 오해할 수 있다.

비판은 도움 제공과 생산성 향상을 목적으로 해야 한다. 의미와 목적이 전달되지 않는 비판은 비난일 뿐이다. 미래로 나아갈 수 있어야 한다. 켈로그 경영대학원의 산제이 코슬라(Sanjay Khosla) 교수는 회의 문화가 과거가 아닌 미래에 초점을 두어야 한다고 주장한다. '왜 못하고 있느냐'가 아닌 '어떻게 하면 잘할 수 있는지'를 논의하는 시간이 되어야 한다고 말한다. 비판의 말을 전하기 위해서는 미래에 초점을 두자. 반드시 준비되고 정돈된 말로 순서를 지켜 말해야 한다. 훌륭한 리더는 비판의 의견을 전할 때 객관적이고 긍정적으로 전달한다. 듣는 사람이 발전의 계기로 삼도록 한다.

🍃 비판의 말이 필요한 이유

첫째, 상대방이 동의하는 비판의 말은 선물이 된다. 상대방이 비판을 수용하면 새로운 사고를 하게 된다. 편향된 관점을 다양하게 바꿀 수 있다. 근거 있는 비판의 말은 상대방에게 곧 새로운 시각이 된다. 놓치고 있던 부분을 발견할 수 있다. 다양한 사고를 할 기회를 얻는 것이다. 비판적 사고를 하지 못하면 한 방향으로만 간다. 능력이 좋아도 주변 사람들과 소통이 어렵다. 본인은 소통이 편해도 주변인들이 불편해한다. 결론적으로 본인에게 손해이다. 우리가 전한 비판의 말은 상대방의 손해를 막아준다. 다만 상대방이 비판적 사고 없이 너무 수용하기만 하는 성향이라면 주의하자. 우리의 말에 휘둘릴 수 있기 때문이다.

둘째, 문제를 객관적으로 분석하고 바로 잡을 수 있다. 모두가 듣기 좋은 말만 하면 살기 좋을까? 그렇지 않다. 문제는 바로 잡아야 한다. 직장 생활은 공동의 목표를 향해 가는 과정이다. 노선을 이탈하면 회사와 직원 모두 성장할 수 없다. 비판의 말이 필요한 때이다. 비판은 문제점을 찾고 방향성을 맞추게 해준다. 객관적으로 바라보게 된다. 비판적인 사고를 바탕으로 동료들과 기꺼이 부딪힐 용기를 갖자. '우리가 지금 잘하고 있나?' '이 상황은 합리적인가?' 끊임없이 자문하고 동료들과 비판을 주고받자. 통찰력이 쌓일 것이다.

셋째, 생산적인 토론을 가능하게 한다. 비판의 말을 편하게 할 수 있는 분위기의 회의에서는 좋은 합의점을 이끌어낼 수 있다. 생산적인 토론으로 회의의 목적을 달성한다. 중요도가 떨어지거나 방향성에서 벗어난 것은 비판을 통해 걸러진다. 본질에 가까워진다. 비판이 어려운 문화에서는 상사나 임원이 부수적인 것에 집중하더라도 지적하기가 어렵다. 오답인 것을 알면서도 엉뚱한 것에 에너지를 쏟기도 한다. 이렇듯 비판의 말은 전달만 잘 된다면, 성장에 필수적인 존재이다.

🐟 비판의 말에 애정을 담지 않으면?

상대방에게 스트레스가 된다. 뉴욕 대학의 닐 볼거(Niall Bolger) 교수는 지지나 충고와 같은 연인의 말이 스트레스에 미치는 영향을 연구했다. 대학에서 연인 중 한 사람이 중요한 시험을 앞둔 커플들을 모집했다. 그리고 시험 날까지 연인간 있었던 일과 스트레스 지수를 기록하게 했다. 지지나 충고가 도움이 될 것이라고 예상했지만 결과는 달랐다. 연인의 충고를 듣지 않은 날은 스트레스 지수가 낮았다. 오히려 충고를 들은 날 스트레스 지수가 높았다. 충고를 받은 날에 압박감과 같은 부정적인 감정을 느낀 것이다. 이를 직장 생활에 적용해보자.

"○○대리님~ 혹시 이 부분 수정 부탁드려도 될까요? 이 부분에 오타가 있으니 고쳐 주시면 됩니다. 이전에 대리님께 배운 것이라서 발견할 수 있었습니다. 대리님 덕분에 자료의 완성도가 점점 좋아지고 있다고 생각합니다. 감사합니다."

실수를 지적하고 수정을 요청하면서도 상대방에게 스트레스가 되지 않도록 감사 인사를 전한다. 지지와 충고는 스트레스만 가중할 뿐 큰 도움이 되지 않는다는 연구 결과다. 애정 없는 비판의 말은 상대방에게 스트레스가 된다는 사실을 명심하자.

어설픈 비판은 사람의 자아상과 자존감을 흔들게 될 수도 있다. 비판은 누군가 당연하게 받아들이는 것에 대해 의문을 던지는 것이다. 비판받는 사람의 성향에 따라 부정당한다고 생각해 상처받을 수 있다. 비판에 열려있고 수용적인 사람도 많지만 그 자체로 듣기 좋은 말은 아니다. 특히 상대방이 자존감이 낮은 사람이라면 문제가 심각해질 수 있다. 자존감이 낮은 사람은 스스로 비판한다. 외부의 비판까지 더해지면 큰 좌절감을 느낀다. 최악의 경우 말 한마디로 회복 불가능한 상태가 될 수 있다. 비판을 할 때는 애정을 담아 목적을 전달 해야 한다. 비판의 목적은 상대방의 변화 혹은 상황의 개선이 아닌가?

특히 '언제나' '항상' 같은 일반화하는 비판은 바람직하지 않다. 해당 사건에 대해서만 언급해야 한다.

"너는 항상 그러더라."
→ "그렇구나. 몇 번 비슷한 일로 네가 불편해했던 기억이 있는데, 왜 그랬는지 이유를 알려줄래?"

"너는 언제나 네 마음대로야!"

→ "혹시 어떻게 하고 싶어서 그렇게 한건지 설명해줄수 있어?"

"한 번도 먼저 먹으라고 말한 적이 없어."

→ "먼저 먹으라고 해주면 좋겠다."

"상식적으로 이건 아니잖아."

→ "이 부분을 개선하면 더 좋겠다."

"여기가 틀렸네."

→ "내 생각은 다른데 너의 생각을 먼저 얘기해줄래?"

마지막으로 직장에서 무분별한 비판은 동료와의 관계를 악화시킨다. 대안 없는 비판은 공격으로 받아들여지거나 마음을 경직되게 만든다. 그렇기에 무거운 말투보다는 애정 어린 말투가 필요하다. 또한 문제가 되는 사건에 대해서만 비판해야 한다. 사람을 비난하면 싸움으로 번질 수 있다. 공간과 시간도 고려해야 한다. 공개적인 공간은 상대방이 굴욕감을 느낄 수 있으니 주의해야 한다. 시간에 쫓기면 비판의 목적을 충분히 이해시키지 못할 수 있다. 시간을 투자하여 비판의 말을 체계적으로 준비하자. 상대방이 잘되기를 바라는 목적을 달성할 수 있을 것이다.

☁ 비판의 말을 전하는 방법

5가지 순서를 기억하자. 비판은 그 자체만으로 차갑게 느껴질 수 있기 때문에 상대방의 감정 흐름을 고려해야 한다. 자료(비판 근거) 준비하기 → 듣는 태도 만들기 → 칭찬하기 → 구체적인 'I' 메시지 → 제안하기이다. 비판의 순간에는 말하는 사람의 감정이 말투에 드러난다. 상대방에 대한 부정적인 감정을 배제하고 상대방이 받아들일 수 있는 근거를 준비하자. 대화에 집중할 수 있는 충분한 시간과 공간을 확보하자. 칭찬으로 부드러운 분위기를 조성하자. 그런 다음 'I' 메시지를 구체적으로 전달하면 된다. "너 왜 그래!"는 공격이다. "내가 너의 그러한 행동 때문에 속상해"라고 말하면 나의 감정을 전달하는 것이기 때문에 공격이 아니다. 상대방은 의견으로 받아들이기 때문에, 부정적인 감정을 줄일 수 있다. 마지막으로 대안을 제안하면 된다.

> **"김 주임! 제안서 7페이지에 데이터는 없어? 근거도 없이 말만 번지르르하게 써놓은 느낌이잖아…. 그리고 16페이지 자료 배치가 너무 이상해. 다시 만들어!"**

이는 공격으로 느껴지는 나쁜 비판이다. 열심히 만든 자료에 대한 갑작스러운 비판은 비난처럼 들린다. 김 주임은 이 비판의 말을 듣고 부정적인 감정을 느꼈다. 이번에는 방법을 사용해 전달해보자. 우선 제안서를 보고 답답함이 느껴졌지만, 대화 전 최대한 감정을 배제하고 비판의 근거를 준비하는 작업이 선행되어야 한다.

"김 주임, 잠시 대화할 시간 있어? 제안서에 대해서 피드백 해줄 게 있어서! (듣는 태도 만들기) 우선 고생 많았어. 16페이지는 자료 배치만 손보면 될 것 같고, 7페이지는 메시지는 참 좋은데, (칭찬하기) 내가 보기에는 설득력이 조금 부족한 것 같아. ('I' 메시지) 7페이지는 데이터를 추가하면 설득력을 더 높일 수 있을 것 같은데 어떻게 생각해? (제안하기)

상대방의 눈높이에 맞춰 애정 어린 말투로 말하자. 비판의 수준이 너무 높거나 상대방의 눈높이와 다르면 곤란하다. 비판의 취지와 내용은 사라지고 '비판받았다는 사실'만 남는다. 상대방의 자신감을 떨어뜨린다. 캐나다 맥길 대학의 연구 결과에 따르면 자신감 상실은 뇌를 축소시켜 두뇌 기능을 떨어뜨린다고 한다. 또한 기억력 감퇴와 치매까지 유발한다고 한다. 이렇듯 타인의 자신감을 떨어뜨리는 행동은 위험하다. 소크라테스는 "목수와 이야기를 나누려면 목수의 언어로 이야기하라."고 말했다. 상대방의 직무, 성향, 상황을 종합적으로 고려하여 눈높이에 맞춰 이해시키자. 애정 어린 말투로 말이다.

듣는 사람의 인지 오류도 주의해야 한다. 미국 정신과 의사 에런 벡이 사람들이 흔히 빠지게 되는 인지 오류를 정의했다. 비판의 말을 듣는 상대방이 인지 오류에 빠질 가능성을 열어두어야 한다. 이 부분을 감안하고 소통하자. 우리 또한 누군가의 비판을 들을 때 인지 오류에 빠지지 않도록 하자. 대화 중 인지 오류에 빠지는 순간 소통은 어렵게 된다. 이를 대비해야 한다. 예를 들면 작은 비판을 받고 '재앙화' 오류에 빠지는 상대방이 있을 수 있다. 이럴 때는

"이것만 해결하면 되니 최악의 경우를 미리부터 걱정하지 말라."고 말해주면 좋다.

에런 벡의 인지 오류 11가지

1. **이분법적 사고**: 모든 경험을 1~2개의 범주로만 이해하는 흑백논리. 예시: '잘했다는 말이 없네. 그럼 못했다는 거지.'

2. **과도한 일반화**: 과거 소수의 몇 가지 경험에서 얻게 된 결론이나 생각을 비슷한 다른 상황이 왔을 때 동일하게 결론 내리는 오류. 예시:'이전에 보니까 등산 좋아하는 사람은 월요일에 지각이 잦았어…. 저 사람도 등산을 좋아하니 월요일에 지각하겠지?'

3. **잘못된 명명**: 과장되거나 부적절한 명칭을 자기 자신에게 붙이는 것. 예시: "인성 쓰레기" "바보" "실패자" 등

4. **과대평가/과소평가**: 자신 혹은 타인의 상황을 평가할 때 비이성적이고 불균형하게 평가 하는 것

5. **선택적 추상화**(정신적 여과): 사소한 부분에 초점을 맞추고 다른 중요한 것들은 무시함. 부분적인 것을 근거로 전체 경험을 이해함. 자신의 믿음과 다른 것은 받아들이지 않음. 예시: "이 과장의 기획안은 아주 신선한 아이디어가 포함되어 있어. 문제점 발견 페이지만 조금 더 보완하면 좋을 것 같아." → '이 과장: '결국 내 기획안이 틀렸다는 거네.'

6. **개인화**: 자신과 무관한 사건을 자신과 관련된 것으로 잘못 해석하는 경

우. 예시: "다음 분기 목표를 수정하게 되어서 팀 마케팅 전략을 손봐야 겠어." → 마케팅팀 직원: '왜 수정하지? 혹시 내가 뭐 잘못한 건가?'

7. **비약적 결론**: 확인하지 않은 정보를 성급하게 스스로 결론 내리는 것. 혼자만의 추측은 사실과 다를 수 있음. 오해(비약적 결론)로 인해 갈등이 깊어질 수 있음. 예시: '내가 말하고 있는데 왜 핸드폰을 보지? 내 말을 듣고 있지 않은가 보다.'

8. **감정적 추론**: 이성이나 논리에 따르지 않고 자신의 감정에 따라 결론을 내리는 것. 예시: '왜 팀장님이 답장이 없으시지? 불안하네. 나한테 화가 나셨나.'

9. **독심술**(지레짐작): 다른 사람의 마음을 혼자만의 생각으로 추측하고 단정하는 방식. 예시: '부장님 표정만 봐도 무슨 생각을 하는지 다 알겠다.'

10. **재앙화**: 다른 가능성은 생각하지 않고 최악의 결과만 예상하는 것. . 예시: '아~ 그거 글쎄…. 잘 안 되는 것 같던데 곧 망하지 않을까?' '되겠어? 망칠 것 같아.'

11. **당위적 진술**: 본인의 사고와 맞지 않으면 더욱 크게 부정적으로 평가함. '당연히' '반드시'라는 생각을 가지고 있는 것. 예시: '회사에서는 당연히 큰 소리로 인사해야지. 저 직원은 인성이 좋지 못한가 보다.'

비판 받았을 때 방어기제를 보이는 사람이 많다. 남 탓을 하거나 비판한 사람을 미워하기도 한다. 인지 오류에 빠지거나 비판의 말을 듣는 척하며 반박 논리를 준비하기도 한다. 듣지 않고 있는 것이다. 이렇듯 상대에게 수용되지 않은 비판은 상처만 남긴다. 비판한다는 것은 이렇게 어렵다. 비판의 목적을 달성하고 싶다면, 비판의 말을 하기 전에 2가지를 점검하자. '구체적인 대안이 있는가?' '상대방은 비판을 받아들이고 성장할 수 있는 사람인가?' 받아들이지 못하는 사람이라면 차라리 말하지 않는 편이 나을 수 있다. 관계가 악화될 수 있기 때문이다. 관계를 지키는 애정의 비판을 실천하고 꾸준히 훈련해 나가자.

Q 애정을 담은 비판과 비난의 차이는
무엇이라고 생각하시나요?

Q 비판적인 의견을 전달하기 전에
어떤 준비를 하시나요?

무례함에 대처하는 말이 있다

"정신 차리고 분노하라."

− 데라야마 슈지[*]

직장 생활에서 우리가 느끼는 큰 스트레스 중 하나는 무례함이다. 나 역시 수많은 상처를 받았다. '왜 도대체 저렇게 말하지?' 이해하기가 어려웠다. 퇴사를 하고 싶었던 적도 많았다. 나를 지키기 위해 심리학 서적과 관련 자료를 찾아보는 것이 어느새 취미로 자리 잡았다. 인간 내면의 공포와 불안이 공격적인 말투로 표출된다는 것을 알게 되었다. 그 후로는 그런 말투를 가진 사람들을 연민하고 동정할 수 있게 되었다. 이제는 무례한 말을 들어도 상처 받지 않는다. 다만 연민과 이해는 정도가 심하지 않은 사람에게 해당하는 이야기이다. 만약 반복적으로 괴롭히는 사람이 있다면 단호하게 대처해야 한다.

무례한 말의 표면적인 뜻에 집중하여 감정적으로 반응하지 말자. 이성적으로 현명하게 이기자. 그것이 나를 지키는 것이다. 싸움과 분노는 다르다. 싸우지 않고 분노를 표현할 방법을 익히자. 큰 소리를 지르거나 감정적으로 대응하는 것은 좋은 분노가 아니다. 본인의 불편한 심경을 정확하게 표현하면 된다. 상대방이 무례한 말을 멈추도록 대응하면 된다. 내면이 강한 사람은 거칠게

---

[*] 일본의 시인이자 영화 감독. 만능 예술인으로 불렸다.

말하지 않는다. 부드럽고 유머러스하게 응수한다. 때로는 짧은 말로 경고하고 끝낸다. 본인이 통제할 수 없는 영역은 깔끔하고 똑똑하게 도움을 요청한다.

☁ 원활하게 해결하기

최대한 유머러스하게 받아치는 것이 가장 좋다. 성취의 노력에 대해서 "네가 잘한게 아니라 운이 좋았네~"라는 말을 들으면 기분이 좋지 않다. "그렇죠? 제가 좀 운이 좋아요!"라고 웃으며 넘기자. 공격을 공격으로 받아들이지 않는 것이다. 무례하게 말하는 사람에게 유머러스한 태도로 반응하는 것은 패배가 아니다. 여유이고 지혜이다. 무례한 말을 듣고 분노할 것인지, 공격이 통하지 않는 사람이 될 것인지는 나의 선택이다.

무례한 말을 들었다면 그 뜻을 물어보자. 표현이 다소 서툴거나 말주변이 없어서 무례한 말로 표현된 것일 수 있다. 실제로는 공격할 의도가 없는데도 말이다. 누군가의 말 때문에 불쾌함을 느꼈다면 바로 질문을 해보자. 질문하는 것만으로도 의도를 파악할 수 있다. 만약 상대방이 공격 의도를 가졌더라도, 질문은 효과가 있다. 공격자가 내뱉은 말에 대한 설명의 의무가 생기기 때문이다. '무슨 뜻으로 말한 것인지 설명하라.'는 경고의 메시지가 상대방에게 전달된다. 상대방이 공격 의도가 없었다면 이 질문을 통해 상대방은 말실수를 인지하게 된다.

"뭘 그렇게까지해? 너는 진짜 무슨…. 바퀴벌레 같아."
"바퀴벌레라니? 그게 무슨 말이야?"

"○○씨는 너무 감정적이야."
"감정적이라니, 그게 무슨 뜻이에요?"

"이제 너도 늙었구나."
"늙었다뇨, 그게 무슨 뜻인가요?"

"왜 그런 머리 스타일을 했어?"
"그런 머리 스타일이라니, 그게 무슨 뜻이야?"

감정을 표현할 때는 '나'를 주어로 삼는 것이 중요하다. 무례한 말을 들었을 때 "뭐라고? 지금 '너' 뭐라고 했어?!"라고 말하며 상대방을 주어로 삼으면 비난이 되기 쉽다. 공격적인 의도가 있는 사람에게는 싸움의 명분을 주게 되고, 의도가 없는 사람에게는 갑작스러운 공격으로 보일 수 있다. 반면, '나'를 주어로 하면 비난이 아닌 의견이 된다. 상대방도 비난이나 질책을 받는다고 느끼지 않는다. 존중과 신뢰의 태도로 감정을 표현하면, 합리적인 사람이라면 잘못을 인정하고 개선하려고 노력할 것이다.

무례한 말을 들었을 때 '나'를 주어로 말하기

"저는 지금 하신 말씀을 듣고 상처받았어요."

"저는 당신을 미워하고 싶지 않아요. 무례하게 들릴 수 있는 말은 자제해 주셨으면 해요."

"저는 그 말이 조금 속상하네요…."

"제 말에 귀 기울여 주시지 않아서 많이 힘이 듭니다."

"그 말은 저를 슬프게 합니다. 저를 슬프게 만들지 말아주셨으면 합니다."

상대방에게 무례한 말로 들리지 않도록 '나'를 주어로 말하기

"너는 도대체 왜 그래? 엄마가 먹고 나면 바로바로 치우라고 했잖아!"

→ "네가 먹고 바로 치우지 않으면, 엄마가 꼭 가정부나 청소부처럼 느껴져 속상하단다."

"너는 왜 이렇게 빠뜨리는 게 많니! 이래서 먹고 살 수나 있겠어!"

→ "아빠는 네가 물건을 자주 잃어버려서 고민이 많아. 조금 더 꼼꼼해지면 좋겠다."

원활하게 해결하고자 노력해도 무례한 말을 지속하는 사람들이 있다. 이럴 때 우선 상대방의 말에서 나를 분리하자. 무례한 말은 사람 자체를 부정하는 것이 아니다. 상대는 나의 행동이나 특정 상황에 대해 떠오르는 말을 생각 없이 내뱉은 것이다. 무례한 말을 듣고 나 자체를 스스로 부정할 필요가 없다. 그 사람의 의견일 뿐 위축될 필요가 없다. 자기 부정을 반복하면 인간관계는 더 어려워진다. 인정할 부분만 일부 인정하면 된다. 보완해 나가면 그만이다. 인정한 후에도 상대방의 무례한 말이 계속된다면 단호한 경고와 대응으로 중단시키자.

"속상하셨던 것은 저도 마음이 아픕니다. 다만 그렇게 행동하시면 제가 불편합니다."

"물론 저의 실수인 것은 인정합니다. 하지만 거친 언어는 옳지 않다고 생각합니다."

"말씀하시려는 내용 이해했습니다. 다만 방금 '~하다'라는 표현은 다소 과격하게 들리니 자제해 주셨으면 합니다."

무례한 말을 지속하는 사람에게는 선을 그을 필요가 있다. 우선 무례한 요구나 말을 중단시키자. 상대의 공격이 나에게 도달되지 않았다는 것을 알려주는 것이다. 선을 넘으며 싸움을 걸어오는 상대가 가장 원하는 것은? 내가 그 싸움에 응하는 것이다. 싸우지 않고 싸움을 피하는 것이 현명하다. 감정적으로 화내거나 위축되는 모습을 보이면 상대는 공격의 목적을 달성했다고 생각한다. 현명한 말로 대응하고 무례한 말을 중단시키면 된다.

상대방의 무례한 말을 중단시키는 말

직접적으로 중단 요청하기	"무례하다고 생각합니다. 그만해주시거나 다르게 표현해주셨으면 좋겠습니다." "계속 그렇게 말씀하시면 곤란합니다."
완곡하게 중단하기	"이렇게 말씀하시는 이유를 모르겠네요." "여기까지~ 그만안~"
화제 전환하기	"아, 근데 어제 그 뉴스 봤어?" "그건 그렇고, 그 드라마 봤어?"
진상이나 행패를 부리는 사람에게	"한 번만 더 이렇게 하시면 저희는 경찰에 연락할 수 밖에 없습니다."
우선 인정 후 차단하기	공격하는 사람: "○○매니저~ 사람이 항상 겸손해야지. 요즘 퍼포먼스 좀 좋아졌다고 너무 CEO처럼 행동하는 것 같아~" 나: "사람은 겸손해야죠. 맞는 말씀입니다. 그런데 무슨 일로 전화하셨죠?"

감정을 빼고 설득력을 갖춰 경고해야 한다. 단호한 대처를 통해 상대방의 말이 잘못되었음을 알려줘야 한다. 그리고 경고해야 한다. 감정을 섞어 분노를 쏟아내면 상대방과 똑같이 무례한 말을 하는 사람이 된다. 상대의 말에서 문제점을 찾자. 근거를 들어서 또박또박 문제점을 짚어야 한다.

"이슈만으로 언급하셔야죠, 동료에게 그렇게 맹목적으로 비난하시는 것은 옳지 않습니다."

"친구 사이가 아닌데 그런 말을 회사에서 하시는 것은 무례하다고 생각합니다."

"방금 그 말씀으로 저의 권리가 침해되었습니다. 조심해주셨으면 좋겠습니다."

"그 말씀은 법규에 어긋난다고 생각합니다."

물론 상처를 준 사람에게 감정을 배제하고 말하기란 쉽지 않다. 잘못한 상대를 왜 존중해야 하는지 의문이 들 것이다. 상대방의 기분을 헤치지 않고 정확하게 경고하면 대체로 상대방은 본인의 잘못을 깨닫는다. 경고에는 용기가 필요하다. 상대방이 만약 진심으로 뉘우친다면 결국에는 그 용기에 고마워할 것이다. 신기하게도 이런 일을 겪고 나서 오히려 더욱 신뢰하고 존중할 수 있는 관계로 발전하는 경우가 많다.

경고할 수준이 아니라면 설명을 요청하자

"방금 말씀하신 의견으로는 설득력이 조금 부족한 것 같은데 더 설명해 주실 수 있나요?"

"납득이 어려워요. 좀 더 정확히 설명해보세요."

"그 주장은 근거가 약한 것 같은데 다른 근거 없을까요?"

☛ 타인의 말을 빌리거나 도움 요청하기

나 자신을 배제하는 화법이 도움이 된다. 상사나 사수처럼 단호하게 경고할 수 없는 존재라면 중립적인 자세를 보여주는 것이 좋다. "제 생각은 아니지만 그렇게 보는 사람도 있더라고요." "저는 잘 모르겠지만, 많은 직원들이 이번 안건에 대해 불만을 표출했습니다." "저는 잘 모르겠지만 그 말씀은 팀 룰에 위반 여지가 있는 것 같은데요."라고 말하는 것이다. 여론을 전달해 주는 역할만 하는 것이다. 불편한 관계나 어려운 대상에게는 자신의 의견을 직접적으로 표현하는 것이 독이 된다. 때로는 이렇게 자신을 배제하는 화법이 필요하다. 상대방의 감정과 둘의 관계를 지키기 위해서 말이다. 난감한 순간에는 타인의 주장을 전달해 보자. 다만 너무 자주 사용하면 주관이 없는 사람처럼 보일 수 있으니 주의해야 한다.

같은 사건에 대해서 바라보는 사람마다 관점이 다르다. 무례한 말의 대상이 되는 사람이나 사건이 타인의 관점에서는 별다른 문제가 아닌 경우가 있다. 그 대상이 나라도 말이다. 만약 감정적으로 무례한 말을 하는 사람에게 경고하기가 어렵다면 신중하게 말을 꺼내자. 나를 배제하고 "다른 사람 생각은 다를 수 있죠." "당신만 그렇게 생각하는 것일 수 있어요."라는 메시지를 전달하는 것이다. 상대방은 무례한 말을 멈추게 된다. 다시 생각해 보게 될 것이다.

대부분의 무례한 말은 부드러운 대응에서 해결된다. 더 이상 무례한 말을 하지 않거나 나의 필요로 인해 관계가 정리된다. 상처가 되는 인연을 끝내는 것이다. 다만 다양한 방법을 시도했는데도 불구하고 무례한 말을 계속하는 사람들이 있다. 매일 출근하는 직장에 이런 사람이 있다면 굉장한 스트레스다. 우선 그 자리에서는 티를 내지 말고 벗어나는 것이 좋다. 그리고 타인에게 도움을 요청해야 한다. 도움을 요청하지 않으면 세상은 모른다. 상급자 혹은 사수나 관련 고충을 처리하는 부서의 담당자에게 상의하자. 무례한 말을 하는 대상이 동료가 아니라 가족이라면 상담가 혹은 단체를 찾자. 제삼자의 도움으로 해결되는 경우가 많다.

전문가들이 공통으로 강조하는 것이 있다. 상처를 주는 존재와의 거리감이다. 모두에게 사랑받을 필요 없다. 무례한 사람은 무시하거나 대응하면 된다. 만약 정리할 수 있는 인연이라면 더 좋은 인연을 받아들이기 위해 정리해도 괜찮다. 정리할 수 없는 인연이라면 거리를 두자. 세상에서 가장 소중한 사람은 나 자신이다. 무례한 말로 상처를 받으면서까지 계속 가까이 있어야 할 이유는 없다. 친한 동료나 친구, 가족이라도 말이다. 기꺼이 거리감을 즐기자.

좋은 관계를 유지하고 싶은 상대방이 개선되지 않을 수 있다. 내가 상처받지 않는 선에서 그저 상대의 고유 언어로 인정하고 받아들이면 된다. 더 강한 긍정의 말로 무례함을 이겨버리자. 무례한 말 속에 매몰되지 않도록 스스로 감정을 살피자. 상처를 받고 있는지는 스스로가 가장 잘 안다. 괜찮다고 생각해도 아닌 경우가 있다. 제대로 치유하지 않으면 갑자기 번아웃이 찾아오거나 탈이 난다. 마음의 상처는 몸까지 아프게 만든다. 자신의 마음이 우선이다.

10년간 관찰한 일잘러들의 말,

무례한 말에 대처하는 유머러스한 초긍정의 말

A: 그것도 몰라?

B: (웃는 얼굴로) 네 몰랐어요! 하하 앞으로 더 공부하겠습니다! 지켜봐
   주세요~

A: 이걸 왜 이렇게 했어?

B: (애교 있고 장난 섞인 목소리로) 지금 바로 수정하겠습니다! 그런데 선
   배님이 어제 봐주시다가 먼저 퇴근하셔서 그렇잖아요…. 선배님의
   디테일은 아직 제가 따라갈 수가 없어요~

A: 키 닿아? 작아서 안 닿지 않아?

B: 야, 내가 키는 작지만 팔이 길어.

A: 지금 무슨 소리를 하는 거야. 말 똑바로 안해?

B: 그치? 내가 말해놓고도 좀 이상하네. 다시 정리해서 말해볼게. 자
   들어봐.

A: 이 돼지야!

B: 왜 갑자기 자기소개를 해?

Q 무례한 말을 하는 사람에게 적절하게 대응하기 위해
어떤 방법을 사용하시나요?

Q 무례한 말을 한 사람과의 관계를 개선한
경험이 있나요?

사과할 때는 상대에게 100% 집중한다

우리의 비대면 소통 시간은 날이 갈수록 늘어나고 있다. 이에 따라 사람들과 대면으로 부대끼며 사과하고 용서하는 시간도 점점 사라지고 있다. 본인의 말실수로 인해 누군가 상처받고 있다는 것을 알아채지 못하고 사과를 받고 싶은 내색도 하지 못한다. 사과해야 하는 순간에도 하지 않는 사람이 많아졌다. 심지어 남에게 피해를 주고도 본인의 잘못을 인지 조차 하지 못하는 사람도 많다. 소통은 쉽고 간편해졌는데 사과는 더 어려워졌다. 미안하다는 말 한마디면 해결되는데도 사과하지 않으니 인간관계는 더 어려워진다.

직장에서는 사과는 곧 책임을 인정하는 것이라고 생각해 잘못을 인정하지 않는 사람이 많다. 적반하장으로 남 탓을 하는 사람들도 많다. 그러나 타인의 신뢰를 얻는 사람은 본인의 잘못을 인정하고 사과할 줄 아는 사람이다. 사과의 말만 잘해도 인간관계에서 오는 스트레스의 반 이상은 해결된다. 갈등 상황까지 가기 전에 상대방의 화는 누그러지고 용서받는 과정에서 서로에 대한 이해는 깊어진다.

● 사과에 진심을 담는 법

상황 종결을 위한 섣부른 사과는 금물이다. 끝까지 경청하고 상대방이 충분히 분노할 시간을 줘야 한다. 세계적인 심리학자인 신시아 프란츠와 커트니 베니그손은 실험사회심리학회지에 「사과의 타이밍이 사과의 효율성에 미치는 영향」이라는 논문을 2005년에 발표했다. 미국 앰허스트대학의 학생을 대상으로 사과의 타이밍에 대한 실험을 진행한 것이다. 실험 결과를 요약하자면 '사과를 빠르게 했을 때보다 상대방이 본인의 화를 모두 표출하도록 한 후 사과했을 때 상대방의 감정 상태가 더 나아졌다.'는 것이다. 분노도 숙성이 필요한 것이다. 상대방이 화를 내기도 전에 섣부르게 사과하는 것은 위험하다. 사과가 아닌 상황 정리에 초점을 맞추고 빨리 끝내려는 듯한 인상을 주기 때문이다.

사과의 순서를 지켜서 해보자. 『사과 솔루션(On Apology)』의 저자인 아론 라자르는 하버드대의 정신의학과 교수를 거쳐 매사추세츠 의과대학 학장을 지냈다. 저서에서 그는 사과의 4단계 과정을 제시한다. 1단계는 정직한 태도로 잘못을 인정하는 것이다. 2단계는 피해자인(상대방) 사람보다 우월하지 않다는 겸손한 태도를 보여주는 것이다. 후회하는 마음을 고백한다. 3단계는 해명이다. 핑계를 대라는 것이 아니다. 전적으로 상대에게 집중하며 입장을 설명한다. 4단계는 배상이다. 피해를 보상하는 것이다. 상대방이 원하는 보상으로 사과의 마음을 전한다. 다만 타이밍을 지켜 사과하면 배상까지 가지 않는 경우가 많다. 진정성 있는 태도의 사과가 중요하다.

진지한 태도로 사과하면 갈등은 커지지 않는다. 대충 사과하거나 장난스러운 말로 할 때 갈등은 더욱 커진다. 사소한 문제로 상대방이 화가 났더라도 사과는 정확하게 해야 한다. 사람마다 분노의 기준이 다르기 때문이다. 예를 들어 누군가에게는 약속 시간 10분 늦는 일이 대수롭지 않을 수 있다. 다만 타인을 배려하여 10분 일찍 도착한 사람에게는 10분 늦는 일도 크게 속상할 수 있는 것이다. 본인에게 조금이라도 책임이 있다면 진지한 태도로 사과하자.

> **A:** 20분이나 늦으면 어떡해. 나 10분 전에 도착해서 30분이나 기다렸잖아.
>
> **B:** 정말? 너무 미안해…. (인정)
>
> 나도 너처럼 부지런해야 하는데…. (겸손한 태도)
>
> 시간 맞춰 나왔는데, 전 정거장부터 10분 동안 막혀있었어. 버스에서 사람들 틈에 서있느라 휴대폰을 못봤어. (해명)
>
> 앞으로는 도착 전에 꼭 상황 공유할게.
>
> 오늘 미안하니까 디저트는 내가 살게! (배상)
>
> **A:** 그랬구나. 아까 축제로 거리 통제하던데, 그래서 그런가… 우선 밥 먹으러 가자~!

🌙 지나친 사과가 독이 되는 순간

지나친 사과는 좋지 않다. 서로에게 책임이 있거나 완전한 나의 잘못이 아님에도 지나치게 사과를 하는 사람들이 있다. 상대방과의 관계가 틀어질까 두려움이 큰 것이다. 이런 사람들은 불필요한 사과도 습관처럼 한다.

> (별일이 아님에도) **"제가 잘했어야 했는데…. 정말 죄송합니다. 큰 실수를 했네요…."**
> (빨리 수정하면 되는 문제임에도) **"제 잘못인 것 같아요…. 어쩌죠…?"**
> (토론을 통해 보완이 필요한 문제임에도 차단성 발언의 사과) **"다시는 안 그럴게요."**

사과할 문제가 아닌 경우에는 대화를 통해 개선점을 찾고 토론하는 것이 더 유익하다. 물론 먼저 사과하는 매너는 중요하지만, 과도한 사과는 바람직하지 않다. 최악의 경우에는 악인의 타겟이 되어 잘못이 없음에도 사과하고 책임을 떠안을 수 있다.

직장에서 사과의 말을 전할 때는 명료하게 하자. 직장에서 발생한 일을 사과해야 할 때는 주의해야 한다. 이해관계가 얽혀있을 때는 아이러니하게도 사과하지 않는 게 좋을 때도 있다. 사과했다가는 오히려 팀이나 회사에 손해를 입힐 수 있기 때문이다. 상황을 잘 판단해야 한다. 다만 한가지 분명한 것은 직장에서 구구절절한 사과는 의미가 없다. 명확한 원인분석과 재발 방지 대책을 바탕으로 사과해야 한다. 셰익스피어는 "간결함은 지혜의 본질이다."라고 말했다. 미안한 마음에 장황해질 수 있지만, 의식적으로 노력하여 명료하게 사과하자.

"죄송합니다. 제가 어젯밤에 한번 더 확인했어야 했는데요…. 요즘 좀 개인적인 일이 있어서 정신이 없어서…. 오전에 일찍 출근하려고 했는데 갑자기 몸까지 안 좋아지더라고요…. 그래도 조금 있으면…"

→ "팀장님께 걱정을 끼쳐 죄송합니다. 다음에는 이런 실수 없도록 하겠습니다. 이 서류는 지금 자리로 돌아가서 바로 재검토하고 보고 드리겠습니다."

두괄식을 활용하는 방법도 좋다. 사과를 먼저 이유를 나중에 담백하게 한 마디하고 넘어가면 된다. 더 미안해하면 상대방도 불편하다. 아래 예시처럼 구구절절 이유를 설명하기보다 사과를 먼저 하고 간략한 사유를 더하자는 말이다.

"그게 출발하려고 하는데 발목이 조금 아파서 저도 너무 당황했어요. 요즘 날씨가 추워져서 그런지 가끔 근육통이 올때가 있거든요…. 출발 준비는 빨리 했는데…."

→ "지각해서 정말 죄송합니다! 실은 출발 전에 발목에 통증이 생겨서요!"

건강한 사과를 해야 한다. 사람들은 건강하고 분명하게 사과하는 사람을 좋아한다. 애매한 상황에서는 유머러스한 사과를 오히려 반기는 경우가 많다. 사과하는 상황을 편하게 받아들이는 사람은 없기 때문이다. 애매한 상황에서 사과의 말을 전해야 할 때는 긍정적이고 자신감 넘치는 태도가 좋다. 상대방도 누군가 미안해하는 모습보다는 건설적인 토론으로 이어가기를 원한다. 하지만 너무 잦은 사과는 사람들에게 '영혼이 없는' 사과로 보인다.

🌐 해결로 나아가는 사과를 하자

상대의 감정을 환기시켜 주는 사과를 하자. 직장에서 애정이 담긴 안부 인사 혹은 친근하게 말을 건넬 때가 있다. 다만 의도치 않은 실언을 할 때 문제가 생긴다. 의도와 다르게 전달되었을 때는 난감하다. 한두번 정도의 말실수는 상대방과의 관계가 좋다면 상관 없다. 실수가 반복되면 미움을 사게 된다. 반복하지 않도록 의식적으로 신경 쓰자. 말실수한 상황이라면 죄책감 때문에 분위기가 무거워질 수 있다. 상대방이 사과를 받아줬는데도 불구하고 반복해서 사과하면 상대방의 감정은 환기되지 않는다. 사과 후에는 상대방의 부정적인 감정을 긍정적으로 전환 시켜 줄 수 있는 분위기를 만들자. 상냥하게 짧게 사과하고 "그런데 혹시…."라고 긍정적인 화제로 옮겨 상대방의 감정을 전환시키자.

> (실언한 직후) "앗 제가 말 실수를 한 것 같아요. 그런 뜻이 아니었어요. 괜찮으시다면 다른 이야기를 해도 될까요…? (상대방의 동의를 구한 후) 팀장님께서 다음 주에 여름휴가 가시는 지역 제가 맛집 알고 있는데 리스트로 정리해서 전달드릴까요?"

상대방과의 문제를 생각할 수 있는 시간은 중요하다. 이 시간을 갖기 위한 사과를 하자. 진정한 사과는 필요한 순간에 "미안하다"고 말하는 것이다. 특히 친밀한 관계에서는 더욱 그렇다. 무조건 무거운 분위기를 유지할 필요는 없다. 사과를 받을 때도 마찬가지이다. 필요한 순간에 사과를 받았다면 문제에 대해 생각해 보는 시간을 갖자. 상대방에게 '왜 그런 행동을 했는지?' 물어보자. 다만 이때는 사과한 상대가 질책당하는 것처럼 느끼지 않도록 따뜻하게 질문하자. 사과의 4단계 과정 중 3단계인 해명의 기회를 주는 것이다. 상대방이 느낀 감정과 행동 배경에 대해서 자세하게 질문하면 문제를 파악할 수 있다.

사과할 때 시간과 정보가 필요할 때가 있다. 사과의 말을 듣고도 계속해서 분노하는 사람들이 있다. 진심으로 사과했는데도 불구하고 감정적으로 화를 낸다면 그것은 상대의 문제이다. 시간을 두고 다시 사과하거나 상대방에게 화가 가라앉을 시간을 주어야 한다. 그러나 시간이 지났음에도 상대방이 사과를 받지 않는다면? 이땐 이유를 정확하게 파악해야 한다.

"너는 항상 일이 우선이야. 일 때문에 나와의 약속을 자꾸 잊잖아."
→ 일보다는 약속과 관계를 조금 더 신경 써주길 바라고 있다.
"가게 문을 마음대로 닫으면 어떡해. 약속이 중요한 게 아니잖아 지금."
→ 개인의 약속보다는 책임을 더 중시하는 것을 알 수 있다.

사과하는 과정에서 상대방의 말이나 행동을 보면 알 수 있는 정보들이 있다. 앞으로 같은 잘못을 반복하지 않으려는 태도를 보이는 것이 가장 효과적인 사과이다.

사과할 때와 하지 말아야 할 때를 구별할 수 있는 지혜를 갖는 것은 중요하다. 본인이 원하는 바를 얻기 위해서 사과받는 것을 악용하는 사례도 많기 때문이다. 상황과 이해관계에 따라 판단해야 한다. 무조건적이고 지나친 사과는 자제해야 한다. 특히 직장 내에서 사과를 할 때는 최대한 사실과 근거를 바탕으로 책임질 수 있는 말을 하는 것이 바람직하다. 만약 상대가 원하는 배상이 있다면 수용함으로써 빠른 해결도 가능하다.

대체로 진심 어린 사과는 이점이 더 많다. 갈등 상황을 토론과 해결 단계로 이끌기 때문이다. 상대방을 존중하는 마음을 전할 수 있다. 실수를 인정하고 성숙해지는 과정을 거치며 자기 자신에게도 도움이 된다. 우리 주변에는 사과의 말을 어렵게 생각하는 사람들이 많다. 사과는 손해라고 생각하기도 하고, 경험이 많이 없기도 하다. 사과하는 분위기를 못 견디는 사람도 많다. 만약 대면으로 하는 사과가 어렵다면 비대면으로 전하는 것도 방법이다. 미안하다는 말을 도저히 하기 힘들다면 "개선하겠다" "노력하겠다"는 말은 어떨까? 가장 중요한 것은 사과하고 싶다는 마음을 전하는 것이다.

Q 사과를 할 때 가장 중요한 것은
무엇이라고 생각하나요?

Q 잘못하고도 사과하지 않는 사람을
어떻게 생각하나요?

Q 상대방이 충분히 자신의 감정을 표현하도록
시간을 준 적이 있나요?

리액션만 잘해도 관계가 달라진다

호응이 좋은 대화는 재미있다. 몰입하게 된다. 대화 중 고개를 끄덕이며 "그래?" "그렇구나."라는 리액션을 하는 사람이 있다. 내 말에 웃어주며 감정선에 따라오는 사람과 대화를 하면 시간 가는 줄 모른다. 특히 직장에서는 리액션이 좋으면 얻을 수 있는 것이 많다. 리액션은 대화를 이어가게 한다. 더 많은 정보가 오가게 된다. 상대방의 말에 대한 내 감정을 솔직하게 말하는 것도 중요하다. 상호 생각을 알 수 있고 진실한 소통을 할 수 있기 때문이다. 이견이 있는 부분은 조심하게 된다. 동료에 대한 이해가 높아지고 대화하고 싶은 사람이 된다.

🌣 강력한 리액션, 공감과 미러링

리액션을 잘하면 상대방은 자신감을 얻고 이야기를 할 수 있게 된다. 안정감을 느낀 상대는 나에게 좋은 감정을 느낀다. 어릴 적 친구의 '격한 공감'이 기억난다. 당시 한 친구가 나에게 무례한 행동을 했고, 나는 그에 대해 다른 친구에게 하소연했다. 친구는 나보다 더 화를 냈다. 얼굴까지 빨개지며 공감해주는 친구의 모습이 20년이 지났는데도 선명하게 남아있다. 진심 어린 리액션은 힘이 강하다. 상투적으로 "한번 참으면 되지 뭘 그래" "좋게 넘어가." "네가 잘

못했네"라는 말은 좋은 리액션이 아니다. 공감의 리액션으로 감정을 어루만져 주자.

2015년 영국 일간지 데일리 메일(Daily Mail)은 미국 마이애미 대학교의 연구 결과를 소개했다. 잘 웃는 여자가 남성의 호감을 얻는다는 것이다. 연구 결과에서 남성은 웃음을 유발하는 여성보다 자신의 말에 잘 웃는 여성에게 더 매력을 느끼는 것으로 밝혀졌다. 연구진은 "웃음에 대해 압박을 느끼는 남성들을 위해 웃음을 보여준다면 호감도를 높일 수 있을 것"이라고 말했다. 웃음이 좋은 리액션이라는 사실을 알 수 있다. 20년간 웃음을 연구해 온 미국의 뇌과학자이자 심리학 교수인 로버트 프로바인은 "웃음은 인간이 표현하는 전형적인 사회적 신호예요. 관계에 관한 거죠."라고 말했다. 웃음은 공감을 표현하는 강력한 리액션이다. 리액션이 좋은 사람들은 대체로 잘 웃는다. 상대의 말에 웃음으로 긍정을 표하자. 좋은 관계가 시작될 것이다.

심리학에서 미러링(Mirroring)은 상대의 말이나 행동을 무의식적으로 따라 하는 것을 뜻한다. 전문가들은 "웃는 사람을 만나면 함께 웃고 화내는 상대를 만나면 같이 화내는 것"이라고 설명한다. EBS에서 방영된 「위대한 수업-그레이트 마인즈」에서 미시간대 심리학 교수 리처드 니스벳은 '무의식을 활용한 꿀팁'을 설명했다. "상대방의 몸짓을 따라 하면 호감을 얻을 수 있다."고 말한다. '미러링'은 미국의 심리학자 체틀랜드와 바그 박사가 실험을 통해 효과를 입증한 바 있다. 단, "너무 노골적으로 따라하면 상대가 싫어할 수 있다."고 덧붙였다. 리액션을 잘하고 싶다면 미러링을 해보자. 몸짓이나 말 속도를 자연스럽게 맞추면 상대방은 편안함을 느낀다. 공감이나 미러링과 같은 리액션을 조금만 신경 쓰면 원활한 대화를 할 수 있다.

맞장구에 대한 이해

조지프 마타라조(Joseph Matarazzo)라는 미국의 심리학자가 맞장구와 관련된 실험을 진행했다. 면접시험이라는 설정으로 경찰관 면접을 보러 온 사람들을 2개의 그룹으로 나누어 진행했다. 면접관과 면접자가 45분간 서로 마주 보고 대화를 하게 했다. A그룹의 면접자에게는 답변할 때마다 수긍하고 맞장구를 쳐주었다. B그룹에게는 답변에 고개를 끄덕이지도 않고 대화는 하되 전혀 맞장구를 쳐주지 않았다. 이 실험의 결과, 맞장구를 쳐준 A그룹의 응시자들이 약 48~67% 정도 더 많은 말을 하는 것으로 나타났다. 대화 도중의 맞장구는 상대방이 더 많이 말하고 표현하게 해준다는 것을 알 수 있다. 그렇다면 적절한 맞장구는 어떻게 하면 될까?

말하기보다는 듣고 맞장구치자. 내가 10년 이상 관찰해 온 소통왕들은 리액션이 좋았다. 특히 영업사원 중 고객에게 신뢰를 얻는 사람들은 특히 더 좋았다. 말을 많이 하는 편이 아닌데도 실적이 좋았다. 그들은 맞장구를 치며 고객이 끊임없이 말하게 한다. 그 과정에서 고객의 성향이나 니즈를 파악하는 것이다. 고객이 필요한 상품을 알게 되고 관계도 좋아진다. 베테랑 영업사원은 말을 적게 한다. 고객이 질문을 하기 전까지는 "아, 그래요?" "대단해요!" "그래서요? 더 이어서 말해주세요."라는 감탄만 할 뿐이다. 맞장구는 상대방을 더 잘 알게 해준다.

맞장구가 어렵다면 따라하는 것부터 시작해보자. 상대방의 말을 잘 듣고 있음에도 어떻게 반응해야 할지 모를 때가 있다. 상대방의 말에 호응하지 않으면 상대방은 내가 경청하고 있는지 알 수 없다. 맞장구로 호응하자. 어렵지 않다. 상대방의 말에서 키워드를 잡아서 따라하면 된다. 2019년 「SBS 연예대상」에서 김구라 씨는 "연예 대상이 이제 물갈이를 해야 할 때가 아닌가…"라고 말했고 진행을 맡은 김성주 아나운서는 "아, 물갈이요?"라고 맞장구쳤다. 물갈이에 대한 주제로 소신 발언을 하고 싶었던 김구라씨에게 적절한 맞장구였다. 키워드를 따라하는 맞장구는 상대방이 편하게 말할 수 있도록 도와준다.

A: 얼마 전에 후배가 퇴사하고 카페를 창업해서 <u>바리스타가 되었대요.</u>

B: <u>바리스타요?</u>

A: 네, 원래 고등학교에서 과학 교사였는데요, 아내를 설득해서 퇴사했대요. 늦게라도 꿈을 찾은 거예요. <u>용기 있는</u> 친구죠.

B: 정말 <u>용기 있군요.</u> 꿈에 도전하다니 멋지네요.

A: 이직 경험은 있나요? 아니면 직업을 바꾸고 싶다는 생각을 해보신 적 있어요?

B: 저는 지금 회사에서만 오래 근무했어요, 당신은 어때요?

위 대화처럼 새로운 화제를 생각하지 않더라도, 상대방의 말에서 키워드를 잡아 맞장구를 치면 자연스럽게 대화를 이어갈 수 있다.

🍃 '듣고 있다'는 표현을 잘하는 것도 리액션

키워드를 이용한 맞장구 혹은 "그랬구나.""그래서?"와 적극적인 맞장구가 어려울 수 있다. 말로 하는 리액션이 어렵다면 말 없이 표현해도 괜찮다. 말보다 상대방의 말을 귀담아듣고 있다는 태도가 더 중요하다. 말하는 사람과 눈을 맞추며 고개를 끄덕이면 된다. "응응""세상에""진짜?"와 같은 짧은 말로도 충분하다. 듣고 있다는 표현을 할 때는 상대방의 말이 끝날 때까지 기다리자. 상대방이 "너는 어때?"라고 질문했을 때 답변하자. 내 의견이 더 낫다는 생각이 들거나 아는척하고 싶은 욕구가 들어도 참자. 상대의 말을 끊지 말자. 할 말이 없을 때는 무리하지 말자. 맞장구가 어색하다면 고개만 끄덕이는 것도 적절한 리액션이다.

> **A: 오늘 아침에 회의를 2시간이나 했어.**
> **B: 그랬구나. 무슨 회의였어?**
> **A: 전략 회의였는데 의견이 갈려서 오래 걸렸어.**
> **B: 의견이 어떻게 갈렸어?**
> **A: 영업팀이 가져온 수치랑 기술팀이 시뮬레이션해본 수치가 달라서**
>   (이야기를 이어나간다.)
> **B: (A의 눈을 응시하고 끄덕이며 말에 집중한다.) 응응….**

맞장구와 끄덕임을 사용한 좋은 예시이다. 대화를 살펴보면 A는 B의 키워드에 따라 맞장구를 치며 대화를 이어 나간다. B가 설명을 할때에는 고개를 끄덕이고 짧은 말로 리액션 하며 대화에 집중하고 있다.

> **C: 화장품 회사에서 일하시는군요. 주로 어떤 종류의 화장품을 만드세요?**
>
> **D: 여러 가지 만들어요.**
>
> **C: 그렇군요, 요즘은 비건 화장품도 많던데 만들고 계세요? 비건 화장품에 대해서는 어떻게 생각하세요?**
>
> **D: 글쎄요…. 음…. 제 생각은 뭐….**
>
> **C: … ('말해주기가 싫은건가?')**

반면, D처럼 누군가 질문을 했을 때 애매하게 넘어가려고 하거나 방어적인 맞장구를 치면 대화를 이어가기 어려워진다.

리액션이 어렵거나 불편한 상황에서는 어떻게 해야 할까? 살짝 웃거나 무반응하면 된다. 다만 직장에서 무반응은 쉽지 않다. 이럴 때는 부분적으로 리액션하자. 매일 야근을 하는데 인정을 받지 못해 사장님 험담을 하는 동료가 있다고 가정하자. 야근의 피로감은 공감해 주되 사장님 험담에는 무반응을 해야 한다. "야근을 많이 하셨군요….컨디션은 괜찮아요?"라며 부분적 리액션을 해주자. 상대방 의견에 대한 동의 여부와는 상관 없이 리액션 하는 것이다. 본인도 지키고 동료와의 관계도 지키는 부분적 리액션을 잘 기억하고 실천하자.

리액션은 그 사람 자체를 설명해 줄 수도 있다. 건조한 리액션을 하는 사람은 냉정하게 보일 때가 많다. 성의 있는 리액션을 하는 사람들은 대체로 호감형이 많다. "시험에 떨어져서 속상하다."라는 상대방의 말에 하고 싶은 말을 정리한 후 "속상하겠다. 다음에 더 열심히 하면 되지!"라고 반응하자. 떠오르는 말을 필터링 없이 하지 않도록 조심하자. 생각 없는 리액션은 위험하다. 시간이 필요하다면 "하고 싶은 말을 정리 중이야." 혹은 "잠시만"이라고 하는 것이 현명하다.

Good

> A: 최근에 북유럽 여행을 다녀왔어요.
>
> B: 오 정말요? 흠…. (2초간 생각해보며) 저는 아직 가보지 못했는데…. 저는 북유럽은 생각해보지는 않았지만 나중에 궁금할 것 같기는 해요. 어땠어요?

Bad

> A: 최근에 북유럽 여행을 다녀왔어요.
>
> C: (A의 말이 끝나자마자) 외국 여행 가면 고생만 하지 않나요? 한국에도 갈 곳이 많아서 오히려 그 돈이면 한국에서 좋은 리조트를 가는 게 좋을 듯한데….

위 대화문에서 B는 현재는 관심이 없지만 미래의 공통점에 초점을 맞췄다. 마지막에는 A가 이야기를 펼칠 수 있도록 질문을 이어갔다. 반면 아래 대화문에서 C는 A의 말이 끝나자마자 습관처럼 말을 내뱉었다. 차이점을 강조했다. A는 하지 말아야 할 말을 한 듯한 기분이 들 것이다.

기술이 발전할수록 감성과 공감을 원하는 사람들이 많아지는 것 같다. 리액션은 감성의 교류이고 공감의 표현이다. 리액션이 대화의 기본이라고 해도 과언이 아니다. 달변가가 아니더라도 진심 어린 리액션이 풍부하면 좋은 관계를 유지할 수 있다. 직장뿐만 아니라 가족, 친구, 연인과의 모든 대화에서 강력한 힘을 보여준다. 리액션을 당장 어떻게 해야 할지 막막하다면 미소를 짓고 웃어보는 것부터 시작해 보자. 대화가 즐거워질 것이다.

Q 대화 중 상대방의 이야기에
적극적으로 반응한 경험이 있나요?
그들이 어떻게 반응했나요?

Q 진심 어린 리액션이
중요한 이유는 무엇이라고 생각하나요?

칭찬은 동료를 변화시킨다

"칭찬은 평범한 사람을 특별한 사람으로 만드는 마법의 문장이다."

– 러시아 작가 막심 고리키

나는 칭찬을 잘한다는 말을 많이 듣는다. 칭찬에 대해 진지하게 생각한 계기가 있다. 이전 직장에서 과도한 업무에 힘에 부칠 때가 있었다. 힘들다고 생각하며 다니기에는 시간이 아까웠다. 이왕 시간과 노력을 들인다면 나와 상대방 모두 동시에 기분 좋게 만들고 싶었다. 방법을 고민했고 칭찬으로 결론 내렸다. 효율과 효과가 가장 좋았기 때문이다. 사람들은 남들이 알아주지 않은 노력을 칭찬하면 기뻐했다. 상대방 스스로 장점이라고 생각한 부분을 칭찬하면 안도하고 자신감을 얻었다. 상대방도 모르고 있었던 본인의 강점을 발견해서 칭찬하면 감동했다. 평소 칭찬을 하지 않는 성격이라면 노력해 보자. 주변 관계가 긍정적으로 바뀐다.

그렇다면 누군가의 칭찬을 경계해야 하는 상황도 있을까? 가스라이팅하는 사람들이 거짓 칭찬을 하는 상황은 조심해야 한다. 자아가 제대로 형성되어 있지 않은 사람이 거짓된 칭찬에 노출되면 위험하다. 타인에게 휘둘리거나 통제받을 위험이 있다. 우리가 기억해야 할 점은 칭찬을 많이 하고 거짓 칭찬을 경계하는 것이다. 모든 칭찬을 의심하고 판단하자는 말이 아니다. 진심으로 들

감성적이고 조화롭게 'F'처럼 말하기

되 악용하는 사람을 조심하자는 뜻이다. 칭찬에만 매몰되어 칭찬의 노예가 되는 것은 주의하자.

🍵 칭찬이 어색한 이유 3가지

첫 째, 칭찬할 일이 아니라고 생각하기 때문이다. 우리의 기준은 점점 높아진다. 타인뿐만 아니라 자기 자신에게도 칭찬을 아낀다. 이 정도는 누구나 할 수 있다는 생각에 스스로 잘한 일도 칭찬하지 않는다. 남의 성취에 대해서는 '저 정도는 나도 한다.'라는 닫힌 마음이 있으면 칭찬하지 않는다. 더 각박해진다. 칭찬할 일의 기준을 낮춰보자. 사소한 일상에서도 칭찬할 일은 많다. 칭찬은 서로의 인정 욕구를 채워준다. 부정적인 면보다 긍정적인 면이 더 많다.

둘째, 상대방이 칭찬을 부담스럽게 받아들일 것을 걱정하기 때문이다. 칭찬 받으면 부자연스러운 반응을 보이는 사람이 있다. 성향에 따라 기쁨을 표현하는 정도가 다르다. 상대방이 어색해하거나 수줍어하는 성향이면 칭찬한 사람은 고민에 빠진다. 말 실수를 한 것은 아닌지 당황한다. 당황하지 말자. 그런 이들에게는 "좋네요." "오~" 정도의 함축된 칭찬을 건네면 된다. 반대로 환하게 기뻐하는 사람에게는 맘껏 칭찬하자. 「유퀴즈」에서 유재석이 가수 박진영에게 "소름 돋게 한다."고 하거나 「해피투게더」에 출연한 강다니엘에게 "어마어마합니다."라고 한 것처럼 말이다. 상대방이 내향인이든 외향인이든, 진심 어린 칭찬은 마음으로 전달된다.

셋 째, 칭찬을 주고받는 것이 어색하기 때문이다. 정신의학자 게일 솔츠(Gail Saltz) 의학박사가 미국 건강지를 통해 사람들이 칭찬에 어색하게 반응하는 원인을 소개했다. "누군가 칭찬했을 때 우쭐대면 지켜보는 사람의 질투심이나 좌절감을 유발하기 때문에, 스스로가 교만해질 수 있어서, 본인의 부족함을 들킬까봐 두려워서"라고 한다. 칭찬은 민망하고 어색하다. 이 사실을 인정하고 받아들이자. 근거를 가지고 칭찬하면 오히려 사람들이 자연스럽게 받아들인다. 상대방도 불편해하지 않는다. 당당하게 칭찬해보자. 칭찬을 받는 것과 하는 것 모두에 익숙해져 보자.

🌑 칭찬은 실제로 효과가 있을까?

칭찬으로 호감을 얻을 수 있다. 나는 남편과 말다툼을 거의 하지 않는다. 가끔 서로 감정이 격해지려고 할 때면 대뜸 말한다. "오빠는 잘생기면 그렇게 말해도 돼?" 참고로 남편은 태어나서 6살 이후로 잘 생겼다는 이야기를 들어보지 못했다고 늘 말했다. 본인도 농담인 것을 알지만 칭찬받은 남편은 웃는다. 그 순간 부정적인 감정은 사라진다. 갈등 상황이 해결된 경우가 많다. 칭찬은 농담이라도 사람을 기쁘게 한다. 텍사스 대학의 테드 휴스턴은 혼인 신고한 145명을 13년에 걸쳐서 추적 조사했다. 이혼 부부를 관찰하니 서로 욕하는 부부였다고 한다. 애정을 표현하거나 칭찬하는 부부는 이혼하지 않았다. 텍사스 A&M 대학교의 샬린 뮈렌하드는 남성이 여성을 칭찬한 후에 연락처를 묻거나 데이트를 신청하면 수락할 확률이 높아진다는 사실을 실험으로 확인했다.

또한 칭찬은 '피그말리온 효과'를 일으킨다. 이는 1968년 하버드 대학교의 로버트 로젠탈 교수의 실험으로 생겨난 심리학 용어이다. 심리학과 교육 심리학에서 자주 언급된다. 로젠탈 교수는 한 초등학교에서 전교생을 대상으로 지능검사를 실시했다. 검사 결과에 상관없이 무작위로 뽑은 20%의 학생들 명단을 교사에게 주었다. "지적으로 발전 가능성이 높은 명단"이라고 거짓 정보를 주었다. 8개월 후 명단의 학생들은 지능과 학업 성취도가 이전에 비해 훨씬 높아졌다. 교사의 기대와 격려가 학생들의 능력을 끌어올렸다. 이렇듯 칭찬은 자신감을 북돋아 준다. 자신감을 얻은 사람은 스스로에 대한 믿음이 생긴다. 늘 노력하고 성장의 속도가 빨라진다.

칭찬은 한계를 극복하도록 만든다. 칭찬은 한계에 맞닥뜨린 사람이 다시 일어날 수 있도록 긍정적인 감정을 불러 일으켜준다. 마음의 기둥을 굳건히 하고 본인의 장점에 집중해서 에너지를 다시 모을수 있게 도와준다. 자신감과 자존감, 자기 효능감과 같은 긍정적인 감정에 집중하게 해주는 것이다. 또한 칭찬받은 사람은 기대에 부응하기 위해 노력한다. 무엇이든 할 수 있다고 믿고 한계를 극복 해낸다.

🍃 적절한 칭찬을 하는 방법

진심으로 칭찬하고 싶은 말만 해야 한다. 상대방 본인도 어느 정도 인정하는 부분에 대해서 칭찬해야 받는 사람도 인정할 수 있다. 부담스럽지 않다. 또한 진심을 담아야 한다. 당당하지 못한 태도로 말하면 전달되기 어렵고 서로

민망하다. 명확한 말로 전달하자. 가식적이거나 형식적인 칭찬은 금물이다. 과한 칭찬도 부담을 줄 수 있다. 직장 내에서는 다양한 상황이 생긴다. 다음의 3가지를 기억하고 상황과 상대방의 성향에 맞춰서 칭찬하자.

첫째, 가치 있는 것을 구체적으로 칭찬한다. 멋있다는 표현은 추상적이다. 동료의 옷을 칭찬한다면 분위기, 색상, 디자인 중 어떤 부분이 멋있다고 느꼈는지 말하자. 일상에서 동료의 스타일링을 칭찬하는 것도 좋지만, 가끔은 무엇을 칭찬할지 진지하게 고민해볼 필요가 있다. 우리는 보통 상대의 소유물이나 성과 같은 눈에 보이는 것만을 칭찬하기 쉽다. 하지만 진정한 칭찬은 눈에 보이지 않는 것들에 대한 것이다. 인품, 지성, 감수성, 그리고 상대가 지켜온 고유한 가치를 칭찬해보자. 뻔하지 않은, 창의적인 칭찬을 할 수 있도록 고민하자. 한 번의 칭찬이 상대방의 기억 속에 영원히 남는 말이 될 수도 있다.

ENA 드라마 「이상한 변호사 우영우」에서 수연이 영우에게 자신의 별명을 지어달라고 하는 장면이 나온다. 이에 영우는 '봄날의 햇살 같다'고 하며 이런 말을 전한다. "로스쿨 다닐 때부터 그렇게 생각했어. 너는 나한테 강의실의 위치와 휴강 정보와 바뀐 시간표를 알려주고, 동기들이 나를 놀리거나 속이거나 따돌리지 못하게 노력해. 지금도 너는 내 물병을 열어주고, 다음에 구내식당에 또 김밥이 나오면 나한테 알려주겠다고 해. 너는 밝고 따뜻하고 착하고 다정한 사람이야. 봄날의 햇살, 최수연이야." 주인공 영우가 한 칭찬의 말을 듣고 최수연 변호사는 눈시울이 붉어졌다. 이처럼 오랜 기간 관찰해 온 사실을 바탕으로 전하는 칭찬은 마음을 울린다.

둘째, 질문이나 감사 인사 혹은 확인하며 칭찬한다. 구체적으로 칭찬하고 싶은데 정보가 부족할 수 있다. 혹은 칭찬받는 것을 어색해하는 사람이거나 칭찬할 단계가 아닐 수 있다. 이럴 때는 변형해서 칭찬하자. 민망함과 부담이 줄어든다. 나는 예전에 슬럼프에 빠진 동료에게 식사를 제안한 적이 있다. 동기부여를 해주고 싶었다. 감사 인사로 변형하여 칭찬을 전했다. "OO씨를 보고 많이 배우고 있어요. 같은 회사라는 사실에 저도 자부심이 큽니다. 애사심을 키워줘서 고맙습니다."라고 진심을 전했다. 그는 슬럼프를 극복했다. 성과를 짚어주는 질문과 진행 과정을 확인하는 말로도 칭찬을 할 수 있다. 전략적으로 변형해 보자.

질문형 칭찬

"이슈에 대해 좋은 시각을 가지고 계시네요. 평소에 주로 어떤 레터를 읽으시나요?"

"통찰력이 깊으신데 이 주제와 관련된 다른 스터디를 하고 계신가요?"

"(직업을 모르는 경우) 패션 센스가 남다르신데 혹시 관련 업계 종사자이실까요?"

감사 인사형 칭찬

"덕분에 깨달을 수 있었습니다. 감사합니다."

"그때 대리님의 대응을 보고 저도 구성원으로서 자부심을 많이 느꼈습니다."

"늘 디테일하게 공유하시네요. 항상 많은 도움 받고 있습니다. 감사합니다."

확인형 칭찬

"모두 몰입하고 있군요."

"잘 진행되고 있군요."

"이대로만 가면 문제 없겠네요. 걱정이 별로 되지 않습니다."

셋째, 간접적으로 칭찬하자. 아주대 심리학과 교수이자 인지심리학자 김경일 교수의 말에 따르면 타인의 입을 빌려 하는 간접 칭찬이 더 효과적이라고 한다. 그는 군복무 당시 인상깊게 칭찬하는 지휘관의 사례를 소개했다. 지휘관은 칭찬하고 싶은 병사의 상관(지휘관의 직속 부하)에게 사람 보는 눈이 있다며 칭찬했다. 언뜻 의아하게 생각할 수 있으나, 결과적으로 부하는 앞에 있는 지휘관에게는 '성과'를, 자신의 직속상관에게는 '노력'을 인정받은 것이다. 결과적으로 두 사람이 칭찬받게 되었고, 제삼자의 칭찬이므로 객관성을 획득해 "인사치레가 아닌 진짜 칭찬"을 받았다는 확신도 생겼다.[*] 회사를 배경으로 간접칭찬을 한다면 어떤 말을 해볼 수 있을까?

---

[*] 신문은, "'머리가 좋다' 칭찬하면 공부 게을리해… 노력하는 모습 격려해야", 조선일보, 2019.11.20. (https://newsteacher.chosun.com/site/data/html_dir/2019/11/19/2019111900033.html)

"영우 씨, 사람을 잘 보기로 유명한 서 대리가 영우 씨를 보면서 우리 팀에 꼭 필요한 사람이 입사했다고 말하시던데요?"

"김 팀장님, 팀원들이 어제 점심시간이 너무 즐거웠다고 하더라고요. 음식도 맛있고 팀장님의 입사 면접 후기도 재미있었다고 하더라고요."

"지훈 씨, 미주 씨는 정말 일잘러인것 같아요. 작년에 미주 씨가 주도한 프로젝트가 많았는데도 단 1건의 오류도 발견되지 않았대요. 저도 미주 씨처럼 동시에 여러 프로젝트를 정확하게 하고 싶다고 늘 생각해요. 미주 씨 만나면 이 말을 꼭 전해주세요. 비결이 궁금해요."

한 때 무조건 칭찬을 많이 하는 것이 좋다고 착각한 적이 있다. 영혼 없는 칭찬도 해봤다. 하지만 진심 없는 말은 오히려 역효과를 가져왔다. 나중에 진심으로 칭찬해도 전달되지 않았다. 칭찬을 잘하는 사람이 되기 위해 오랜 시간을 투자했다. 진심인 순간에만 칭찬했고, 구체적으로 전달했다. 상대방의 성향에 따라 빈도와 정도를 조절했다. 타이밍을 신중하게 고민했다. 간접적으로 하거나 변형한 적도 많다. 물론 칭찬의 내용을 의심하는 사람들도 많았다. 하지만 수많은 칭찬을 해보며 느낀 점이 있다. 진심 앞에서는 의심이 기를 펴지 못한다. 진정성 있는 칭찬의 말은 반드시 상대방의 마음에 닿는다. 사람을 변화시킨다.

만약 타인을 칭찬하기 위한 노력만 하고 자기 자신은 칭찬하지 않는다면? 타인에게도 좋은 칭찬을 하기 어렵다. 진정한 자기 신뢰가 우선되어야 타인에 대한 칭찬의 말이 나온다. 스스로 칭찬할 일이 없다고 말하는 사람들이 있다. 험난한 인생에서 일상을 살아내는 것만으로도 칭찬할 일이다. 구체적인 칭찬 거리가 떠오르지 않는다면 의식적으로 연습해 보자. 나를 향한 다양한 칭찬을 할 수 있을 때 타인에게도 칭찬하는 능력이 좋아질 수 있다.

> **"큰 문제 없이 1년을 보냈어. 변수가 많은 해였는데 나 참 잘했다."**
> **"남들이 하기 싫어하는 일을 해내다니 나는 참 끈기가 대단해."**

Q 일상에서 더 자주 칭찬하기 위해
어떤 노력을 기울여볼 수 있을까요?

Q 칭찬을 받지 못해 동료가 보람을 잃은 사례가 있나요?
어떻게 도와주셨나요?

4장

대화를 즐기는 법

비언어적 요소가 대화의 질을 높인다

표정과 목소리에는 숨기지 못한 진심이 담긴다. 화가 나면 표정이 일그러진다. 부장님의 아재 개그에 하하하…. 라고 말하고 있지만 표정은 어색한 상황이 그렇다. 1971년 UCLA 심리학과 명예교수 앨버트 머레이비언은 비언어적인 표현의 중요성을 밝혔다. 누군가를 처음 대할 때 호감도가 시각 55%, 청각 38%, 내용 7%의 영향을 준다는 것이다. 말의 내용보다 표정이나 자세, 목소리, 말투 등의 비언어적인 요소가 영향력이 더 크다는 '머레이비언의 법칙'이다. 상사나 동료의 말에 "좋습니다."라고 말하지만 표정은 좋지 않다면? 상대는 진심으로 받아들이지 않는다. 대화할 때는 언어(말)와 비언어(표정, 목소리, 몸짓)가 동시에 오간다는 점을 잊지 말자.

대화 도중 의도치 않게 하품이 나온 경험이 있는가? 대화하는 상대방 입장에서는 지루함으로 해석할 수도 있다. 중요한 말을 꺼내려다가 그만둔다. 이럴 때는 오해가 생기지 않도록 "말씀하시는데 하품해서 죄송해요. 제가 어제 잠을 못 잤어요. 계속 이어서 말씀 해주시겠어요?"라고 말하면 좋다. 대화를 이어갈 수 있다. 비언어적인 요소는 대화에서 주고받는 또 다른 말이다. 상대방의 비언어적 단서에도 많은 정보가 포함되어 있다는 것을 기억하자. 상대의 표정과 몸짓, 제스처, 목소리를 살펴보면 대화가 잘 이루어지고 있는지 알 수 있다. 대화의 흐름을 조절할 때 필요하다. 이렇듯 비언어적 요소는 소통을 수월하게 한다.

☁ 상대방은 나의 말을 듣는 동시에 보고있다

대화 중 상대방에게는 나의 눈빛과 표정, 자세와 같은 시각 정보가 함께 전달된다. 오하이오 주립대학교 마이클 라크로스(Michael LaCrosse)의 연구에서 중요한 내용을 알 수 있다. 의사가 환자를 대할 때 상대의 눈을 제대로 바라보면서, 상대방 쪽으로 해서 정면에 앉고, 앞으로 몸을 기운 자세를 취했다. 환자들은 그러한 의사에게 (그렇지 않은 의사에 비해) 2배나 호감을 느낀다고 한다. 대화에 진심으로 참여하고 있다는 것을 보여주는 것도 중요하다. 이러한 노력은 그 자체로 의미가 있다. 변화하려는 과정에서 스스로 긍정적으로 변하기 때문이다. 다음 3가지를 기억하고 실천해보자.

첫째, 대화할 때 바른 자세로 대화한다. 좋은 자세로 좋은 대화를 할 수 있다. 사회 심리학자이자 하버드대 비즈니스 스쿨 교수인 에이미 커디는 '자세와 정신의 관계'를 연구했다. 참가자를 2개의 그룹으로 나눴다. 한 그룹은 허리를 세우고 가슴을 펴게 했다. 다른 그룹은 땅을 보고 웅크리게 했다. 2분 동안 자세를 유지했다. 그 후 실험 용기에 타액을 채취해 호르몬 변화를 실험했다. 바른 자세를 취한 그룹은 운동 호르몬인 테스토스테론이 20% 증가했다.

스트레스 호르몬인 코르티솔은 25% 감소했다. 반대로 웅크린 자세를 취한 그룹에서는 스트레스 호르몬이 15% 증가했고, 테스토스테론이 10% 감소했다. 자세가 정신과 연결되어 있다는 점을 입증한 실험이다. 바른 자세로 대화하자. 긍정적이고 건설적인 대화가 가능해진다.

둘째, 웃는 얼굴로 대화한다. 핀란드 알토 대학교의 뇌과학자 라우리 누멘마 교수는 "인간은 서로를 반영하도록 연결되어 있다. 다른 사람의 행동과 웃음을 단순히 모방한다."고 주장했다. "다른 사람이 웃는 것을 보거나 들으면 그 정보는 바로 웃음을 담당하는 뇌 부위로 전달된다."고 덧붙였다. 대화할 때 미소를 지으면 상대방도 얼마 지나지 않아 미소 짓는다. 웃으며 하는 대화는 목적 달성 확률을 높인다. 만약 컨디션 문제로 어두운 표정으로 대화하는 상황이라면 이렇게 말하자. "죄송한데 제가 좀 아파서 표정이 안 좋습니다. 대화 내용이 기분 나쁜 게 아닙니다.이해해 주세요."라고 미리 양해를 구하면 오해를 방지할 수 있다.

Bad

〔작업 시작 전〕

(하기 싫은 티를 팍팍 내며) **"아···. 이거 언제 다하죠···. 진짜 힘들겠네요."**

〔작업 종료 후〕

(무표정으로 몸을 축 늘어뜨리며) **"휴 겨우 다했네. 너무 힘들어요···."**

Good

〔작업 시작 전〕

(주먹을 불끈 쥐며) **"힘들겠지만 집중해서 하시죠! 파이팅! 얼른 끝내고
퇴근하시죠."**

〔작업 종료 후〕

(박수를 몇 번 치며 밝은 표정으로)

"좋아! 다했습니다. 역시 우리 훌륭해요!"

셋째, 대화할 때는 상대방에게 시선을 고정한다. 상대방은 내 시선이 어디
로 향하는지 보고 있다. 대화 시간이 길어지면 집중력이 떨어지므로 이 때는
더 의식적으로 노력해야 한다. 휴대폰을 보거나 다른 곳을 쳐다보면 상대방은
'대화에 집중하지 못하고 있다.'고 생각할 수 있다. 계속 이런 모습을 반복해서
보이면 관계가 멀어진다. 대화 중 산만한 모습을 보이지 말자. 반대로 상대를
집중시키고 싶다면? 상대방의 시야에 나만 들어올 수 있도록 자리를 선점하
면 좋다. 카페에서 대화하는 경우 상대방이 벽을 바라보도록 앉게 하자. 이렇
게 자리 배치를 하면 상대방의 다른 시각 자극은 차단할 수 있다. 대화에 집중
하도록 만드는 데 도움이 된다.

☁ 상대방이 나의 말을 듣기 좋게 하자

사소한 차이지만 청각적 요소를 개선한다면 전달력을 높일 수 있다. 조금만

개선해도 효과를 크게 볼 수 있다. 우리는 청각에 많은 영향을 받는다. 논리적이고 상세한 내용을 설명했는데 전달이 잘되지 않은 경험이 있을 것이다. 목소리, 발음, 말 속도와 같은 청각적 요소를 점검하자. 말 끝에 힘이 없거나 발음이 부정확하면 같은 내용을 반복해서 설명할 일이 생긴다. 의식적으로 말끝에 힘을 주자. 소통에 어려움을 겪는 일이 줄어들 것이다. 중요한 대화를 앞두고 있다면 본인의 목소리를 녹음하거나 촬영해서 들어보는 것도 도움이 된다.

미국 듀크대와 캘리포니아주립대 샌디에이고 경영대학원 공동 연구진이 남성 CEO 약 800명의 목소리를 분석했다. 분석 결과 중저음의 목소리를 내는 CEO가 평균보다 더 많은 보수를 받았다. 기업 자산의 규모도 더 컸다. 듀크대학교의 또 다른 연구에서는 유권자들이 선호하는 후보자의 목소리가 고음보단 중저음이 많았다고 한다. 목소리 톤은 듣는 사람의 기분과 집중력에 영향을 미친다. 꼭 남성이 아니더라도 낮고 차분한 음성으로 말하면 신뢰감이 올라간다. 상황에 따라 톤을 적절하게 조절하는 연습을 해보자.

아래와 같이 대화를 나누는 상황을 상상해보자. 내가 A라면 B와의 대화가 더 힘이 날까, 아니면 C와의 대화가 더 힘이 날까?

Bad

A: 이번 프로젝트는 쉽지 않을 거야. 난도도 높고….

B: (작고 힘없는 목소리로) 네…. 알고 있습니다.

A: 잘할 수 있겠어?

B: (표정 변화 없이) 그럼요···. 할 수 있어요···.

A: 목소리에 힘이 없는데, 할 수 있는 것 맞아?

Good

A: 이번 프로젝트는 쉽지 않을 거야. 난도도 높고···.

C: (명랑한 목소리로) 네! 알고 있습니다!

A: 잘할 수 있겠어?

C: (크고 자신 있는 목소리로) 그럼요! 할 수 있어요!!

A: 그래! 목소리를 들으니 자신 있어 보이고 좋네!

대화는 내가 가진 지식을 뽐내는 시간이 아니다. 상대방이 알아듣기 쉽게, 잘 들을 수 있도록 말하는 것이 중요하다. 듣기 좋은 환경이 조성되어야 메시지 전달력을 높일 수 있다. 목소리, 톤, 성량, 속도는 의식하면 바꿀 수 있다. 대화의 주제에 따라 때로는 낮고 차분하게, 때로는 크고 높은 톤으로 말해보자. 강조하고 싶은 내용은 천천히 말해보자. 더불어 대화 장소의 소음이나 시간과 같은 물리적인 환경도 살펴보자. 청각적 요소 조절을 할 수 있게 되면 소통에 도움이 된다.

🍡 섬세한 비언어적 행동이 기분 좋은 대화를 만든다

옷차림과 헤어스타일은 대화와 관계가 없어 보인다. 외모가 꼭 훌륭해야 할 필요도 없다. 다만 중요한 자리에서는 옷차림이 의지와 마음가짐을 보여준다. 나는 초대받은 행사의 성격에 따라 옷차림을 바꾼다. 평가 위원으로 참여할 때는 단정한 블라우스를 입는다. 그럴 때면 "옷차림까지 신경 쓰고 와줘서 감사하다."는 말을 듣는다. 정신의학자 빅터 프랭클은 3년간 유대인 강제 수용소에 갇혀있었다. 절망적인 상황에서도 그는 유리 조각으로 면도하며 좋은 혈색을 유지했다. 그 결과, 계속 노역할 수 있는 건강한 사람으로 보여 가스실로 가지 않고 살아남을 수 있었다. 대화하는 상대에게 어떻게 기억될지는 노력으로 바꿀 수 있다. 적절한 옷차림은 인식되고 싶은 이미지를 만들 때 도움이 된다.

사무실에서도 섬세한 행동은 이점이 많다. 최근에 직장 동료와 논쟁이 예상되는 회의를 앞두고 있었다. 추위를 많이 타는 나를 위해 동료가 회의 시작 전에 핫팩을 주었다. 회의 시간 내내 손에 쥐고 대화했다. 마음까지 따뜻해졌다. 회의는 서로 원하는 방향으로 잘 끝났다. 그 동료와는 더 가까워졌다. EBS에서 방영한 「인간의 두 얼굴: 착각의 진실 편」에서는 흥미로운 실험이 소개되었다. 동일한 상황에서 똑같은 사람이 유사한 질문으로 면접을 두 번 진행해 보았다. 두 번의 면접에서 변수는 오직 하나, 면접관이 손에 쥐고 있던 음료의 온도뿐이었다. 신기하게도, 음료의 온도가 낮았던 면접보다 음료의 온도가 높았던 면접에서 더 긍정적인 평가 결과가 나왔다. 동일한 인물이고 유사한 질문임에도 불구하고 말이다.

인지 심리학자 김경일 교수는 tvN에서 방영한 특강 프로그램 「어쩌다 어른」에서 '체화된 인지 현상'을 설명했다. 정신적 온도와 신체적 온도가 연결되어 있다는 것이다. 즉 오감과 정신이 적극적으로 상호 작용한다는 뜻이다. 대화 중 혹은 대화 전후에 대화 상대를 위해 비언어적 행동을 해보자. 상대의 신체를 좋은 상태로 유지할 수 있는 것이라면 더욱 좋다. 물론 고마워하는 사람도 있지만 부담스러워 하는 사람도 있을 것이다. 상대의 반응이 어떻든 괜찮다. 중요한 것은 당신의 비언어적 행동이 '당신을 아낀다.'라는 메시지로 전달될 가능성이 높다. 이렇게 마음을 전달한 경험은, 대화의 윤활유가 되어줄 것이다.

(회의 시작 5분 전 빈 회의실에 들어가 에어컨을 켜둔 상황) **"더위 많이 타신다고 하셔서 제가 에어컨 켜놨어요."**

(추위를 많이 타는 동료에게 담요를 주며) **"추위 많이 타시죠, 이거 덮으실래요?"**

(자차로 퇴근길에 동료를 내려주기로 한 상황 음악을 틀며) **"○○씨**(동료의 이름) **이 가수 좋아한다고 했죠?"**

(바빠서 밥을 못 먹은 동료에게 간식을 건네며) **"밥 못 먹었죠? 단백질바 드실래요?"**

(기침하는 동료를 보며 물병을 손에 든다.) **"괜찮아요? 물 좀 따라 드릴까요?"**

화려한 말보다 진심 어린 눈 맞춤이 마음을 움직인다. 표정, 몸짓, 목소리는 말의 전달력과 신뢰도에 영향을 준다. 좋은 자세와 표정을 유지해야 하는 이유이다. 상대방이 보내는 비언어적 신호도 잘 관찰해야 한다. 상대가 시계를 보거나 표정이 좋지 않은데 계속 이야기하는 것은 바람직하지 않다. 이쯤 되면 대화에서 신경 써야 할 것이 많다고 생각할 수 있다. 하지만 이를 개선하는 과정은 본인에게도 장점이 많다. 위에서 소개한 연구 결과의 내용처럼, 자세를 바꾸면 호르몬이 달라진다. 웃으면 우리의 뇌는 우리가 행복하다고 믿는다. 미국의 철학자이자 심리학자인 윌리엄 제임스는 "사람은 행복해서 웃는 게 아니라 웃기 때문에 행복한 것이다."라고 말했다.

실제로 효과가 있는 주장이다. '안면 피드백 효과(Facial Feedback Effect)'라는 심리학 이론이 있다. 표정을 지으면 실제로 그 표정과 관련된 정서의 상태가 된다는 것이다. 실제로 웃는 눈을 만들고 입꼬리를 올린 상태를 15초 이상 유지하면, 우리의 뇌는 우리가 웃고 있다고 착각하게 된다. 이로 인해 전두엽이 활성화되며, 실제로 웃을 때와 동일한 화학 반응이 신체에서 일어나게 된다.* 대뇌의 감정 중추는 표정을 담당하는 운동 중추와 인접해 있다. 이 둘은 서로 영향을 주고받는다. 표정의 정보가 뇌에 전달되어 정서 반응을 이끌어 내는 것이다. 대화의 질을 높이기 위한 스스로의 노력이 결국에는 본인 삶의 질을 높이게 된다. 비언어적 요소를 의식하고 실천할 가치가 있는 것이다.

* 한희준 기자, "웃기만 해도 면역 물질 200배 증가⋯ 웃으면 건강이 와요", 헬스조선, 2018.03.06. (https://health.chosun.com/site/data/html_dir/2018/03/05/2018030502495.html)

대화의 흐름에 영향을 주는 비언어적 요소

좋은 흐름을 불러오는 것	나쁜 흐름을 불러오는 것
1) **표정**: 미소, 웃음 등	1) **표정**: 하품, 다른 곳 보기, 눈을 감는
2) **목소리**: 적당한 말의 속도, 긍정적인 말투, 상냥한 목소리	2) **목소리**: 빠른 말 속도, 날카로운 목소리
3) **제스처**: 고개 끄덕임, 공감의 박수	3) **제스처**: 팔짱을 낀다. 지나치게 멀리 앉는

Q 온몸으로 부정적 신호를 보내는 팀원이 있다면
어떻게 격려하면 좋을까요?

Q 상대방의 비언어적 신호를 읽어내고
대화를 조정한 경험이 있나요?

배려는 결국 내게 다시 돌아온다

"마음을 자극하는 유일한 사랑의 영약은 진심에서 오는 배려다."

– 메난드로스[*]

상대를 배려할 줄 아는 사람들은 존경과 애정을 받는다. 이들의 배려는 직급이나 연차에 상관없이 따뜻하다는 공통점이 있다. 몇 년 전, 외국 기업의 한국 지사에 업무차 방문했을 때의 일이다. 진행하던 프로젝트에 문제가 발생했고, 다행히 큰 문제는 아니었으나 고객사에서는 컴플레인할 수 있는 이슈였다. 그런데 그 당시 담당자였던 이사님은 죄송하다는 나의 말에 웃으며 말했다. "죄송하면 다음에 맛있는 거 사세요~! 떡볶이!" 미소를 보여주신 것부터 감동이었다. 가격 부담 없는 분식인 '떡볶이'를 말씀하신 것까지도 배려였다. 아름다운 외모가 그날따라 더 우아해 보였다.

사회가 점차 개인화 되어가며, 배려는 의무가 아닌 선택으로 생각하는 사람들이 많아졌다. 그래서일까? 배려 잘하는 사람은 돋보인다. 배려하는 사람과 시간을 함께 보내면 편안하다. 기대하지 못했던 행동이나 선물 같은 말에 때로는 감동한다. 물론 배려 받는 사람이 선택 장애이거나 의존성이 크다면 예외이다. 배려를 받으면 오히려 선택이 힘들어지기 때문이다. 이때는 몇 가지

---

[*] Menandros. 고대 그리스 아테네에서 활동한 시인이자 극작가.

옵션에서 선택하도록 주도하는 것이 좋다. 이런 특이한 상황을 제외하고 배려는 언제나 옳다. 특히 다양한 캐릭터들이 모여 오랜 시간을 일하는 직장에서는 필수 덕목이다.

☁ 배려는 무엇일까?

배려는 왜 필요할까? 서로 공격하고 약자를 제거하는 종은 모두 멸종하였다. 배려를 통해 동맹하고 공동 양육을 하며 신체적인 열세를 극복한 현생 인류가 생존하였다. 배려는 생존과 연결되어 있다. 오늘 날은 배려 없이도 살아가는 데 지장이 없다. 그래서 와닿지 않을 수 있지만 직장 내에서 동료에 대한 배려는 시간이 지날수록 내 편이 많아지게 한다. 본인을 위해 양보하고 시간을 할애하는 동료에게는 대부분 고마움을 느끼기 때문이다. 그렇게 협력 관계가 구축된다.

우리가 할 수 있는 배려는 많다. 이해관계 때문에 어려운 상황이라면, 일상에서 작은 배려부터 시작해보자. 예를 들어 약속을 정할 때 상대방이 편한 위치나 시간을 먼저 물어보거나, 식당에서 메뉴를 고를 때 상대방의 의견을 묻는 작은 행동들이 그 시작이 될 수 있다. 만약 누군가를 만날 때 불편함을 느끼지 못한다면 한 번쯤 자기 자신을 돌아봐야 한다. 상대방이 나를 위해 일방적으로 배려하고 있을 수 있기 때문이다.

"요즘 다이어트 한다고 했지? 탄수화물이 좀 적은 메뉴로 주문할까?"

"팀장님, 요즘 건강관리 하신다고 하셨으니 너무 맵거나 짠 메뉴는 피하는 게 좋으시죠?"

"대리님, 위염이라고 하셨는데 커피 드시고 싶다면, 공복은 피하시고 이따가 식후에 저랑 사러 가실까요?"

"아빠, 일하고 오셔서 피곤하실 텐데 형광등은 제가 미리 갈아놓을게요."

배려를 받았다면 반드시 감사하자. 감사 인사는 될 수 있는 대로 즉시 하는 것이 좋다. 혹은 늦어도 다음 날 오전이 지나기 전에 "어제 감사했다."라는 말로 보내야 한다. 감사 인사를 제대로 하지 않으면 배려 해준 상대방과는 깊은 관계로 발전하기 어렵다. 배려를 받고도 감사함을 못 느끼는 사람으로 기억에 남기 때문이다. 나에 대한 긍정적이지 못한 평가만 남을 뿐이다. 시간이 지날수록 언급하기가 더 어려워진다. 배려의 순간에 대한 기억은 서로 희미해진다.

"어제 양해해주신 덕분에 건강 회복 잘하고 왔습니다. 다시 한번 배려 감사합니다."

"배려 해주신 덕분에 프로젝트를 무사히 끝낼 수 있었습니다. 덕분입니다."

🍪 배려의 말을 위한 준비물

적절한 배려 수준을 파악해야 한다. 상대방이 원하지도 않는 배려는 오히려 부담스럽다. 본인도 지친다. 그러므로 누군가를 배려하거나 받는 상황에서는 적절한지 판단할 수 있는 지혜가 필요하다. 하버드 출신의 임상 심리학자 데비 소렌센은 타인을 과하게 배려하는 성격이 자기 자신에게는 만성 스트레스로 이어질 수 있다고 경고했다. 이런 사람들이 직장에서 더 큰 감정을 소모한다는 것이다. 소렌센은 "친절하고 배려심이 있는 사람들은 경계를 정할 때 어려움을 겪는다. 결국 많은 일을 떠맡거나 일에 감정적으로 더 많은 몰입을 하게 만든다."고 덧붙였다. 배려는 필요한 순간에 행해져야 의미가 있다는 것을 명심하자.

분위기 조성도 필요하다. 상대방의 의견이 다르더라도 일단 들어봐야 한다. 시간이 없다는 핑계로 말을 끊거나 가로채는 행동은 배려가 아니다. "말을 끊어서 미안하다."고 사과해도 좋은 인상을 남길 수 없다. 또한 말을 하기 편안한 분위기를 만들어 줘야 한다. "그래서 결론이 뭔데?"와 성급한 태도도 좋지 않다. 조성된 분위기와 배려하며 말하고 듣는 태도에서 상대방의 마음속 말이 나온다. 집중하고 있는 눈빛과 앉은 자세를 보여주자. 다만 상대방이 말하고 싶어 하지 않는 부분에 대해서는 물어보지 않는 것이 배려이다. 가장 좋은 방법은 지금 말하고 싶은지 물어보는 것이다. 질문만으로도 상대방에게 배려의 마음이 전달된다.

내가 가진 에너지가 충분한지 확인하자. 배려하는 말하기는 보통의 대화보다 더 집중해야 하므로 많은 에너지가 필요하다. 대화 중 끊임없이 상대방을 관찰하고 대화 내용을 의식해야 한다. 그렇지 않으면 배려로 대화를 시작해도 후반부로 갈수록 자신의 이야기만 하게 될 수도 있다. 우리는 본인이 대화에 어느 정도의 에너지가 필요한 사람인지 알아둘 필요가 있다. 배려의 말을 잘 하고 싶다면 에너지 분배를 잘해야 한다. 에너지를 많이 쓰는 타입이라면 미 팅 혹은 약속의 횟수나 일정을 제한하는 것도 좋은 방법이다. 에너지와 집중 력을 잃으면 전문가도 실수를 한다.

🍃 대화 중 배려가 꽃피는 순간들

본인도 모르게 자기 이야기만 하게 된 경험이 있는가? 대화 나르시시즘에 빠진 것이다. 인간의 본능이다. 상대도 대화의 주인공이 될 수 있도록 배려하 자. 어렵게 느껴진다면 시간을 똑같이 분배하는 것부터 시작하면 된다. 내가 10초간 말했다면 상대방의 말도 의식해서 10초간 들어보는 것이다. 배려의 순 간에는 상대방에게 내 발언 시간의 2배~3배의 시간을 기다려 주면 더욱 좋다. 자기 자랑이나 본인에 대한 이야기는 상대방이 질문하지 않는다면 꺼내지 말 자. 이 방법만 지켜도 할당량을 잘 분배할 수 있다.

Bad

> **A**: 주말에 뭐 했어요?
>
> **B**: 저 프리다이빙 강습을 받았는데요. 제가 수업 들을 때…. (끝없이 혼 자 말하기)
>
> **A**: (잘 알지 못하는 주제에 대해 5분간 듣고만 있다.)

<u>Good</u>

> A: 주말에 뭐 했어요?
>
> B: 저 프리다이빙 강습을 받았는데요. 처음 해봤는데 어렵지만 재미있
> 더라고요.(간략하게 소감 전달) A 님은 주말에 뭐 하셨어요?
>
> A: 저는 등산을 했어요! 이번에 가본 산은….
>
> B: (A의 이야기를 들으며 대화를 이어간다.)

배려의 말은 긴장을 풀어준다. 선배나 사수와의 식사, 혹은 입사나 이직 후 낯선 사람들과의 대화는 늘 어렵다. 그런데 잔뜩 긴장한 사람 앞에서 무용담을 늘어놓는 이들이 있다. 듣는 사람은 '자기만큼 잘하라는 뜻인가?' '평가 기준이 높다는 뜻인가?' 하고 생각하며 더욱 긴장하게 된다. 반면, 배려심 있는 선배는 자신의 실패담을 유머러스하게 풀어놓는다. 인간미가 느껴지고, 용기를 북돋아 주는 느낌을 준다. 낯선 환경에 놓인 사람을 위한 배려의 말은 그 사람에 대한 관심의 표현이다. 선을 넘지 않으면서도 편하게 답변할 수 있는 쉬운 질문을 해 주고, 대화에서 소외되지 않도록 친절하게 설명하는 것이 필요하다.

> A: B 대리님, 혹시 퇴사한 ○○○ 과장님 기억하세요?
>
> B: 기억나지! (○○○ 과장님을 모르는 C에게) ○○○과장님이라고 작년에
> 퇴사하신 분이 계신데…. 저희랑 1년 동안 데이터 가공 업무를 같이
> 했었어요.

C: 아 그렇군요. (함께 대화에 참여한다.)

위 대화에서 B는 C가 소외감을 느끼지 않도록 설명 해줬다. 이 상황에서 A가 C에게 "혹시 잠시만 작년에 퇴사한 과장님 애기를 해도 될까요?"라고 동의를 구하는 것도 방법이다.

협업할 때라면 특히 동료의 상황을 배려하는 말을 하자. 영화「괴물」에 출연했던 배우 변희봉은 "봉준호 감독은 같은 장면을 스무 번 찍고 또 찍을 때도 배우들에게 짜증 한 번 내지 않았다."라며 봉준호 감독의 배려에 대해 감탄했다. 감독에 대한 유명한 일화가 하나 더 있다. 영화「마더」를 찍을 때 주인공 김혜자는 같은 장면을 30번이나 찍었다. 울분을 토하는 장면이었다. 봉준호 감독은 김혜자에게 다가가 "잘하셨어요~ (다독이며) 16번과 30번 중에 고를게요."라고 말했다. "16번으로 그냥 하자"라고 말했다면 17번부터 30번까지의 촬영은 괜한 고생처럼 느껴졌을 수 있다. 성공한 인물들이 가지고 있는 공통적인 자질 중에 배려가 있다는 것을 다시 한번 알 수 있다.

직장에서 동료와 주고받을 수 있는 배려의 말
"잘하셨습니다. 어떤 것으로 제출하면 좋을 것 같은지 먼저 의견을 주시겠어요?"
"먼저 하셔도 괜찮습니다. 저는 나중에 할게요."
"이번 주 까지만 제출하면 되니 편한 시간에 주시면 됩니다."

"건강이 우선이지요, 오늘은 아무 생각 마시고 편히 쉬고 회복하고 오시기 바랍니다."

"원하는 방식대로 우선 해보셔도 좋습니다. 도움이 필요하시다면 알려주세요. 피드백 드릴게요."

"저희 팀에 자료가 많아서 보기 쉽게 정리해서 전달 드릴 수 있습니다. 원하시면 그렇게 해드리겠습니다."

"고민이 많아 보이시네요. 제가 어떻게 도움 드리면 좋을까요?"

"혹시 꼭 포함하고 싶은 내용이나 제외하고 싶은 내용이 있으실지요?"

　

미국 미시건 대학교에서 2003년에 423쌍의 장수 부부들을 대상으로 오래 사는 비결을 조사했다. 5년동안 관찰을 계속하며 이들의 공통점 하나를 찾아냈다. 바로 '봉사활동'이었다. 도움이 필요한 사람들에게 봉사와 배려를 꾸준히 해온 것이다. 이처럼 남을 위한 행동은 많은 이점이 있다. 헬퍼스 하이(Helper's high)가 그중 하나다. 헬퍼스 하이란 남을 돕고 난 뒤 며칠, 몇 주 동안 지속되는 심리적 포만감을 말한다. 헬퍼스 하이는 혈압, 콜레스테롤을 낮추고 엔돌핀을 정상치의 3배 이상 증가시킨다.[*]

배려는 타인을 돌본다는 뜻을 포함하고 있어 남을 위한 행동이나 말처럼 보인다. 하지만 결론적으로 자기 자신을 위한 것이다. 배려는 배려로 돌아온다. 일방적이고 과한 배려가 아니라면 말이다. 배려의 말을 하기로 다짐해도, 그

[*] EBS, "[지식채널e] 자원봉사의 작은힘 1부 - 나", 2011.11.28, (https://www.youtube.com/watch?v=ZNjRxtDBSgc)

순간의 에너지와 기분에 따라 잘 안될 때가 있다. 그럴 때 좌절하지 말자. 배려도 소통이 필요하다. 내가 놓쳤다고 생각하며 아쉬워한 배려가, 상대방에게는 필요하지 않았을 수도 있다. 상대방이 원하는지 소통하는 것부터 배려하는 말하기가 시작된다. 일상에서 작은 배려로 돋보이는 사람이 되어 보자.

Q 최근 가장 기분 좋았던
배려는 무엇인가요?

Q 누군가의 과한 배려가
부담으로 느껴진 적이 있나요?

경청은 깨달음을 선물한다

"귀는 친구를 만들고 입은 적을 만든다."

– 탈무드

경청의 사전적 정의는 '귀를 기울여 듣는 것'이다. 하지만 단순히 침묵하고 듣기만 하는 것이 경청의 전부는 아니다. 경청은 말하고 싶은 욕구를 이겨내고 상대방의 이야기에 적극적으로 집중하는 행위이다. 남의 말을 가만히 듣고 있는 것은 생각보다 어렵다. 많은 집중력과 에너지가 필요하기 때문이다. 특히 직장에서는 경청이 더욱 어렵다. 다양한 의견이 오가고, 보이지 않는 이해관계가 얽혀 있기 때문에, 일부 사람들은 경청이 경쟁에서 불리하다고 생각하기도 한다.

그러나 경쟁자의 말일수록 더 경청해야 한다. 상대방의 논리에 동의하거나 반박하려면 정확하게 이해하는 것이 우선이고 이를 위해서는 상대의 맥락을 충분히 들어야 하기 때문이다. 설득을 잘하기 위해서도, 때로는 설득을 잘 당하기 위해서도 우리는 경청해야 한다. 경청하지 않은 채로 내뱉는 자기주장은 결국 서로의 에너지만 소모시킬 뿐이다. 끼어들거나 미리 답을 정해놓고 상대의 말을 듣지 않으면 진정한 대화가 되지 않는다. 경청하는 대화는 참여자 모두에게 큰 배움을 준다. 말하지 않은 것까지 들을 수 있기 때문에 서로의 입장과 관점을 이해하게 된다. 비록 합의에 이르지 못하더라도, 합의할 수 없는 현실을 인정하게 해준다. 경청이 어려운 이유를 이해하고, 이를 잘할 수 있는 방법을 습관으로 만들어보자.

🌙 경청이 어려운 이유 4가지

첫째, 시간이 부족하다. 회사에서도 퇴근 후에도 직장인은 항상 바쁘다. 시간이 한정적이기 때문이다. 요약한 내용을 빠르게 전달해야 할 때가 많고, 말하는 사람과 듣는 사람 모두 마음이 급하다. 말이 조금만 길어지면 집중하기 어려워한다. 화상 회의나 이메일 같은 비대면 소통에서는 깊이 있는 내용을 전달하기가 더욱 힘들다. 소통의 오류를 줄이기 위해 시간이 부족할수록 경청이 중요하다. 상대방이 경청하도록 하려면 대면으로 전달하자. 제한된 시간 안에 경청할 수 있도록 핵심을 잘 정리하여 전달하면 효과가 좋다. 경청하는 것도, 경청할 수 있도록 만드는 것도 노력이 필요하다는 것을 잊지 말자.

둘째, 듣는 행위가 더 익숙하다. 언어학자 폴 랜킨은 다양한 직업의 68명을 대상으로 의사소통에 관한 조사를 실시했다. 그의 연구에 따르면 사람은 깨어 있는 시간의 70%를 커뮤니케이션에 사용하며, 가장 적게 하는 행위는 쓰기(9%)이고, 그다음이 읽기(16%)와 말하기(30%)였다. 가장 많이 하는 행위는 듣기였으며, 깨어 있는 시간 중 45%를 듣기에 사용한다. 이처럼 우리는 듣는 것에 익숙하다. 문제는 듣고 있는 행위를 경청이라고 착각하는 경우가 많다는 것이다.

A: 지난주에 찜질방에 갔었는데….

B: (A의 말을 끊고) 찜질방? 와…. 나는 안 간지 5년 넘은 거 같아.

A: 그렇구나. 그래서 일산에 있는 찜질방에 가족들이랑 갔는데….

B: 근데 찜질방 요즘 가기에 덥지 않아? 요즘은 집에서도 할 수 있는 간이식 찜질 기계도 있다고 하더라.

A: ….

대화를 보면 B는 A의 말을 듣고 있지만 듣지 않는다. 찜질방이라는 단어에 꽂혀서 갑자기 본인의 이야기를 시작했으니, A는 다음 말을 이어가고 싶지 않을 것이다. 어쩌면 B와 대화하고 싶지 않은 마음마저 들었을 수 있다.

셋째, 사고력과 추리력 때문이다. 사고력과 추리력이 높은 사람일수록 타인의 이야기를 끝까지 잘 듣지 못하는 경향이 있다. 이들은 대화의 초반부에 이미 결론을 예측하는 경우가 많다. 대략적인 흐름을 빠르게 파악하기 때문이다. 경청하려면 알고 있는 내용이라도 끝까지 집중해서 들을 수 있는 차분함과 인내심이 필요하다. 말하는 의도와 맥락을 파악해야 하기 때문이다. 본인이 할 말을 생각하며 듣는 시늉을 하지 말고 정성을 다해 들어보자. 그러면 본인이 알지 못했던 새로운 가치와 관점을 알게 될 것이다.

넷째, 선택적 지각과 편견 때문이다. '선택적 지각'은 정보의 일부만 선택적으로 받아들이는 현상을 말한다. 대화 중에도 경험과 가치관에 따라 선택적으로 정보를 받아들이게 된다. 가치관을 바꾸기는 어렵지만, 대화하는 순간만큼은 잠시 내려놓을 필요가 있다. 열린 마음으로 대화에 임하고, 상대방의 말을 들으면서 떠오르는 생각이 편견은 아닌지 점검하자. 편견은 의도하지 않더라도 경청을 방해하고 대화의 질을 떨어뜨리며, 갈등의 원인이 될 수 있다.

Bad

아내: 이번 휴가는 호캉스에 가서 느긋하게 지내고 싶어요.

남편: 난 캠핑을 가고 싶어. 호캉스는 가만히 있는 거잖아. 휴가인데 활동적인 것을 해야지!

아내: 호캉스에서 왜 가만히 있어요? 그 안에서 활동할 수 있는 게 얼마나 많은데요!

남편: 작년에도 당신이 원하는 곳 가놓고 이번에도 그렇게 하자고? 당신은 왜 자기만 생각해? 내가 이렇게 매번 맞춰줘야 해?

Good

아내: 이번 휴가는 호캉스에 가서 느긋하게 지내고 싶어요.

남편: (호캉스가 내키지 않지만 차분한 표정으로) 난 캠핑을 가고 싶긴 한데, 호캉스 가면 어떤 것들을 하고 싶어?

아내: 수영도 하고 싶고 이번에 해외에서 유명한 요가 강사가 온다던데 투숙객에게만 수업을 제공한대요.

남편: 그렇구나. 그렇다면 체크인 전에 캠핑 가고 싶었던 장소 근처에

휴양림이라도 갔다가 호캉스를 가는건 어때?

아내: (2개의 일정을 하루에 소화하는 것은 무리라는 생각이지만 궁금한 표정을 지으며) **당신 혹시, 바람이 쐬고 싶은 거라면 호캉스가 아니라 캠 핑을 가도 괜찮아요. 그런데 요즘 부쩍 캠핑 자주 가던데, 이유 가 따로 있어요? 답답한 일 있나요?**

두 예시 모두 남편은 '호캉스'에 편견을 가지고 있지만 Good 예시의 남편은 아내의 생각을 경청했다. 아내 역시 경청을 해준 남편의 생각을 듣기 위해 '무 리한 일정'이라는 '선택적 지각'을 하지 않고 질문을 통해 남편의 상태를 파악 하고 있다.

🌰 경청의 효과

경청을 할 때 잠자코 듣고만 있어야 한다고 생각할 수 있다. 시간이 아깝다 고 느껴질 수도 있다. 그러나 경청은 가만히 듣고만 있는 행동이 아니다. 상대 방의 이야기에 내포 되어있는 생각이나 심정을 알아가는 것이다. 이어서 내가 할말의 방향을 정확하게 잡아준다. 상대방에게 피드백함으로써 깨달음을 선 물해 주는 것이다. 대화의 질은 자연스럽게 올라가게 된다.

상대방의 마음을 얻는 데에도 효과적이다. 사람들은 조언이나 평가보다 이 야기를 잘 들어주는 사람에게 호감을 느낀다. 하버드 과학자들이 발견한 바에 따르면, 인간의 두뇌는 본인에 관한 주제로 이야기할 때 쾌락 중추가 활성화되어, 설탕이나 초콜릿을 먹을 때와 유사한 쾌감을 경험한다고 한다. 상대방에게 이야기할 기회를 주는 것은 실제로 기분을 좋게 만들어준다. 따라서 상대방의 마음을 얻으려면 뛰어난 화술보다 '듣기' 능력을 훈련해야 한다. 상대방의 마음을 여는 사람은 듣기를 잘하는 사람이다. 듣지 않고는 말을 잘할 수 없다.

경청의 또다른 효과는 소통 능력이 향상되고 인간관계가 좋아진다는 것이다. "사람들을 만나면 벙어리가 되라." 플라톤의 말이다. 빼어난 말솜씨를 가진 사람보다는 벙어리가 마음의 문을 열 가능성이 높다. 성숙한 경청을 할 수 있는 사람이기 때문이다. 경청을 잘하면 소통의 오류가 줄어든다. 여러 번 주고받아야 하는 대화를 한 번에 끝낼 수 있다. 상호 신뢰와 수용력이 높아지며 소통이 원활하게 된다. 자기만의 생각에 빠져있지 않고 타인의 생각과 느낌에 주의를 기울이기 때문이다. 점차 주변에 사람이 모이고 관계가 좋아진다.

직장에서 인정받게 되는 것도 경청 덕분이다. 회의할 때 다른 사람이 말하는 동안 속으로는 자신의 발언 내용을 생각하는 사람들이 있다. '저 이야기가 끝나면 이 말 해야지.' 경청하는 듯 보이지만 귀를 닫고 있다. 이들은 말을 끊거나 혹은 말이 끝나자마자 본인의 생각을 다짜고짜 이야기한다. 엉뚱한 말을 할 때가 많다. 경청하지 않은 것이 들통난다. 하고 싶은 말이 있다면 메모 해두고 본인 차례에 말하자. 경청이 어려운 세상에서는 경청의 자세만 가지고 있어도 인정받는다. 능력 있는 영업사원들은 경청을 잘한다. 말수가 적다. 경청으로 고객의 요구를 정확히 파악하는 것이다. 잘 들어야 설득한다. 설득력이 높은 인재는 결국 인정받는다.

경청 잘하는 방법

경청은 인내심과 집중이 필요하다. 어렵게 느껴질 수 있지만 쉬운 방법이 있다. "나는"이라는 말만 하지 않아도 이미 반은 성공이다. "너는 ~한 거야?" "너는 ~라는 말이구나"라는 말로 상대방의 이야기를 계속 이어가게 하자. 나머지 반은 "아, 그랬구나!"만 잘해도 좋다. 물론 영혼 없는 말이 아닌, 진심으로 들으면서 말했을 때 의미가 있다. 상대방의 표정이나 말투와 분위기까지 관찰해본다면 더욱 좋다. 이렇게 감정까지 집중하여 경청하려는 자세는 타인에게 높이 평가받는다. 본인에게 다시 보상으로 돌아온다. 대화가 끝난 후 상대방이 나를 알기 위한 노력을 하기 시작할 것이다.

적극적인 반응 역시 중요하다. 언어적 요소와 비언어적 요소 모두 말이다. 말하는 사람의 눈을 응시하는 것은 집중을 표현할 수 있다. 호기심 어린 표정을 짓자. 허리를 바로 세우고 상대방 쪽으로 무릎 방향이 향하게 하는 것이 좋다. 대화 중 이해되지 않는 부분은 상대의 말이 끝난 뒤 질문하자. 상대방이 말하는 도중에 질문을 해야 한다면 양해를 구하자. 마지막으로는 기억하기 위한 노력이다. 대부분 대화하는 순간에는 경청하지만, 기억하기 위한 노력까지는 하지 않는다. 경청한 내용에 대해 시간이 지난 뒤 당사자에게 현황을 물어보자. 이렇듯 적극적으로 반응하며 듣는 것이 성숙한 경청이다.

요약과 질문도 효과적이다. 빌 클린턴 전 미국 대통령은 경청을 잘했다. 어느 날 그가 연설하는 자리에서 한 여성이 질문을 던졌다. 그녀는 영어를 잘 구사할 줄 몰랐다. 게다가 말도 심하게 더듬었다. 클린턴은 그녀의 말에 진심으로 귀 기울였다. 이해하기 위해 노력했고 아주 짧은 시간에 본인이 이해한 바를 잘 정리해서 답변했다. 이해한다는 것은 판단한다는 뜻이 아니다. 요약과 질문으로 상대방 말의 맥락과 의도를 잘 파악해 가는 것이다. 이 과정에서 상대방이 방향을 벗어나면 잡아줄 수 있다. 다만 요약할 때는 본인의 의견이나 선입견을 반영하지 말자. 요약과 질문이 상대의 말을 가로막지 않도록 타이밍 또한 잘 고려해야 한다.

Bad

> A: 저는 영화 감상이 취미예요.
>
> B: 보통 어디에서 보세요?
>
> A: ○○역 □□□가 집 앞이라 보통 거기로 가요.
>
> B: 주로 혼자 보시나요? 아니면 다른 사람과 함께 보세요?
>
> A: 동네에 고향 친구가 살아서 그 친구와 주로 봐요.
>
> B: 그 친구분과는 언제부터 영화를 함께 보셨어요?

B처럼 상대방의 말에 계속 질문을 하면 상대 입장에서는 답변하다가 지칠 수 있다. 또한 취조를 당하는 느낌이 들어 불쾌할 수 있다.

<u>Good</u>

C: 저는 영화 감상이 취미예요.

D: 그렇군요. 최근에 보신 것 있나요?

C: 네 ○○ 봤어요.

D: 오…. 어땠어요?(관심 있는 표정)

C: 좋아하는 감독의 영화라서 기대를 많이 하고 봤는데요. 친절하지 않더라고요. 그래도 음악이나 영상미는 확실히 좋았어요.

D: 친절하지 않다니…. 궁금하네요. 저는 아직 그 감독의 영화는 본 적이 없긴 한데 흥미가 생기네요.

D는 질문을 연달아 하기보다는 상대방이 말을 이어갈 수 있도록 호응했다. 만약 상대방이 말하는 도중 질문을 하고 싶다면 "혹시 말씀 중 죄송한데 한가지 여쭤봐도 되나요?"라고 물어보는 것이 좋다.

미네소타 대학교 연구에 따르면, 사람들이 특정 내용을 경청해달라는 부탁을 받더라도 방금 들은 내용의 약 50%만 기억하며, 2개월 후에는 그 중 25%만 남는다는 결과가 나왔다. 이 연구는 완전한 경청이 아닌 대화는 시간이 지나면 사라질 수 있음을 시사한다. 직장에서는 경청할 수 없는 상황이 있다면 양해를 구하고, 경청할 수 있는 시간을 확보하는 것이 중요하다. 이는 오류나 실수를 방지한다. 뿐만 아니라 성과를 올릴 수 있는 기반이 되고 동료의 마음을 얻는 데 도움을 준다.

체로키 인디언 격언인 "들어라. 그렇지 않으면 당신의 혀가 당신을 귀먹게 할 것이다."는 대화 중 다양한 생각이 떠오르는 것은 자연스럽지만, 말하고 싶은 욕구를 참지 못하고 말해버리면 대화의 질이 급격히 떨어질 수 있음을 상기시킨다. 대화하고 싶은 마음이 사라지기도 한다. 우리가 편하게 대화를 나눈 기억을 떠올려 보자. 그 대화에서 상대방은 말을 많이 하는 사람이었는가, 아니면 많이 들어주는 사람이었는가? 듣기가 말하기를 이긴다.

경청하며 질문 던지기

"당신은 이것에 대해 어떻게 생각하세요?"

"이 일의 특징은 무엇인가요?"

"그 일의 장점은 무엇인가요?"

"그 순간에 당신은 어떤 생각이 들었나요?"

직장에서 요약하며 방향성을 다시 잡는 말

"~다는 말씀이신 것 같네요. 이야기가 반복되는 것 같은데 핵심이 무엇인가요?"

"중요한 내용이 빠졌습니다."

Q '편견'으로 인해 경청에
실패한 경험이 있나요?

Q 나는 평소에
경청하는 편인가요?

존중하면 존경 받는다

"예절이 사람을 만든다(Manners maketh man)."

– 위컴의 윌리엄[*]

    퇴계 이황 선생은 자신보다 26살이나 어린 기대승과 논쟁할 때도 존댓말을 했다. 존중의 마음이 언어 습관으로 나온 것이다. 본인보다 나이가 어리다는 이유로 초면임에도 반말을 하는 사람이 있다. 심지어는 공공장소에서까지 직원이나 관계자를 하대할 때도 있다. 상대방을 존중하지 않는 태도는 언어 습관으로 나온다. 타인을 대하는 태도에서 매너가 보인다. 이러한 매너는 주변 지인과 동료들에게도 티가 난다. 타인을 존중하지 않는 마음은 결국 본인에게 손해로 돌아온다.

    그렇다면 존댓말이 무조건 존중일까? 표현만으로는 정확히 판단하기 어렵다. 존댓말은 존중을 표현하는 도구 중 하나일 뿐이다. 핵심은 존중하는 마음이다. 존댓말 사용과 호칭까지 정확하게 사용할 수 있다면 좋겠지만 쉽지 않은 일이다. 한국의 문법은 어렵고 많이 헷갈린다. 완벽하지는 않더라도 우선 상대방을 존중하겠다는 의지가 중요하다. 내가 만난 리더 중 직원들의 존경을 받는 리더들의 말투는 달랐다. 팀원을 배려하고 존중하는 화법을 가졌다. 직원

---

[*] William of Wykeham. 영국의 신학자이자 윈체스터 컬리지 창립자.

들 대부분은 진심으로 리더를 좋아하고 신뢰했다.

● 존중하는 말투가 필요한 이유

존중하지 않는 말은 상처를 남긴다. 종종 뉴스를 통해 '말'로 시작된 언쟁이 극단적인 사건으로 이어진 소식을 접한다. 존중하지 않는 말 한마디 때문에 폭력이나 강력 범죄로 번진 것이다. 존중하지 않는 말은 상대방의 자존심과 자존감을 건드린다. 실제로 큰 정신적인 스트레스가 된다. 상처로 인해 실제로 목숨을 끊는 이들도 있다. 이렇듯 존중 없는 말투는 타인에게 아주 위험한 공격을 가하는 것이다. 막말하는 고객으로부터 고객센터 상담원을 보호하기 위한 법이 존재하는 이유이다. 맞는 말이라도 상대를 존중하지 않는 말투는 마음에 깊은 상처를 남긴다는 사실을 잊지 말자.

권위를 가진 사람의 말은 그 자체로 압박감이 있다. 수직 관계이거나 갑을 관계에서 주로 보이는 양상이다. 험한 말로 상대방을 위축되게 만드는 사람은 존경받지 못한다. 그 순간에 권위자는 본인이 원하는 바를 얻었다고 생각할 수 있다. 장기적으로 봤을 때는 잘못된 판단이다. 존중받지 못한 상대방은 부정적인 감정을 느낀다. 장기적으로 원하는 바를 얻지 못할 가능성이 높다. 미국 가톨릭 대학교의 루이스 패러다이스(L. V. Paradise)는 동일한 상담사가 말투만 달랐을 때 사람들이 어떻게 느끼는지 실험했다. 같은 사람의 존중하지 않는 말투 버전과 매너 있는 말투 버전의 비디오를 각각 제작했다. 많은 사람에게 각각의 버전을 보게 하였고 느낌을 물어봤다. 그 결과 존중하지 않는 말투

를 사용한 버전에서는 '전문가처럼 보이지 않는다' '지적으로 보이지 않는다'
와 같은 부정적인 인상만 남는다는 사실을 확인했다.

"여기요, 아까 주문한 음식 언제 줘요?"

→ "여기요~ 혹시 저희가 30분 전쯤 주문했는데, 음식이 언제쯤 나올
까요?"

"이 메뉴 주문 안 했는데요? 확인 좀 제대로 하죠?"

→ "저희 이 메뉴 주문 안 했는데, 한번 확인해 주실 수 있나요?"

"김 사원, 이거 해와!"

→ "김 ○○님, 이거 해주실 수 있나요?"

"아직도 안 했어?"

→ "혹시 오늘 보내주기로 하신 내용 언제쯤 마무리 될까요?"

"빨리 뛰어가서 확인해!"

→ "급한 건이라서 지금 바로 확인해 주실 수 있을까요?"

존중하지 않는 태도는 인간관계를 악화시킨다. 워싱턴 주립대학교의 존 가
트맨 교수는 부부의 대화를 3분만 지켜보면 이혼 가능성을 90% 이상 예측할

수 있다는 사실을 실험을 통해 입증했다.[*] 이처럼 존중 없는 태도로 말하는 순간, 설령 서로를 사랑하더라도 갈등은 시작된다. 평생을 약속한 부부도 갈라 놓을 만큼 인간관계에 악영향을 가져온다. 직장 내 인간관계가 악영향을 받게 되면 본인의 협업과 평판에 문제가 생긴다. 존중하지 않는 말투 때문에 직장 생활에서 어려움을 겪는 일은 없도록 하자. 부정적인 감정이 일어나는 순간일 수록 더욱 의식적으로 존중의 말투를 써야 한다.

☁ 존중의 말하기가 가져오는 효과 3가지

첫째, 불필요한 오해와 분쟁을 줄인다. 때로는 의도치 않은 말과 행동으로 오해를 받는 상황이 생기기도 하는데, 평소 상대를 존중하며 대화하는 사람은 이런 상황에서도 분쟁으로 번지지 않는다. 존중하는 마음이 전해지고 무례한 말은 오가지 않기 때문이다. 갈등 상황에서 존중하는 말투는 그 사람의 인내 심과 내공을 보여준다. 쉽지 않은 일이기에 타인의 존경을 받게 된다. 이와 반 대로 좋은 취지의 말이라도 존중하지 않는 말투라면 오해를 부른다. 존중 없 는 말투는 속사정을 모르니 악의적으로 받아들여지거나 왜곡될 가능성이 매 우 높다. 존중하며 말하는 습관은 위기 상황에서도 나를 보호해 준다.

둘째, 타인의 의견을 잘 들을 수 있다. 성향상 반론을 제시하기 어려워하는 사람들이 있다. 또한 권위를 가진 사람 앞에서 본인의 의견을 말하기 어려워 하는 사람들도 있다. 대화에서 어느 한쪽의 의견 제시가 부족하면 대화의 완

---

[*] 임정민, 『어른의 대화법』, 서사원, 2022년, 127페이지.

성도가 떨어지게 된다. 그 순간에는 즉각적인 영향이 없을지 몰라도 결국 불완전함으로 남아있게 되는 것이다. 이러한 성향의 사람들에게는 완곡한 표현을 사용해 질문하면 좋다. 말을 꺼내기 쉽게 질문해 주는 것이다. "저와 생각이 같지요?"라는 질문은 동조를 압박하는 것이니 피하도록 하자.

대답하기 쉽게 하는 질문
"어떤 것 같아요? / 어떻게 생각하세요?"
"○○ 님이 보시기에 어때요?"
"혹시 또 해주실 말씀이 없으실까요?"
"조금 더 생각해 보시고 편하게 말씀해 주세요. 의견을 더 들어보고 싶습니다."

셋째, 다양하고 깊은 주제로 대화할 수 있다. 존중의 말투는 상대방의 기분이 상하지 않도록 배려하는 것이다. 기분과 감정뿐만 아니라 상대방의 생각이나 관점 또한 이해하기 위해 노력하는 것이다. 타인을 존중해 주는 대화 상대 앞에서는 자유롭고 솔직한 대화가 가능하다. 안전한 대화의 장을 열어줬기 때문이다. 다소 민감한 질문이더라도 존중받는 상황이기에 거부감이 덜하다. 반면에 존중하지 않는 사람과는 가볍고 쉬운 주제의 대화도 어렵다. 존중이 기본인 사람과는 어렵고 깊은 주제로도 쉽게 대화할 수 있다. 대화를 통해 서로가 배우게 된다. 상호 신뢰와 존경의 바탕이 된다.

☁ 존중하며 말하기, 어떻게 해야 할까?

배려하는 자세가 우선이다. 갑자기 전화해서는 다짜고짜 용건부터 말하기 시작하는 사람이 있다. 상대방이 통화할 수 없는 상황인데도 말이다. 상대방이 통화 가능한 상황인지 물어보는 사소한 매너부터 지키자. 직장뿐만 아니라 가족 혹은 편한 친구 사이나 부부 사이에서도 배려하는 자세는 필요하다. "지금 통화 가능해?" 대화의 첫 마디를 존중하는 말로 시작하는 것과 그렇지 않은 대화는 차이가 크다. 대화 전에 상대방의 시간을 고려하는 것, 대화 중에는 상대방의 입장을 존중하는 것이다. 상대의 체력이나 컨디션도 존중할 수 있다면 더욱 좋다. 상대에게 전달하고자 하는 메시지가 긍정적으로 전달된다.

> **A: 부장님 안녕하세요. 상의드리고 싶은 일이 있습니다. 혹시 오늘 20분 정도 시간을 내주실 수 있을까요?**
> **B: 오후 3시 이후에도 괜찮을까요?**
> **A: 네, 3시 30분으로 회의실 예약하겠습니다.**
> **B: 네 감사합니다. 그때 얘기하죠.**

존댓말을 사용하자. 심리학자들은 '이상적인 자기표현'의 중요성을 말한다. 본인의 뜻을 전달함과 동시에 상대의 인격과 권리를 존중해 주는 것이 '이상적인 자기표현'이다. 높임말과 존댓말은 상대의 인격에 대한 존중을 표현하는 말이다. 나이가 어린 사람이 무조건 존댓말을 해야 한다는 것은 편견이다. 나이에 대한 차별이다. 나이와 직급에 무관하게 서로 존댓말로 존중하면 신뢰가 쌓인다. 예쁜 말로 능숙하게 소통하게 되는 것이다.

나쁜 말투	존중의 말투
"아줌마!" / "아저씨!"	"선생님~" / "어르신~"
"야!" / "임마"	"학생~" / "청년~"
"무슨 말을 하는 거야!"	"죄송한데 다시 한번만 말씀해 주시겠어요?" "~~라고 말씀하신 것으로 이해했는데 맞나요?"
"나 메모지!" "가서 메모지 한 장 가져와."	"혹시 메모지 한 장 주시겠어요?" "메모지 한 장만 부탁드립니다."
"할 말 있는데요." "이거 알고 있어야 해요!"	"말씀드리고 싶은 게 있는데 잠시 시간 내주실 수 있나요?" "한 가지 아셔야 하는 내용이 있는데 지금 시간 괜찮으실까요?"

상대방의 상황을 존중하는 질문을 하자. 상대방의 개인적인 상황을 배려하지 않는 질문은 존중 없는 질문이다. 재산 혹은 결혼, 연애, 출산, 가족관계와 같은 개인적인 질문은 실례가 될 수 있으니 주의하자. 또한 "아이 언제 낳으려고?" "취업은 도대체 언제 하려고 해?"와 같은 질문으로 가장한 질책은 존중이 아니다. 존중의 질문은 서로의 불완전한 대화도 편안하게 이끄는 질문이다. 본인의 궁금증 해소보다 존중하는 마음이 중요하다는 사실을 잊지 말자.

무조건 존댓말을 하는 것이 존중을 뜻하는 것은 아니다. 하지만 존댓말만 잘 사용해도 우리가 말로 인해 주고받는 상처와 갈등 중 50% 이상이 해결될 것임은 확실하다. 하지만 사람들 대부분이 이 부분을 간과한다. 지키기 어려워한다. 때로는 친근한 반말로도 기분이 상하지 않게 말하는 사람들이 있다. 가장 중요한 것은 인격을 존중하는 것임을 알 수 있다. 타인에게는 존댓말을 하되 나이 어린 사람에게 존댓말을 강요하지 말자. 남의 말에 집착하지 말고 나의 말에 존중을 담으면 된다. 타인을 존중할 때 존경을 받을 수 있는 사람이 될 수 있다는 사실을 명심하자.

Q 최근에 존중의 태도로 대화를 나누어
긍정적인 반응을 얻은 경험이 있나요?

Q 내가 속한 팀은
서로를 충분히 존중하고 있나요?

친절은 심리적, 경제적 효과를 부른다

**"부드러운 말로 상대를 설득하지 못하는 사람은
거친 말로도 설득할 수 없다."**

– 안톤 체호프[*]

속담 중에 "친절한 동정은 철문으로도 들어간다."라는 말이 있다. 진심으로 염려하는 마음은 아무리 무뚝뚝한 사람에게도 전해진다는 뜻이다. 본인을 무뚝뚝하게 대하는 사람에게까지 친절할 필요가 없다고 생각하는 이들이 있다. 과연 그럴까? 차갑고 무뚝뚝한 마음이야말로 친절만이 녹일 수 있다. 차가운 사람은 저마다의 사정이 있다. 내면에 상처가 있거나 친절할 필요성을 느끼지 못하기 때문이다. 상대방의 성향에 상관없이 자기 자신이 친절함으로 중무장하자. 꾸준한 친절함은 결국 온기가 되어 상대방을 변화시킨다. 친절함은 사람을 기분 좋게 만들기 때문이다. 의도와 목적이 없는 친절함을 경험한 사람은 점차 마음이 열리고 치유된다.

예일대 심리학과 존 바그 교수는 2008년 〈사이언스〉에 '따뜻한 커피 효과'를 발표했다. 사람의 마음이 얼마나 사소한 것에 움직이는지 보여주는 실험으로 A그룹은 따뜻한 커피잔을, B그룹은 차가운 커피잔을 잠시 들게 한 뒤 면접

---

[*] Anton Chekhov. 러시아의 문학가이자 의사.

관이 되어 동일한 사람을 인터뷰하게 했다. 그 결과, A그룹은 모두 면접 본 사람을 채용하겠다고 응답했고 B그룹은 모두 채용하지 않겠다고 응답했다.[*] 이렇듯 사소한 것이 마음에 영향을 준다. 친절한 말은 타인의 마음을 따뜻하게 해준다. 일상에서 쉽게 할 수 있는 친절한 말투는 살아가면서 큰 무기가 된다. 이제 무기를 장착해 보자.

⬤ 우리는 왜 친절한 말하기를 어려워할까?

친절함을 가식적이거나 의례적으로 생각하는 사람들이 많다. 냉혹한 비즈니스의 세계에서 친절함은 오히려 독이 되거나 약점이 된다고 여기는 이들도 많다. 내 생각은 다르다. 10년 이상 지켜봐온 많은 일잘러들은 대체로 친절했다. 평소 말투가 나긋나긋하지 않은 사람도 업무상 필요한 설명과 공유는 친절하게 했다. 그들의 보고서와 자료는 비전문가가 읽어도 이해하기 쉬울 정도로 친절했다. 이것이 친절한 말하기이다. 친절함의 이미지를 떠올리면 높은 톤의 목소리와 상냥한 말투가 떠오를 수 있다. 꼭 그렇지 않아도 친절하게 말할 수 있다. 우선 친절한 말하기가 어려운 이유를 알아보자.

첫째, 친절하게 말해본 경험이 없어서 방법을 모른다. 사람마다 각자 고유의 언어가 있다. 말투도 각기 다르다. 나긋나긋하고 부드러운 말투를 가진 사람이 있는 반면에 거칠고 강한 말투인 사람도 있다. 본인의 말투로 살아가다

---

* Williams, L. E., & Bargh, J. A. , 〈Experiencing Physical Warmth Promotes Interpersonal Warmth〉, ≪Science≫ 322, 2008.

보니 어떤 말투가 친절한 것인지 모르는 경우가 많다. 친절하게 말하지 않아도 소통에 문제가 없어 필요성을 느끼지 못한다. 친절한 말투에 대해서 진지하게 고민해 볼 기회가 없는 것이다. "지난번에 알려주신 메모 앱을 설치해서 잘 이용하고 있어요." "지난번에 말씀해 주신 유명한 식당에서 회식했어요. 동료들이 다들 좋아하더라고요." 등은 간단하게 할 수 있는 친절한 말이다. 실제 있었던 사실을 바탕으로 전할 수 있는 이 말이 상대방을 기쁘게 만든다.

둘째, 자신감이 부족하거나 오해를 받을까 불안해한다. 이성 간에는 지나친 친절은 조심해야 한다. 상대방이 다른 의도로 오해할 수 있기 때문이다. 다만 그러한 경우가 아니라면 친절한 말은 대체로 좋은 인상을 남긴다. 친절한 말에는 상대를 생각하는 마음이 담겨 있기 때문이다. 상대의 반응이 긍정적이지 않을까 노심초사할 때도 있겠지만 서두를 이유도 완벽할 필요도 없다. 친절을 베풀겠다는 마음을 담으면 된다. 마음은 꼭 전해진다.

셋째, 손해를 두려워한다. 친절한 사람으로 보이는 것은 만만해 보이는 것이라고 생각하는 사람들이 있다. 만만함은 곧 손해를 가져오고 그렇기에 '친절함=손해'라는 것이다. 친절한 사람들을 얕잡아보는 나쁜 사람들 때문에 이런 인식이 생긴 것이다. 실제로 친절한 사람을 이용하거나 상처를 주는 사람들이 있다. 하지만 그런 이들은 소수이다. 살아가면서 친절함은 부작용보다는 좋은 효과를 가져올 때가 더 많다. 물론 완급 조절은 필요하다. 과잉 친절은 지

양해야 한다. 또한 친절하게 대화가 되지 않는 상황도 찾아올 것이다. 다만 친절함은 절대 손해가 아니다. 운이 좋지 않아 1번 손해 봤더라도 9번의 이익을 가져오는 것이 친절의 말이다.

"벌써 좋아지고 있습니다." "이미 잘 진행되고 있군요."와 같이 프로젝트 진행 여부에 대해 친절하게 말해주면 팀원들이 자만하거나 안일해져서 손해가 생길까? 그렇지 않다. 심리법칙 '부여된 진행효과'에 따라 목표에 근접해 가고 있다는 생각에 팀원들은 더욱 의욕적으로 바뀔 가능성이 높다. "무슨 힘든 일이라도 있어? 혹시 도움이 필요하면 언제든지 말해." 등은 친구나 동료에게 건넬 수 있는 말이다. 이러한 말을 듣고 나쁜 의도로 받아들일 사람은 거의 없다.

친절한 말하기, 어떻게 하는 것일까?

'친절하다'의 사전적 정의는 '대하는 태도가 매우 정겹고 고분고분하다.'라는 뜻이다. 소비자들은 편리함을 느끼거나 궁금한 점을 모두 해소해 주는 서비스를 친절하다고 느낀다. 생각지도 못한 부분까지 배려받았을 때도 똑같이 느낀다. 친절한 말하기도 이렇게 하면 된다. 말투가 부드러우면 좋겠지만 그렇지 않더라도 소통 과정이 친절하면 된다. 상대방이 이해했는지 재차 확인하는 것과 질문을 잘 받고 충분히 대화하는 태도이다. 이때 소통의 오류는 줄어들고 친밀함은 쌓인다. 이렇게 친절한 대화는 안정적으로 소통의 질을 점차 높인다. 이렇듯 말투와 태도 둘 중 1가지만 친절해도 충분하다.

"팀장님, 저녁에 비가 온다고 하니까 퇴근하실 때 우산 꼭 챙기세요."

"여러분, 오늘 수고 많았어요. 내일 춥다고 하니까 따뜻하게 입고 출근하세요."

일상에서 간단히 해볼 수 있는 친절한 말이다. 상대방의 입장을 헤아리고 간단히 건넨 말이다. 듣는 사람이 기분이 나쁠 이유는 없다.

"이 기획안의 세부 사항을 확인해 주세요."(X)

"이 기획안의 세부 사항을 3일 이내에 확인해 주세요. ~부분을 중점적으로 봐주세요."(O)

업무에서 친절한 말은 상대를 배려하는 마음이 핵심이다. 듣는 사람이 기한과 중점 사항을 다시 물어보지 않아도 되니 친절한 요청이다.

감사 인사부터 시작하자. "감사의 역량에 따라 행복의 크기가 결정된다." 노벨 경제학상 수상자 밀러가 한 말이다. 실제로 근거를 확인할 수 있는 말이다. KBS 「생로병사의 비밀」에서 감사 인사의 과학적 효과를 확인할 수 있다. 제작진은 연세대 연구팀과 가족 간의 갈등이 있는 사람을 모집해서 프로그램을 진행했다. "고맙다." "미안하다." "사랑한다."라는 말을 5주간 의식적으로 하게 했다. 5주가 지났을 때 참여자들의 신체적, 정신적 변화는 놀라웠다. 가족 구성원 간 의사소통이 긍정적으로 변했고 스트레스와 우울감이 낮아졌다. 배려의 호르몬인 옥시토신이 늘어났다. 인내심의 호르몬으로 불리는 가바의 수치 또한 증가했다. 친절한 감사 인사 한마디가 실제로 긍정적인 효과를 가져오는 것을 알 수 있다.

내가 할 수 있는 것을 생각하면 친절함이 된다. 회사 동료뿐 아니라 가족, 친구, 식당 종업원, 아파트 경비원 등 우리 주변에는 많은 이들이 있다. 모든 상황에서 모든 이에게 친절한 말을 전할 수 있다는 것이다. 작은 것부터 베풀 수 있는 것을 찾아보자. 큰 시간과 노력을 들이지 않더라도 말이다. 먼저 인사를 건네는 일, 무엇인가를 헤매고 있는 사람에게 간단한 설명을 해주는 것들도 친절이다. 거절하는 상황에서도 냉정한 거절보다는 어려운 이유를 상대방에게 이해시키자. 완곡하게 전달하는 것도 친절함이다.

Bad

"그 회사 입사했다고? 좋네! 너 그럼 나 도와줄 수 있는 게 뭐 있을지 생각해봐."

"그 제품 괜찮던데 내 것도 하나 사봐."

"그거 내가 잘해서 그런 거야~"

"잘했네~ 다음에도 네가 하면 되겠다."

Good

"제가 뭘 도와드릴까요?"

"어렵지 않은데 내가 해줄까?"

"팀원들 덕분에 이 상을 받을 수 있었습니다. 감사합니다."

"여러분 덕분입니다."

"다음에는 제가 추진해 볼게요."

🍂 친절한 말하기의 효과

경제적인 효과가 있다. 실제로 부를 쌓은 이들은 본인의 지식과 노하우를 나누는 일을 중요하게 생각한다. 생각에 그치지 않고 실천한다. 친절한 말에는 내가 할 수 있는 일을 생각하는 마음이 담겨있다. 그 마음은 상대에게 전해진다. 더 많은 비즈니스 기회가 찾아온다. 회사에서는 협력 관계가 늘어나며 성과물의 완성도가 높아진다. 인정받고 연봉이 오른다. 고객을 위한 친절한 말은 가게의 매출을 올린다. 주아 드 비브르 호텔의 창립자 칩 콘리는 말했다. "베풂은 100미터 달리기에는 쓸모가 없지만 마라톤 경주에서는 진가를 발휘한다." 손해처럼 보이지만 결국은 이익이다.

손님: 아직 영업시간이 안 되었나요?

점원: 손님 죄송합니다. 오픈이 5시부터라서 5분 정도 시간이 남았는데 괜찮으시다면 안에서 잠시 기다려 주시겠습니까? 따뜻한 차라도 먼저 한잔 드리겠습니다. 그리고 주문을 미리 받아두겠습니다.

만약 점원이 "5시부터니까요."라고 답했다면 불친절한 응대를 받은 손님은 이 가게에 다시 방문하고 싶은 마음이 들지 않았을 것이다. 친절한 점원 만난 고객은 가게의 단골이 될 수 있다.

상냥하고 친절한 말투는 인간관계를 돈독하게 만든다. 대화 상대에게 긍정적인 인상을 남기기 때문이다. 또한 상대방이 알아듣기 쉽도록 배려하는 것 역시 친절이다. 이는 소통의 오류를 줄이고 대화의 질을 높인다. 사람들은 이러한 소통 방식을 가진 사람과 대화하기를 원한다. 친절한 말하기를 능숙하게 하는 사람들은 질문을 통해 많은 것을 배우게 된다. 자기 발전을 할 수 있는 상황이 만들어지게 된다. 자연스럽게 주변에는 긍정적인 영향을 주게 되며 인간관계가 돈독해진다.

"항상 밝고 에너지가 넘치시네요. 비결이 있나요?"

"서류를 항목별로 깔끔하게 잘 정리하셨던데 요령이 있다면 좀 가르쳐 주세요."

"야근이 많다고 들었는데 그래도 빠짐 없이 잘 처리하시는 요령이나 습관이 있나요?"

(식당에서) **"음식이 너무 맛있습니다. 덕분에 아주 잘 먹었습니다."**

(사무실에서 뒤따라 들어오는 직원을 위해 문을 잡아주며) **"먼저 들어가세요."**

다만 과한 친절의 말은 오히려 역효과를 가져온다. 잘 알지 못하는 사람의 과잉 친절은 다른 목적이 있을 수 있다. 합리적으로 의심해도 좋다. 타인 역시도 나와 잘 모르는 관계에서는 의심할 수 있다는 것을 인지하자. 그렇기에 초면에 베푸는 친절은 명료해야 한다. 잘 아는 사람이더라도 선물이 부담스럽다는데 계속 받기를 강요하지 말자. 무리한 부탁이나 요청을 덜컥 받아들이는 것도 과잉 친절이다. 부탁을 들어줄 여건이 되지 않을 때는 양쪽에게 해가 된다. 또한 과잉 친절은 호의를 권리로 받아들이는 역효과를 가져온다. 양쪽이 부담되지 않는 선에서 친절한 말을 하는 것이 중요하다.

　작은 친절부터 시작해 보자. 친절한 말은 타인뿐만 아니라 자기 자신에게도 선물이 된다. 긍정적인 정서를 불러일으키고 좋은 인간관계를 유지하는데 도움을 주기 때문이다. 친절한 말 한마디가 인생을 더 풍요롭게 만든다. 다만 잊지 말자. 타인에게만 친절한 말을 하면 소용이 없다. 나 자신에게부터 친절해야 한다. 가장 소중한 사람은 자기 자신이기 때문이다. 스스로에게 친절할 수 있는 사람이 타인에게도 친절할 수 있다는 것을 명심하자.

Q "나 자신에게부터 친절해야 한다"는
말의 의미는 무엇이라고 생각하시나요?

Q 오늘 하루 동안 당신에게
가장 친절했던 사람은 바로 당신!
스스로에게 어떤 칭찬을 해주고 싶으신가요?

"잘못이 아닌 해결책을 찾아라."

– 헨리 포드[*]

　많은 직장인의 공감을 얻고 사랑을 받은 tvN 드라마 「미생」에서 김동식 대리가 말했다. "강대리, 잘못을 추궁할 때 조심해야 할 게 있어. 사람을 미워하면 안 돼. 잘못이 가려지니까. 잘못을 보려면 인간을 치워버려. 그래야 추궁하고 솔직한 답을 얻을 수 있어." 사람은 살면서 크고 작은 잘못을 저지른다. 잘못을 용서하고 바로잡는 과정에서 관계가 더 끈끈해진다. 이와 반대로 한 번의 잘못과 추궁으로 서서히 멀어지기도 한다. 잘못을 지적당하고 조언을 듣는일은 아프다. 말하는 사람의 감정이 실려있으면 더욱 그렇다. 그렇기에 감정을 배제하고 부드럽고 명료하게 말해야 한다.

　이렇듯 조언은 상처가 될 수도 있고 누군가에게는 선물이 되기도 한다. 근거 없는 비난과 같은 조언은 근거가 없기에 상처이다. 내가 인정할 수 있는 타당한 비판은 그대로 또 아프다. 그래서 조언이 어렵다. 조언하는 사람의 이로운 진심과 해결책을 함께 담은 조언이 가장 좋다. 논리가 부족한 조언은 와닿지 않을 때가 많다. 상대에게 조언하려면 논리를 제대로 갖춰야 하는 점도 잊

-----
[*] Henry Ford. 포드 자동차 CEO.

지 말자. 도움이 되는 비판은 상대방이 흘려듣지 않는다. 조언을 듣는 상대방의 내면에는 분노, 수치심, 감사함이 한꺼번에 떠오른다. 이 중 긍정적인 감정으로 조언을 받아들일 수 있도록 부드럽고 명료하게 말하자. 조언의 목적을 달성할 수 있을 것이다.

🌙 잘못된 조언은 부작용만 낳는다

조언은 상대방이 요청하는 시점에 원하는 내용만 해야 한다. 많은 사람이 이미 본인의 약점이나 문제를 알고 있기 때문이다. 굳이 재차 확인 시켜줘야할 이유는 없다. 관계에 악영향을 가져올 수 있기 때문이다. 또한 상대방이 요청하지 않은 조언은 받아들이는 사람에 따라 잔소리나 간섭으로 느낄 수 있다. 상대방을 긍정적으로 변화시키려는 의도가 왜곡되지 않기 위해 더욱 신중해야 한다. 장황한 조언보다는 명료한 질문이나 침묵이 나을 수 있다. 조언이 누구를 위한 것인지 생각해야 한다. 잘못된 조언의 부작용은 다음과 같다.

감정이 실린 조언은 그 자체로 상처가 된다. 우리는 살아가면서 많은 조언을 주고받는다. 직장 동료와 가족, 친구 사이에서 서로를 위한 마음으로 조언을 해준다. 때로는 다툼이 일어나 그 과정에서 조언이 오간다. 친밀한 관계에서는 특히 더 그렇다. 조언을 반드시 해줘야 하는 일로 생각하는 사람이 많다. 그러나 조언은 의견일 뿐 정답이 아니다. 본인의 정답은 본인의 마음 안에 있다. 조언을 하는 사람이 분노나 동정과 같은 감정을 실어 말하면 상처만 된다. 굳이 하지 않아도 될 말을 해서 부정적인 감정만 전달하는 것이다. 특히 본인의 답답함을 풀기 위해 쏟아내는 조언은 공격이자 심리적 폭력이 될 수 있다는 사실을 잊지 말자.

반항심을 불러일으키고 의욕을 떨어뜨린다. 조언과 강요를 혼동하지 말자. 듣는 사람에게 감동, 깨달음 중 어떤 것도 줄 수 없는 말이라면 하지 않는 편이 낫다. 강요일 뿐이다. 상대방이 감동과 깨달음 중 1가지라도 느꼈다면 동기부여가 된다. 본인이 스스로 선택한 일이기 때문이다. 다만 상대방을 위하는 마음이 있더라도 강요처럼 들리는 조언을 한다면 아무 소용이 없다. 2가지 이상의 선택지를 제시하여 본인이 스스로 움직이도록 조언하는 것이 바람직하다.

Bad

> 엄마: 시험 공부했어?
> 자녀: 아뇨 아직이요.
> 엄마: 실컷 놀기만 하고 언제 공부할 거야? 그래서 시험 잘 볼 수 있겠어?
> 자녀: 조금만 더 쉬고 싶어요.
> 엄마: 빨리 들어가서 공부 안 해?!
> 자녀: (주눅들어) 네 할게요….

Good

> 엄마: 시험 공부했어?
> 자녀: 아뇨 아직이요.

엄마: 언제부터 시작하려고? 이번 시험은 공부 열심히 한 것 같던데….
조금만 더 집중하면 좋은 점수 얻을 수 있지 않을까?

자녀: 조금만 더 쉬고 싶어요.

엄마: 많이 피곤하지? 딱 10분이라도 하고 일찍 자는 게 어때?

자녀: 일찍 자는 건 조금 그렇고요…. 지금 시작해서 최대한 하다가 중
간에 피곤하면 쉴게요!

조언의 목적은 긍정적인 변화를 일으키는 것이다. 상대가 주눅들지 않게
선택지를 주어 스스로 결정하도록 조언해야 한다는 점을 기억하자.

🌙 조언할 때 기억해야 할 것

추궁과 질책은 조언이 아니다. 추궁이 아닌 해결책을 모색해야 한다. 추궁
은 역효과를 불러온다. 상대방의 노력을 부정하는 것이기 때문이다. 감정싸움
으로 번지기만 할 뿐이다. 혹은 앞에서는 순응하더라도 조언을 한 사람에 대
해 좋지 않은 감정을 갖는다. 해결책을 함께 고민하는 것은 생산성을 올린다.
조언하는 사람에 대한 존경심을 불러일으킨다. 미국 전 대통령 해리 트루먼은
"염세주의자는 기회를 장애로 만드는 사람이고, 낙관주의자는 장애를 기회로
만드는 사람이다."라고 말했다. 염세적인 조언을 하는 사람은 좋은 기회를 놓
친다. 낙관적으로 조언하는 사람은 기회를 찾아낸다.

업무를 누락한 직원에게 상사의 조언

〔비난하는 말투의 조언〕

"왜 안 했어? (직원의 답변을 듣고도) 그러니까 하라고 했는데, 왜 이런 걸 놓쳐?"

〔해결책을 찾는 말투의 조언〕

"혹시 어떤 이유로 아직 완료가 안 된 것일까요? (직원의 이유를 듣고는) 그렇다면 언제까지 완료될까요? 앞으로는 이 단계에서 함께 체크해 드릴게요. 다른 단계에서도 언제든지 진행 중 어려움이 있다면 알려주세요."

조언은 말하기 대회가 아님에도 지나친 사람들이 많다. 의도는 좋고 마음은 고맙다. 하지만 대체로 장황한 조언은 좋은 결과를 가져오지 못한다. 조언에는 대부분 개선이나 보완이 필요한 내용이 담긴다. 조언의 내용을 인정하고 성장하면 좋겠지만 민감하게 받아들이는 사람도 많다. 성향에 따라 다르다. 그렇기에 때로는 질문형 조언으로 하거나 침묵하는 것이 나을 때도 있다. 가장 좋은 방법은 토론의 방식으로 대화를 이끌어가는 것이다. 상대방은 일방적인 조언으로 들을 때보다 긍정적으로 반응하게 된다.

조언하고 싶은 내용을 토론으로 이끌어가고 싶다면

"~하는 것도 나쁘지 않을 것 같은데, 어떻게 생각해?"

"~쪽으로는 생각해 본 적 있어?"

"~하는 것도 방법이 될 수 있을 것 같아."

"예전에 보니까 ~이렇게 처리하는 사람도 있더라.~~한 결과가 있었대."

감정은 배제해야 한다. 업무상 대화에서는 특히 감정을 빼는 것이 중요하다. 감정적으로 조언하는 사람은 신뢰를 얻을 수 없기 때문이다. 객관적인 사실보다 주관적인 판단으로 업무를 처리한다는 인상을 남긴다. 일잘러들은 조언해야 하는 상황에서 감정을 섞지 않는다. 표현하더라도 '유감'이라는 한마디 정도만 한다. 객관적인 사실에 근거하여 조언한다. 누군가 실수했을 때 추궁하거나 질책하지 않는다. "~에 의한 실수 같네요. 하지만 사소한 ~라도 고객사의 신뢰를 떨어뜨릴 수 있기 때문에 유감스럽게 생각합니다. 재발 방지대책을 세워주길 바랍니다."정도로 말이다. 가족과 친구 사이에서도 감정을 빼고 조언하면 관계를 지킬 수 있다.

"박 주임! 왜 중간 보고를 안 하는 거야! 물어보기 전에 알아서 좀 못해?"

→ "박 주임, 중간 보고를 하게 되면 서로 오류를 발견할 기회가 더 많아져요. 중간 보고를 지금보다 1~2번 정도 더하면 좋을 것 같은데 어떻게 생각해요?"

"힘들게 일하고 퇴근했는데 집구석이 이게 뭐야! 좀 제때 치워!"

→ "퇴근하고 집에 왔을 때 잘 치워져있으면 편안하게 쉴 수 있고 다른

더 재미있는것을 하면서 시간 보낼 수 있을 것 같은데, 어떻게 생각해?"

"내일 학교 가야 하는데 왜 아직도 안 자! 이렇게 엄마 말 안 들을 거야?"
→ "일찍 자야 내일 학교 가서 맑은 정신으로 있을 수 있고 좋은 컨디션으로 친구들이랑 놀 수 있지 않을까? 지금 자는 거 어때?"

🍀 조언의 말, 어떻게 할까?

1번 생각하고 10가지의 말을 쏟아내는 사람들이 많다. 반대로 해야 한다. 조언은 10번을 생각하고 1마디의 말로 압축해서 따뜻하고 조심스럽게 전달해야 한다. 조언은 상대를 위하는 마음에서 시작된다. '내가 옳다.'는 태도가 아닌 상대가 옳은 부분을 존중하며 함께 학습하는 방향으로 나아가야 한다. 내 기준에서 아무리 맞는 말이더라도 견해의 차이는 반드시 있다. 자기 확신을 내려놓고 상대방을 위하는 마음에 집중하자. 상대방을 위하지 않으면 마음에 닿지 않는다. 소용없게 될 수 있다는 사실을 잊지 말자.

우선 상대가 옳다고 가정해 보자. 지적을 기분 좋게 받아들이는 사람은 거의 없다. 지적에는 '나는 옳고 너는 옳지 않다.'라는 설정이 숨어있기 때문이다. 지적이 아닌 상대방에게 더 나아질 수 있는 의견으로 전달해야 한다. 상대가 옳다는 가정에서 의견 제시를 한다면 상대방은 거부감 없이 받아들인다. 상대방의 관점에서 생각해보고 객관적인 데이터를 바탕으로 조언하는 것인지 검토하자.

위기 상황을 벗어나게 하는 말

(프로젝트의 실패 원인을 두고 동료와 갈등을 겪는 팀원에게 중재하는 입장에서) **"○○님께서 경험과 연륜이 많으시니, 동료가 속상해 하는 감정을 조금 이해해 주실 수 있을까요? 원인 분석과 재발 방지 대책 수립을 저와 같이 해보면 좋을 것 같습니다."**

(본인에게 일이 몰린다며 오해한 선생님에게) **"○○선생님~ 선생님께만 일을 더 많이 드리려고 하는게 아니라, 이 건은 처리해보신 분이 ○○선생님 뿐이라서 방향 설정에 필요한 밑그림을 먼저 그려주실 수 있을까요?"**

따뜻한 칭찬과 유머를 담자. 조언은 칭찬과 함께할 때 효과가 커진다. "잘한다." "역시 대단해." 같은 말로 우선 마음을 열게 하고, 유머의 메시지와 분위기로 상대방이 긍정적인 감정을 느끼게 하자. 날카로운 지적이나 조언을 들었을 때 "뼈 맞았다." "뼈를 때리는 조언"이라고 표현한다. 사람의 자존감과 자신감을 떨어뜨리는 말은 맞는다, 때린다고 비유할 만큼 아프다. 조언이 상대방에게 잘 닿을 수 있도록 칭찬과 유머러스한 분위기 조성에 더욱 신경 써야 한다. 제대로 전달되면 상대방을 성장하게 하고 관계를 돈독하게 하는 기회가 된다.

질문 형식을 활용하는 것도 좋다. 질문은 하는 사람과 받는 사람이 수평적인 관계에서 대화할 수 있기 때문에 상대방이 강요나 지적으로 느끼지 않으면서 토론으로 이어갈 수 있다. "이번 달 실적이 왜 이래? 빨리 이슈 있는지 점검해 봐!"에서는 추궁과 질책만 느껴진다. 질문으로 바꿔보자. "이번 달 실적이 안 좋아졌네요. 원인이 여러 가지가 있을 텐데 가장 우선 해결되어야 하는 이슈가 무엇이라고 생각하세요?" 좋은 질문은 깨달음을 준다.

> "○○님은 이것을 어떻게 하고 싶습니까?"
> "이것에 대해서 어떻게 생각하세요?"
> "지각하지 않으려면 어떻게 해야 할까요?"
> "당신 의견도 들어보고 결정하고 싶은데, 어떻게 생각해?"
> "회의할 때는 메모를 하고 서로 확인하면 실수가 줄어들 것 같은데 어때요?"
> "소통이 잘 된 것인지 확인하기 위해서 이해하신 내용을 요약해서 말씀해 주시겠어요?"

요구하면 강요가 된다. 하지만 본인이 스스로 말하게 되면 변화할 것이다. 상대의 자존감과 자신감을 지켜주면서 조언하는 목적을 달성해보자. 존 F.케네디 전 미국 대통령은 말했다. "우리가 할 일은 과거에 대한 비난이 아닌, 미래를 위한 계획입니다." 잘못에 대한 추궁의 조언은 그 순간에는 효과가 좋아 보인다. 다만 이러한 태도가 반복되면 인간 관계에 악영향을 가져온다. 조언의 말을 힘들게 전한 의미가 사라진다. 해결책에 집중해야 한다.

　과거와 타인은 바꿀 수 없다. 타인을 바꾸기 위한 조언이 아닌 문제 해결의 조언을 하자. 조언해야 하는 상황에서 말하기 전에는 반드시 확인하자. 논리는 분명한가? 해결책과 칭찬, 부드러운 분위기가 조성되었는가? 누구를 위한 말인가? 이를 기억하고 조언하는 습관을 들이면 주변인과 함께 성장할 수 있게 될 것이다.

Q　이 글에서 가장 인상 깊었던
　　조언 방법은 무엇인가요?

Q　과거의 나에게 조언 한마디를 할 수 있다면,
　　뭐라고 속삭이고 싶으신가요?

요청은 사고를 확장시킨다

**"혼자서는 작은 한방울이지만
함께 모이면 바다를 이룹니다."**

– 아쿠타가와 류노스케[*]

타인에게 지나치게 의존하면 문제가 되지만 선을 잘 지켜 요청하면 서로에게 이득이다. 요청한 사람은 타인의 힘을 빌려 동력을 얻고 요청할 내용을 정리하는 과정에서 스스로 정답을 찾아낼 수 있다. 요청을 받은 사람은 도움을 주는 과정에서 몰랐던 것을 알게 되거나 성취감을 느낄 수 있다. 선행은 긍정적인 감정도 불러온다. 물론 요청을 들어주기 위해 시간은 소비되지만 요청의 말을 주고받는 과정을 통해 서로의 사고가 확장되고 함께 고민하며 지식과 정보를 습득하게 된다.

☁ 요청에 대한 이해

상대방에게 구체적으로 요청하지 않으면서 마음을 알아주기를 바라는 사람들이 많다. 때로는 알아서 해주지 않아 혼자 서운해하며 관계를 끊거나 회피하기도 한다. 그래서 요청의 말은 타이밍이 중요하다. 시기를 놓치면 불만으로 변한다. 직장뿐만 아니라 직장 밖에서도 더불어 살아가기 위해서는 건강한 요

---

[*] 芥川龍之介(Akutagawa Ryunosuke), 일본 소설가.

청의 말을 배우고 훈련해야 한다. 참았다가 터뜨리는 요청은 강요와 비난으로 변한다. 혼자서 속으로 앓다가 포기하거나 본인을 이해해 주는 사람이 없다며 좌절하지 말자. 요청은 말로 해야 사람들이 알 수 있다.

요청을 들어주는 일은 시간 투자가 필요하기에 표면적으로는 희생과 손해처럼 보인다. 과연 그럴까? 봉사활동을 통해 행복과 건강 자존감이 향상된다는 연구 결과들이 다수 있다. 타인을 돕는 의미 있는 활동을 함으로써 자신이 누군가에게 필요한 존재로 인식되는 것이다. 시간은 쏟았지만 심적 여유와 풍요로움을 얻게 되는 것이다. 이렇듯 요청을 잘하면 인간관계가 좋아진다. 요청을 들어주는 과정에서 서로에 대해 알게 되고 신뢰가 쌓이기 때문이다.

"어머니, 제가 아직 요리 실력이 부족해요. 어머니가 혹시 옆에서 좀 봐주실 수 있을까요? 배우고 싶어요."

요청을 들어준 사람도 얻는 것이 있다. 물론 이는 요청의 수준이 흔쾌히 들어줄 수 있는 난이도와 빈도여야 한다. 또한 반드시 요청을 들어준 사람에게 감사 인사와 향후 반대로 요청을 받은 상황에서 적극적으로 요청을 들었을 때 가능하다.

부적절한 요청은 거부감을 불러일으킨다. 너무 잦은 요청은 무책임하고 무능력한 사람으로 보이게 만든다. 요청할 때 당연하다는 듯이 시키는 말투도 좋지 않다. 수직적인 회사에서 하달받는 식의 문화에 익숙한 사람들이 이러한 실수를 저지른다. 강요하는 말투는 싸움이 된다는 것을 잊지 말자.

> **"이거 제가 해달라고 했는데 아직인가요?"**
> **"저번에 해봤으니까 어렵지 않죠? 이번에도 좀 해주세요!"**

혹시 위와 같은 말로 요청을 하고 있지는 않은가? 주변 사람이 본인의 요청에 괴로운 표정을 짓는다면 본인의 말투를 점검해 보자. 요청은 상대의 시간과 에너지를 요구하는 것이기 때문에 정중하고 조심스러워야 한다.

> **"혹시 시간 괜찮으시다면 이것 좀 도와주시겠습니까?"**
> **"해주실 수 있나요?"**
> **"부탁드려도 될까요?"**
> **"지난번에 깔끔하게 처리하신 부분이 인상 깊었습니다. 가능하시다면 이 부분 부탁드려도 될까요?"**

대가를 바라지 말자. 타인이 요청하지 않은 일을 해놓고 보답을 기대하는 사람이 있다. 베풀고 대우받기를 원하는 마음은 바람직하지 않다. 상대방이 필요하지 않은 일을 본인이 좋아서 했음에도 대가를 바란다면 상대에게는 부담이 된다. 이러한 당황스러운 상황이 반복된다면 인간관계가 점점 멀어지게 되고 본인의 에너지만 낭비된다. 누군가에게 반드시 도움이 되어야 한다는 부담감을 버리자. 자신에게 도움을 요청하지 않는 것에 대해서 서운해하지도 말자. 누구나 도움을 요청하는 때와 들어줘야 하는 때가 있다. 본인을 필요로 하는 순간을 기다리자.

🌑 우리가 요청의 말을 어려워하는 이유

요청을 할 사람이 없다고 생각하기 때문이다. 혹은 요청해도 되는 사람인지 판단하기가 어렵기 때문이다. 많은 이들이 주변에 사람이 있음에도 불구하고 고민한다. 만약 지금 힘든 일을 겪고 있다면 우선 가족에게 말해보자. 가족에게 말할 수 없다면 믿을만한 지인이나 친구 혹은 심리 상담사에게 털어놓는 것도 방법이다. 의외로 그들은 요청을 기다리고 있을 수도 있다. 만약 업무상 어려운 일이 있다면 상사나 사수 혹은 동료에게 요청하자. 요청을 들어주는 동료 본인에게도 이점이 많다. 회사에서 누군가의 요청에 적극적인 태도로 임하는 것은 좋은 인상을 남기기 때문이다. 또한 향후 도움을 주고 받을 수 있는 협력 관계가 된다.

상대방에게 부담이 될 것을 우려하기 때문이다. 과거에 누군가에게 요청했을 때 상대가 부담스러워하는 모습을 봤다면 우려가 커진다. 심리학 용어 중 '사건-자서전적 기억'이라는 말이 있다. 일반적이고 상세한 본인의 경험을 편도체에 입력하는 방식이다. 변연계 깊은 곳에 저장했다가 과거와 비슷한 상황에서 자서전적 기억이 유발되는 것이다. 예를 들어 '요청은 상대에게 부담을 준다.'는 맥락적 기억이 저장되었다면 그 이후 요청할 때마다 고민이 된다. 과거의 기억은 일부일 뿐이다. 사실은 부정적 기억과는 다르게 우리는 주변인들과 요청을 기꺼이 주고 받으며 살아간다. 만약 그래도 말을 꺼내기 어렵다면 제안의 말로 시작해 보자. 아래 상황별 예시를 살펴보자.

(자료를 미리 읽으라고 요청해야 할 때)

"하고 계신 프로젝트와 연관된 자료니까 이번 주중으로 읽어봐요! 도움 될 거예요."

(하고 싶은 말을 책에 있는 메시지로 요청하고 싶을 때)

"지금 네 상황에 도움이 되는 책이라고 생각해. 오늘 퇴근길에 사서 읽어봐."

(동료에게 요청하고 싶을 때)

"보고와 공유를 좀 더 자주 해주면 좋겠어요. 중간마다 같이 점검해 드릴 수 있으니 더 완성도 높은 자료를 만들 수 있을 거예요."

요청하는 방법을 잘 모르면 무례할 수 있다. 특히나 일상 대화에서는 자연스럽게 본인의 말투가 나온다. 나쁜 의도는 없다고 할지라도 차가운 말투를 가진 사람이라면 타인에게 강요 혹은 지시처럼 들릴 수 있으니 주의하자. 요청은 수락했을 때 상대방이 무언가를 노력해야 하는 부분이 있다. 시간, 에너지, 크고 작은 무엇이든 말이다. 그렇기에 정중하게 말해야 한다.

자신의 약점을 인정하는 태도도 중요하다. 약해 보이기가 싫어 지시하거나 자존심을 세우며 요청하면 듣는 사람은 불쾌하다. 도움을 받아야 하는 상황인 점을 스스로 인정하자. 인정해야 할 것이 약점이라면 적절히 드러내자. 도움을 청해야 하는 상황에서 요청하지 못해 좌절하는 것보다 낫다. 정신과 의사들은 스스로 약점을 숨기지 않는 사람일수록 강하다고 평한다.

> "여보. 내가 요즘 너무 피곤해서 그런데 혹시 집안일 좀 같이 도와줄 수 있을까?"
> "제가 혼자 하니 시간이 너무 오래 걸려서요…. 혹시 이 부분만 도와주실 수 있나요?"
> "말씀 중에 죄송합니다. 혹시 대화 내용에 제 표정이 변하는 것으로 오해하실까봐…. 제가 지금 독감 때문에 몸이 안 좋아서 무표정인 점 양해 부탁드려요."
> "죄송하지만 제가 처음 접하는 분야라서 내일쯤 1차 검토 한번 부탁드려도 될까요?"

🍂 요청의 말, 이렇게 하면 된다

요청 내용을 구체화한다. 요청의 내용이 부정적 경험에서 기인했다면 감정은 배제하자. 예를 들어 약속을 당일에 취소하는 친구에게 화가 나서 요청을 하는 상황을 상상해 보자.

"우리 약속이 중요하지 않아? 이렇게 나한테 함부로 해도 돼?"

화를 내거나 비난하면 요청이 전해지지 않는다. 결론적으로 달라지는게 없다. 요청 대상과 목표, 자료와 대안을 준비하여 구체적이고 성숙한 요청을 해야 관계를 지킬 수 있다. 가족이나 지인, 회사 동료사이에서도 마찬가지이다. 정확한 말로 요청하자.

"여러번 약속을 당일에 취소해서 좀 서운해. 내 시간도 소중하게 생각해 줬으면 좋겠어. 약속 변경이 필요하면 최소 하루 전이라도 미리 말해줄 수 있을까?"

사우스 캐롤라이나 대학교의 피터 레인겐은 다음과 같은 조건으로 심장병 협회 모금을 부탁해 봤다. 레인겐의 실험에서는 갑자기 큰 부탁을 받은 사람들의 19%만 응답했다. 그러나 "몇 가지 질문에 대답해 주시겠어요?"라는 작은 부탁을 먼저 해놓는 조건에서는 34%가 다음 부탁인 모금까지 응했다. 지극히 작은 부탁에는 사람들이 수락하는 경우가 많다. 작은 부탁을 수락한 사람들은 이후에 조금 더 큰 요청을 해도 흔쾌히 받아들인다. 이처럼 상대방이 들어주기 쉬운 요청부터 말하는 것도 중요하다. 10분간 빨리 걷도록 하려면 우선 "5분이면 되니까 걸어 보지 않을래?" 하고 쉬운 요청을 수락받고 이후 "이제부터 10분은 빨리 걷기를 해보자."를 제안해볼 수 있다.

자신감을 갖고 요청하자. 심리학의 교류분석 창시자 에릭번과 함께 연구를 수행한 토마스 해리스는 마음의 자극이 없는 상태를 심리적인 죽음에 비유했을 정도로 긍정적 마음 자극과 교류를 강조했다. 요청하고 들어주는 행위는 상대방과 긍정적인 교류가 된다. 상대는 존재감을 인정받음으로써 스스로 긍정적인 마음의 자극을 얻을 수 있기 때문이다. 무리한 요청이 아니라면 지나친 미안함이나 죄책감은 잠시 내려두자. 요청을 들어주는 사람이 오히려 더 뿌듯해하고 기뻐할 때도 많다. 요청은 부탁이면서도 동시에 상대에게 성취감을 느끼는 기회를 제공한다는 사실을 기억하자.

세상은 도움을 청하면 들어줄 준비가 되어있다. 고충이 있다면 도움을 요청하라. 혼자서만 고민하며 해결하려고 하면 아무도 도와주지 않는다. 알 수 없기 때문이다. 아플 땐 아프다고, 어려울 땐 도와달라고 구체적으로 요청하자. 용기를 내도 된다. 다만 요청을 일방적으로 하기만 하는 사람이 되지 않도록 주의해야 한다. 요청은 주고받을 때 그 의미가 있다. 누군가 나의 요청을 들어줬다면 반드시 감사 인사를 하자. 또한 요청을 들어준 사람이 반대로 요청하는 상황이 되었을 때 적극적으로 보답하자.

Q 요청할 때
어떤 점이 가장 어려운가요?

Q 상대방에게 부담을 덜 줄 수 있는
나만의 요청 노하우가 있나요?

5장

나의 강점은
'대화력'입니다

사람을 이해하면 상처 주는 말도 이해할 수 있다

**"행복은 육체를 위해서는 고마운 것이지만,
정신력을 크게 기르는 것은 마음의 상처이다."**

– 마르셀 프루스트*

타인에게 상처가 되는 말을 아무렇지 않게 하는 사람들이 있다. 그 말에 공격 의도가 있다면 무시하거나 상황에 맞게 대응하면 된다. 하지만 공격할 의도가 없는 사람이 한 말은 이상하게 더 아프다. 자꾸만 떠오르고 곱씹게 된다. 정작 말한 사람은 기억하지 못하는데도 말이다. 내가 상처받았다는 것을 알고는 당황하고 미안해한다. 나를 예민한 사람으로 받아들일 수도 있다. 상대가 말한 의도나 배경을 이해하면 거친 말도 담담하게 받아들일 수 있다. 그렇게 상처는 우리의 정신력을 더욱 키워준다.

부모님의 잔소리를 들어도 타격이 없는 사람들이 많다. 애정과 관심으로 받아들이기 때문이다. 추운 겨울날 옷을 얇게 입은 연인에게 불같이 화를 내는 사람을 보면 훈훈함을 느낀다. 사랑의 표현이기 때문이다. 이렇듯 말하는 사람의 심정과 말하는 이유를 이해하면 거친 말을 들어도 긍정적인 감정을 느낀다. 이렇듯 '사람에 대한 이해'는 보호막이 되어준다. 상처가 되는 말을 듣고도

---

* Marcel Proust, 프랑스의 작가

미소 지을 수 있게 되는 것이다. 남들은 기분 나빠할 만한 말을 듣고도 타격을 입지 않게 된다. 오히려 본인에게 도움 되는 점을 얻어간다. 상처가 되는 말을 듣고도 긍정적인 동기를 찾아내는 경지에 이른다. 오히려 감사함과 충만함을 느끼며 말을 한 상대와 더 가까워지게 되기도 한다.

🍃 공격적인 말투를 가진 사람 이해하기

공격적인 말투를 가진 상대방이 알고 보면 긍정적인 동기를 가지고 있을 수 있다. 이 동기를 알아주지 않고 공격성에만 초점을 맞춰 상대방을 비난하면 상대방은 억울하다. 본인이 공격적인 말투인지 대부분 자각하지 못하기 때문이다. 상대방의 억울한 감정은 더 강도가 높은 공격의 말로 표출된다. 그것이 그 사람의 언어이기 때문이다. 우리가 상대방을 이해하기 위한 노력을 하고 동기를 알아준다면 상대방은 마음의 문을 연다. 마음의 문이 열렸을 때 진지하게 말하자. "조금만 부드럽게 말해주면 좋겠다."고 말이다. "그렇게 말하면 사람들에게 상처가 될 수 있다."고 조언해주자.

상처 주는 말을 하는 유형 5가지

1. 통제형 말투를 가진 사람: "이렇게 해야지!" "지금 뭐 하는 거지?" "내가 다 알아!" "무조건 내 말 따라야지!"
2. 타인의 행복을 깎아내리는 말투를 가진 사람: "나는 별로인 것 같은데!" "그게 좋은건가?" "난 하나도 안부러운데~"

3. '강약약강형'* 말투를 가진 사람: (본인보다 강한 사람에게) "네 좋아요. 당연하죠~" "언제든지 말씀 해주세요!" (본인보다 약하다고 생각하는 사람에게) "OO씨! 이거 이렇게 하면 어떻게 해요?!"
4. 의도적으로 상처의 말을 하는 사람(새디스트): "본인이 잘났다고 생각해요?"
   "그럴 바에는 그거 왜 하세요?"
5. 고집 부리는 말투를 가진 사람: "그거 아니야. 내가 맞아." "(근거를 듣고도) 아닌 것 같은데. 난 잘 모르겠어."
   "나는 그냥 내 방식이 편해서 그렇게 할래."

타인을 통제하는 말투를 가진 사람들의 내면에는 무엇이 있을까?

공포심과 불안이 있다. 이런 유형의 사람들은 명령조로 말하며 무례하다. 겉으로는 자신감이 넘치고 큰 목소리로 거친 언어를 내뱉는다. 이들은 존경받고 싶은 욕구가 있다. 속으로는 일이 잘못될까 전전긍긍하고, 인정받지 못하게 될까 불안하다. 본인의 위치를 지키기 위해 공격적인 말로 내뱉는 것이다. 팀원들을 심하게 채찍질하거나 통제하며 마음의 평안을 얻는다. 본인과 다른 의견이라도 제시하면 도전으로 받아들인다.

"네, 맞는 말씀입니다."

"정말 훌륭한 의견이네요."

"역시 대단하시네요."

"덕분에 이렇게 또 배웠습니다."

타인을 통제하는 사람들이 듣고 싶어 하는 말이다. 다른 의견을 제시하고 싶다면 우선 위와 같이 인정과 칭찬하자. 그 후에 "그런데 혹시 제 의견도 말씀드려도 될까요?" "제 생각도 궁금하시면 들려드리고 싶습니다."라고 말하는 것이 좋다.

타인의 행복을 깎아내리는 사람의 심리는 선망과 질투이다. 이들의 내면에는 부러움이 있다. 해소할 수 없는 감정이 공격성으로 드러난다. 선망은 원시적인 욕망이다. 부러운 대상이 사라지거나 가진 것을 잃기를 바라는 마음이다. 부러움은 누구나 느낄 수 있는 감정이다. 원동력으로 삼아 발전하는 사람도 있다. 다만 타인을 깎아내리고 본인이 그 자리로 올라가려는 사람도 있다. 주변에 이런 유형의 사람들이 있는가? 그들의 말에 상처받고 있다면 이제 스트레스 받는 것을 멈추자. 심리를 이해하고 거리감을 두며 경계하면 그만이다.

타인의 행복을 깎아내리는 사람에 대처하기

    A: 왜 맨날 야근해, 그렇게 한다고 아무도 안 알아줘~ 승진이 하고 싶은 건가?

    B: 일이 좀 남아서요. 승진은 때가 되면 하겠죠 뭐~!

C: ○○대리~ 요즘 뭐 많이 사네! 여자친구랑 무슨 일 있어? 소비로 스트레스 풀어?

D: 네 요즘 새로운 아이템 많이 사고 있어요. 여자친구가 이것저것 많이 사주네요. 하하.

'종로에서 뺨 맞고 한강에서 눈 흘긴다.'라는 속담이 있다. 자신이 받았던 공격이나 부정적인 감정을 다른 곳에서 본인이 편하게 생각하는 사람에게 공격하는 것이다. '강약약강(강한 사람에게 약하고 약한 사람에게 강한)'들이다. 주로 자신보다 힘이 없거나 낮다고 생각하는 사람에게만 함부로 대한다. 오스트리아의 심리학자 지그문트 프로이트의 딸인 안나 프로이트가 말한 '공격자와의 동일시'라는 심리이다. 싫어하고 혐오하는 대상의 말이나 행동을 본인도 모르게 따라하게 되는 사람들이다. 이런 이들은 사실 여린 사람들이다. 다만 공격성은 계속 보일 수 있기 때문에 이런 사람들에게는 단호하게 대처해야 한다. 공격의 타겟이 되지 않도록 하자.

새디스트들은 타인이 상처받으면 쾌감을 느낀다. 살아가면서 마주치지 않길 바란다. 상식적으로는 이해하기 어려운 사람들이기 때문이다. 공격 의도가 없이 표현이 서툰 사람이 준 상처는 기꺼이 용서할 수 있다. 내면에 긍정적인 동기가 있다는 것을 알기 때문이다. 하지만 새디스트들은 긍정적 동기가 없다. 본인의 쾌감에만 초점을 맞춘다. 정상적이지 않은 범주의 사람들이다. 직장 혹은 주변에서 만나게 된다면 피하는 것이 상책이다. 잠깐의 대화는 통하는 것처럼 느껴질지 몰라도 결국은 상처를 줄 사람들이 분명하다.

　고집 있는 사람들의 생각은 바꾸기 어렵다. 심리학에서 '역류 효과'라는 말이 있다. 조지아주립대학과 미시간대학에서 한 연구를 수행했다. 참가자들에게 최근 정치적 이슈의 가짜뉴스를 제공했다. 그 후 참가자들에게 그 가짜 기사의 잘못된 부분을 알려주는 진짜 뉴스를 보여주었다. 실험 결과, 참가자들은 진짜 뉴스 기사를 읽은 후에 먼저 읽었던 가짜를 더 신뢰했다. 이런 현상을 '역류 효과'라고 한다. 본인의 의견이 틀렸다는 점을 알게 되면 인정하지 못하고 그 잘못된 신념에 더 집착하는 것이다. 견해가 없는 사람보다 강한 사람을 더 설득하기 어렵다. 본인의 신념에 집착하기 때문이다. 이런 유형에게는 틀렸다고 지적하면 마음을 닫는다. 우선 인정해 주고 사실 근거를 보여주자. 스스로 받아들일 시간을 주고 기다려 주는 것이 좋다.

☁ 불편한 말투를 가진 사람들 이해하기

　관종인 사람들이 있다. 사랑과 인정을 받고 싶은 욕구이다. 사랑스러운 관종과 피하고 싶은 관종으로 구분할 수 있다. 사랑스러운 관종에게는 칭찬과 관심을 주고 싶다. 문제가 되지 않는다. 하지만 피하고 싶은 관종이라면 이야기가 달라진다. 본인의 힘든 점을 주변에 어필하면서 관심받고 싶어한다. 이들과는 대화하는 것만으로도 힘이 빠진다. 부정적인 기운을 전달받는다. 사고방식을 바꿔주려고 애써봐도 그들은 자신의 상태를 비참하다고 믿으며 유지한다. 이런 유형의 사람들은 일부만 공감해 주고 신경을 끄는 것이 좋다. 사소한 말에 과하게 반응하며 불편하게 할 가능성이 높기 때문이다.

라이벌 의식이 높은 사람들은 자기애가 높은 것이다. 라이벌 의식을 가진 사람은 자신이 더 우월하다는 것을 확인하고 싶어한다. 이럴 때는 사소한 칭찬을 지속해 주는 것이 도움이 된다. 그런 이들의 공격에는 "그랬구나." "고생했네."라며 인정하고 넘기면 된다. 반격의 기본은 상대의 자극에 반응하지 않는 것이다. 분노를 표현하는 것도 결국 상대가 기대한 반응이다. 반복해서 강한 내공을 보여주면 상대방도 더 이상 문제가 되는 발언을 하지 않게 된다.

여기, 라이벌 관계인 A와 B가 있다. A는 평소에 지나친 라이벌 의식으로 불편한 말을 자주한다.

A: B대리님~! 이런것 잘 못하시나봐요?

B: 오~ A대리님은 할 수 있어요? 역시 대단하시네요!

상대는 "이런것도 못하냐"는 말에 내가 자극받길 바라고 있을 수 있다. 가벼운 칭찬 혹은 다른 대답으로 응수하는 것이 현명하다.

🌙 상처가 되는 말을 하는 사람에 대한 대처

마음이 여유롭고 사랑이 넘치는 사람은 예쁜 말을 자주 한다. 이와 반대로 타인을 공격하는 사람의 내면에는 불행과 외로움이 있다. 어렵겠지만 연민의 마음을 가져보자. 연민을 가지되 이성적이고 현명하게 대처하자. 불쌍하게 생각한다는 티를 내면 더욱 곤란해지니 주의하자. 예를 들면 흥분해서 화내고 있는 사람에게는 '저 사람이 기분이 나쁜가 보네.'라고 생각하고 넘기면 된다. 단단한 내공을 키우는 공부라고 생각하자. 상처의 말은 상대방의 선택이고, 상처를 가슴에 남기는 것은 나의 선택이다. 정신력을 키우는 도구로 활용하는 것도 나의 선택이다.

공격을 당했을 때는 상대방이 기대하는 반응을 보이지 말자. 심한 말을 들었다면 공격한 사람의 심리를 생각해 보자. '긍정적인 동기가 무엇일까?' 잘되길 바라는 마음이 조금이라도 느껴진다면 "말씀해 주셔서 감사하다." 말하고 넘어가면 된다. 만약 긍정적인 동기 없이 말했다면 그 사람은 자신의 공격이 타격 효과가 있는지 확인하고 싶어한다. 상처받거나 화내는 모습을 보고 좋아할수도 있다. 말려들지 않으면 그만이다.

"긍정적인 의도로 말씀하신 것 알아요. 감사하게 생각합니다. 다만 다음번에는 조금 더 순화해서 표현해 주시면 좋겠어요."
"따뜻한 마음이 느껴집니다. 다만 표현도 조금 따뜻하면 더 좋을 것 같아요."
"조금만 침착하시면 어떨까요?"
"재미있는 의견이네요."
"특이한 생각이네요."

위와 같이 거친 공격에도 부드럽게 반응하는 내공을 보여주자. 그런데 만약 의도가 없는 사람의 말이 아프게 느껴진다면 어떻게 해야 할까? 왜 상처를 받았는지 생각해 봐야 한다. 본인의 관점이 스스로 상처를 주고 있는 것은 아닌지 돌아봐야 한다. 과거에는 부하 직원이 팀장에게 직언하면 하극상이라며 난리가 났다. 하지만 요즘은 직언 잘하는 부하 직원이 사랑받는다. 똑똑하게 의견을 제안하며 효율적으로 일하기 때문이다. 이처럼 누군가에게는 하극상이 다른 이에게는 건설적인 피드백으로 받아들여진다.

어쩌면 상처가 된 것은 말 그 자체가 아니라 진리라고 믿어온 사회적 분위기나 남들의 시선일 수 있다. 관점의 기준을 외부가 아닌 내부로 가져와 보자. 타인의 관점에서 상처가 될 수 있는 말이 나의 관점에서는 아닌 경우가 많다. 타인이 세워둔 상처의 기준이더라도 사실 내가 타격이 없으면 그만이다. 앞으로는 상처의 말을 단순하게 처리해 보자. 긍정적인 동기를 찾아내거나 아니면 무시하면 된다. 그래도 마음이 나아지지 않는다면 연민을 느껴보자. 타인의 사소한 말실수는 용서할 수 있는 아량을 기르자. 말이 아닌 본질을 듣자.

Q 상처 되는 말을 내뱉고 후회한 경험이 있나요?

Q 상처가 된 말을 떠올리고,
이제 더는 상처로 간직하지 않겠다는
다짐을 해봅시다.

말 속에 숨은 욕구를 찾아내면 갈등은 없다

"성공의 비결이란 것이 있다면 그것은 타인의 관점을 잘 포착해 자신의 입장과 더불어 타인의 입장에서도 사물을 볼 수 있는 재능, 바로 그것이다."

– 헨리 포드

마음과 다르게 표현하는 사람들이 있다. 싫은데도 불구하고 "좋아" "괜찮아"라고 말한다. 속으로는 원하고 있으면서도 "싫어" "됐어" "아니야"라고 말한다. 친한 사람이라면 마음을 유추할 수 있으니 큰 문제가 되지 않는다. 문제는 친밀한 관계가 아닌 사람과 대화할 때이다. "아냐, 됐어~ 괜찮아."라는 말을 들으면 싫다는 것인지 좋다는 것인지 헷갈린다. 그래도 좋고 싫음을 파악하는 것은 50%의 확률이니 그나마 다행이다. 주관식 문제일 때 더 심각하다. 상대방의 말에 의도와 마음이 숨어있으면 해석하기가 어렵다. 외국어 문제처럼 느껴지기도 한다.

'왜 저런 말을 하지?' '어떻게 해달라는 거지?' '공격하는 건가?'라는 생각이 들 수도 있다. 말싸움을 시작할지, 상대의 욕구를 해소해 줄 것인지는 우리의 선택이다. 쉽지 않겠지만 후자를 해낼 수 있는 사람들이 더 많은 호감을 얻는다. 어렵게 느껴지겠지만 너무 걱정하지 말자. 말 속에 욕구가 숨어있다는 것을 알아차리는 것만으로도 이미 반은 성공이다. 실제로 상대의 말 속에 욕구가 없거나 모르겠더라도 괜찮다. 그럴 때는 상대방 고유의 언어로 받아들이면 된다. 이로써 우리는 아무리 거친 말에도 타격이 없는 무적이 된다.

☁ 비난처럼 들리는 말의 비밀

주변을 보면 본인은 평범하게 말했을 뿐인데 화내는 것으로 오해를 받는다는 사람들이 있다. 본인의 의도와는 다르게 욕구가 말투에 드러났을 수 있다. 걱정하는 마음, 확인을 통해 안전을 느끼고 싶은 마음과 같은 욕구 말이다. 미국 정신과 의사이자 심리학자인 윌리엄 글래서는 현실치료 개발자이다. 현실치료는 '나' 자신을 변화시키는 내부 통제 심리학이다. 글래서의 현실치료 모델에서는 내담자에게 가장 먼저 소망(Wish)을 명료화한다. 그러한 소망을 실현하기 위해 어떤 행동(Do)을 하는지 자각하게 한다.*

대화 상대가 본인의 욕구(소망)를 이야기하면 문제가 없다. 원하는 바를 말하지 못하거나 다른 말로 표현하면 오해가 시작된다. 속으로 앓다가 갑자기 쏟아내면 갈등으로 번진다. 이해하기 어려운 말을 쏟아낸다. 당황스럽고 소통이 어려워진다. "급발진한다"며 싸움이 시작될 수도 있다. 한 번쯤은 쏟아내는 사람의 입장에서도 생각해 보자. 이전에 말하고 싶은 순간이 있었는데 듣는

---

* 윌리엄 글래서의 현실치료 욕구: 1) 생존의 욕구(신체, 정서, 안전), 2) 사회적 욕구(소속감, 협력, 사랑), 3) 힘의 욕구(성취, 인정, 자존), 4) 자유의 욕구(독립, 자율성, 선택), 5) 재미의 욕구(놀이, 배움), 6) 삶의 의미의 욕구(영성, 인생, 예찬)

사람이 부담스럽고 불편할 것 같아 주저했던 걸까? 관계가 틀어질까 두려워 말을 아꼈던 것은 아닐까? 그러다 보니 감정이 쌓였고 주체할 수 없게 된 것일지도 모른다. 이런 문제는 종종 생길 수 있다. 순간의 말 때문에 단정하거나 상처받지 말자. 대화에 참여한 사람 중 한 명이라도 말 속의 사실과 욕구를 파악할 수 있으면 된다.

부모가 자녀에게 하는 말에도 욕구가 있다. 대부분 관심과 사랑이다. 하지만 강요나 비난처럼 들리도록 표현하는 경우가 많다. 실제의 욕구와 다른 것이다. 부모의 언어를 자녀가 이해하고 말 속의 욕구를 찾아내면 조언으로 받아들인다. 냉정한 말 속에서 욕구를 찾지 못하면 잔소리로만 받아들인다. 직장에서도 마찬가지이다. 가슴에 비수로 꽂히는 말에서 숨은 욕구를 찾아내기란 쉽지 않다. 욕구(소망)를 명료하게 전달하는 것이 최선이다.

☁ 잔소리는 결국 '응원과 요청의 말'

업무를 지시해 놓고는 5분에 한 번씩 체크하는 상사들이 있다. 이런 사람들은 성미가 급한 사람이다. 조금만 기다려달라고 진지하게 건의해야 한다. 어떤 상사는 성미가 급하지 않은데도 불구하고 1주일 후에 보고하기로 한 일을 매일 질문한다. 팀원 입장에서는 계속 물어보는 이유가 궁금하다. 잔소리로 받아들일 수 있겠지만, 팀장님의 의도는 다를 수 있다. 질문을 하지 않는 팀원에게 도움을 주기 위해 질문할 시간을 주는 것일 수 있다. 꼼꼼한 성향의 팀장님일 뿐이다. 직장에서 본인에게 과한 잔소리를 하는 사람이 있는가? 스트레스를 받고 있다면 해결책이 있다. 질문받기 전에 먼저 공유하는 것이다.

> **"팀장님, 오늘까지 30% 진행되었습니다. 진행 중 이슈는 없었습니다."**
> (다음 날) **"팀장님, 오늘까지 50% 완료되었습니다. ~부분에서 고민이 있어서 ~이렇게 해결했습니다."**
> (그다음 날) **"팀장님, 오늘 약 80% 완성했습니다. ~부분에서 팀장님의 조언을 구하고 싶은데 잠시 시간 내주실 수 있나요?"**

건강한 마음을 가진 사람은 잔소리도 웃어넘긴다. "하하하, 알겠어. 그러니까 ~해달라는 거잖아. 맞지?"라며 잔소리의 의도를 단번에 파악한다. 반면에 상대를 원망하는 사람도 많다. "으휴…. 또 잔소리하네. 지겨워"라며 부정적인 감정을 갖는다. 잔소리는 에너지와 관심이 필요한 일이다. 아무런 말도 하지 않으면 가장 편하다. 잔소리는 애정을 바탕으로 한다. 상사나 부모, 동료로부터 잔소리나 비판을 듣는다면 "알려줘서 고맙다."라고 말하자. 잔소리가 없어도 되는 일잘러가 되겠다는 목표를 가지자. 조언으로 받아들이는 사람이 빠른 성장을 한다.

반복적이지 않더라도 듣기 불편한 말이 있다. 직장에서 실수하고 호되게 혼났을 때이다. 혹은 업무에 대한 피드백을 받을 때이다. 본인의 한계와 능력을 객관적으로 볼 수 있는 기회이다. 보완 하는 것에 집중하며 능력치를 한 단계 끌어올릴 수 있다. 직장에서의 비판은 필요하다. 건설적인 비판은 합리적으로 인정하고 받아들이자. 때로는 너무 심한 말로 혼내는 상사나 사수 때문에 속상했을 것이다. 말 속에 깊숙하게 숨어있는 욕구는 가르쳐 주고 싶은 마음이다. 물론 선한 의도(욕구) 없이 혼내고 싶어하는 팀장님도 있을 것이다. 그럴때는 상대의 말하기 방식과 언어를 이해하면 된다.

🍂 모두가 고유의 언어로 욕구를 표현한다

"나의 언어의 한계는 나의 세계의 한계를 의미한다." 오스트리아와 영국의 철학자 비트겐슈타인의 말이다. 사람마다 말로 표현할 수 있는 세계가 다르다. 직장에서 실수했을 때 큰 가르침과 감동까지 주는 상사가 있다. 가르쳐주는 것 없이 나무라기만 하는 상사도 있다. 정말로 잘못을 했다면 반성하고 고쳐야 한다. 하지만 상대방이 흥분한다고 해서 휘둘릴 필요는 없다. 모든 일을 본인 탓으로 돌리지는 말자. 상대방의 언어가 나와 다를 뿐이다. 예전에 "아니 이게 무슨…." "아니, 그게 아니고!"라는 말을 자주 하는 사람을 만난 적이 있다. 나를 부정하는 줄 알고 주눅 들었다. 오랜 기간 관찰해 보니 뜻 없는 말 습관이라는 것을 알게 되었다.

우리는 한국어라는 공용어로 대화하지만 모두가 고유의 언어를 가지고 있다. 때로는 특정인과의 대화가 외국어처럼 어렵게 느껴진다. 예쁘게 말하기는 본인의 인생을 긍정적으로 변화시킨다. 하지만 타인에게 예쁘게 말하라고 강요할 수는 없는 노릇이다. 상처 되는 말을 하는 사람들, 대화가 어렵게 느껴지는 사람과도 갈등 없이 대화하는 법을 훈련하자. 말의 의미나 사소한 표현에 집착하지 말고 숨은 욕구를 찾아내자. 외국어도 결국 뜻만 통하면 되지 않는가? 상대방의 거친 말에도 웃으며 대화할 수 있는 대화력을 키우자.

손님들이 좋아하는 욕쟁이 할머니의 식당에서의 대화를 살펴보자. 식당에 손님이 들어간다. 사장님(할머니)이 손님을 향해 대뜸 거친 말을 한다.

> **할머니: 아이고 이놈이, 너 요즘 왜 맨날 와? 회사에서 잘렸어?** (속마음: 반가움)
>
> **손님: 하하하. 이 주변에 여기밖에 없어서 오는 거죠 뭐~** (속마음: 할머니의 맛있는 음식에 대한 경외감)
>
> **할머니: 웃기고 있네~** xxx(욕) **시끄럽고 저쪽에 가서 앉아.** (속마음: 내심 기분 좋음, 빨리 음식을 주고 싶은 마음)

"왜 왔냐?" "회사에서 잘렸느냐"는 막말처럼 들리는 이 말 속에는 반가움과 애정이 가득 담겨있다. 욕쟁이 할머니의 식당에는 단골 손님들이 많고 손님들은 욕을 들을 때마다 오히려 좋아한다. 할머니의 언어를 이해하고 관심의 표현으로 받아들이기 때문이다.

속마음을 모두 표현하면서 살기는 어렵지만 솔직 담백하게 소통하면 갈등이 줄어든다. 다만 용기가 필요하다. 타인에게 강요하기 어려운 부분이다. 그 사람의 언어로 인정하고 받아들이면 된다. 새로운 언어를 알게 되는 것이다.

100명의 사람이 있다면 100가지의 다른 언어가 있다. 대화 중 이해가 어려운 말은 욕구가 숨어있거나 언어가 다른 것이다. 욕구를 찾아내면 "~하기를 원하시는 걸까요?" "~라는 말씀이시죠?"라고 물어보면 확실해진다.

인생을 살아가며 타인의 말에 숨은 욕구를 찾아낼 수 있다면 이점이 많다. 상대방이 말하기 어려워하는 욕구이거나 상대방 본인도 알아채지 못하는 욕구를 해소해 줄 수 있다. 갈등은 점점 사라진다. 대화에서 중요한 것은 상대방이 말하고자 하는 바를 듣는 것이다. 말을 사전적인 의미로만 받아들이면 정확한 소통이 되기 어렵다. 말과 행동과 상황을 종합적으로 고려해서 들어보자. 겉으로 듣기에 차가운 말이더라도 따뜻한 애정의 말인 경우가 많다. 반대로 부드럽고 따뜻한 말 속에 가시가 있을 수도 있다. 숨은 욕구를 찾아내려는 노력은 그 자체로 의미가 있다.

Q 유독 '급발진' 하는 동료가 있다면
그 동료의 숨은 욕구는 무엇인지 추측해 봅시다.

Q 갈등 상황에서 숨은 욕구를 발견하여
해결한 사례가 있나요?

논의는 논리와 감성이 함께 만든다

"저는 상대 후보의 젊음과 부족한 경험을 정치적으로 이용하지 않습니다." 미국의 전 대통령 로널드 레이건이 상대측 젊은 후보에게 나이가 많다며 공격 받았을 때 했던 말이다. 이 말은 논리적인 말일까? 감성적인 말까? '나이가 많은 사람에게는 연륜과 경험이 있습니다.'라는 논리적인 메시지가 담긴 긍정적 감성의 자기방어였다. 레이건은 재선임에도 불구하고 대선에서 대승을 거뒀다.

세상을 변화시킨 큰 사건과 메시지에는 공통점이 있다. 메시지의 논리도 중요하지만, 마음을 울리는 감정적 호소가 담겨 있었다. 논리만으로는 해결되지 않을 때가 종종 있다. 그 때 감성의 메시지는 많은 이들의 공감을 얻고 때로는 움직이게 만든다. 감성의 힘이다. 다만 감성에만 치우치면 핵심과 본질을 잃게 된다. 설득력이 없다. 논리와 감성이 조화를 이루어야 한다. 탄탄한 논리를 바탕으로 부드러운 감성이 더해질 때 강력한 메시지가 된다.

☁ 논리인가 감성인가 그것이 문제로다

직장에서 논리는 필수이다. 사실과 근거를 바탕으로 일해야 하는 회사에서 논리는 필수이다. 전략을 세우거나 의사 결정을 할 때 사실에 근거하여 논리적인 결정을 한다. 데이터를 믿는다. '무논리'는 향후 리스크가 될 수 있기에 환영받지 못한다. 보고나 설득할 때도 감정에만 호소하거나 지나치게 감성적인 말은 금물이다. 신뢰를 잃기 때문이다. 그러나 감성이 필요한 순간도 있다. 동료와의 관계 혹은 동기부여가 필요한 순간이다. 서로의 감성을 이해하게 되면 동료의 성향과 행동 배경을 이해하게 된다. 감성과 관련된 주제의 대화를 시도해 보자. 동료가 언제 기쁨과 슬픔을 느끼는지, 무엇을 좋아하고 싫어하는지 질문하고 답변을 기억하자. 상황에 따라 논리는 잠시 빠질 수 있겠지만, 협업을 원활하게 만드는 관계가 쌓일 수 있다.

또한 동기부여가 필요한 동료에게는 비전을 감성적 스토리로 들려 주자. 생생하게 그려지는 스토리는 논리적인 자료와 통계보다도 더욱 오래 기억에 남는다.

> "4년 전, 여러분께 케냐에서 온 젊은 남성과 캔자스에서 온 젊은 여성의 만남에 대한 이야기를 말씀드렸습니다. 그들은 부유하지도 유명하지도 않았습니다. 다만 미국에서는 그들의 아들이 마음 먹은 것을 무엇이든 이뤄낼 수 있을 거라는 믿음을 함께 갖고 있었습니다. 언제나 미국을 돋보이게 만들어 온 것은 이런 약속이었습니다. 열심히 일하고

참고 견디면, 우리의 자녀들도 미국에서 각자의 꿈을 이룰 수 있을 뿐 아니라, 여전히 하나의 미국이란 가족으로 함께할 수 있다는 확신을 만들어 주기 위해서 말입니다."

스토리 연설의 대가인 오바마 전 미국 대통령의 대통령 후보 수락 연설이다. 오바마는 자신의 부모 스토리로 감성적인 메시지를 전했다. 이 이야기는 미국이 꿈을 이룰 수 있는 나라이고 또한 한 가족이라는 강력한 메시지를 전달하는 효과를 가져왔다.

　🌰 논리와 감성, 왜 조화를 이루어야 할까?

논리와 감성은 공존할 수 없는 것처럼 느껴진다. 전혀 다른 영역에 있기 때문이다. 하지만 이 둘은 공존할 수 있다. 힘이 더 강해진다. 논리가 탄탄한 말이나 글은 쾌감을 준다. 한 번만 듣거나 읽어도 이해가 잘된다. 다만 논리만 있으면 기억에는 오래 남지 않는다. 마음이 열리지 않았기 때문이다. 머리로는 이해하는데 가슴으로 이해가 되지 않은 상황이다. 감성적인 메시지는 어떨까? 때로는 비논리적인 이유로 사람들의 구매가 일어난다. 마음이 움직인 것이다. 논리가 없고 감성만 있는 말이 때때로 유행어나 밈이 되기도 한다. 하지만 이 역시 금방 사라진다. 이해할 수 있는 논리와 마음을 움직이는 감성이 조화를 이룰 때 사람들에게 각인된다.

이성에 치우친 논리는 냉정하게 느껴진다. 예를 들어 가족 혹은 연인과의 대화에서 논리로만 대화하기란 어렵다. 부족한 부분을 조목조목 이야기하는 것은 좋지 않기 때문이다. 듣는 사람에게 상처가 될 수 있다. 감성적으로 완곡하게 표현하는 것이 바람직하다. 직장에서도 마찬가지이다. 동료의 잘못을 사실 그대로만 지적하면 싸움으로 번질 위험이 있다. 때로는 논리적으로 맞는 말이더라도 상대방이 다치지 않도록 완곡하게 표현할 수 있어야 한다.

> **팀장님**: 김 대리, 요즘 업무 마감일을 지키지 못하고 있네. 혹시 무슨 일이 있어?
>
> **김 대리**: 죄송합니다. 최근 작성한 보고서들이 처음 해보는 것이 많아 어려움을 겪고 있었습니다.
>
> **팀장님**: 그랬구나. 처음이면 누구나 어렵지. 내가 혹시 뭐 도와줘야 할 것은 없고?
>
> **김 대리**: 네. 필요하면 말씀드리겠습니다.
>
> **팀장님**: 그래. 편하게 질문해. 회사에서 마감일은 중요하잖아. 김 대리가 어려운 일도 마감일에 맞춰 해내는 사람으로 인정받아야 하니 잘해보자. 할 수 있어.
>
> **김 대리**: 네 감사합니다. 팀장님!

감성만 고집하면 몽상가가 된다. 논리가 없는 주장은 뜬구름 잡는 말이 된다. 회사에서는 능력에 비해 좋은 평가를 받지 못하는 직원들이 있다. 진행하는 일에 대해 논리적으로 표현하지 못하고 감성적으로만 읍소하는 사람들이다. 본인이 어렵게 만든 성과조차 논리적으로 표현하지 못한다. 회사에서 알아서 인정해 주길 바라지만, 그것은 불가능한 일이다. 짧은 대화나 보고에서도 논리를 우선 제시하자. 후에 감성적인 메시지를 간단하게 덧붙여 마무리하면 좋다. 상대방이 전혀 감성이 통하지 않는 사람이거나 이성으로만 판단해야 하는 상황이라면 어쩔 수 없다. 그러한 경우가 아니라면 감성의 메시지는 신선한 자극이 된다.

논리와 감성이 조화를 이룬다면 논쟁을 논의로 바꿀 수 있다. 논리의 충돌은 이해관계의 차이에서 시작되는 경우가 많다. 자신에게 유리한 점 혹은 자신이 생각하는 방향성에만 초점을 맞추면 논리에 치우치게 된다. 논쟁이 된다. 대립이 일어날 수밖에 없다. 논리의 이면에는 참여자가 공통으로 원하는 목표가 있다. '협력하길 원한다.'는 감성적인 메시지로 공동의 목표를 언급하자. 논쟁이 건설적인 논의로 바뀔 것이다.

☁ 논리와 감성이 섞인 말, 어떻게 해야 할까?

"가장 적절한 설득은 당신의 이론이 얼마나 완벽한지가 아닌 당신의 감정이 얼마나 마음을 울리는지가 결정한다." 에이몬드 크리스토크의 말이다.* 하버드대학의 심리전문가인 그는 타인을 설득할 때 좋은 감정 요소의 중요성을 강조했다. 합리적이고 논리정연한 주장도 마음을 움직이지 못하면 의견이 받아들여지지 않는다는 것이다. 많은 근거가 뒷받침되었더라도 말이다. 논리의

---

* 류리나, 『하버드 100년 전통 말하기 수업』, 리드리드출판, 2020년, 192페이지.

양이 많지 않아도 된다. 고객들이 완벽한 논리에만 움직이는 것은 아니라는 것은 이미 많이 알려져 있다. 상대방의 감성을 자극할 수 있는 '맞춤형 논리'를 선택해야 한다. 그 후에 논리를 바탕으로 감성을 자극할 수 있는 메시지를 고민하자.

배경이 되는 에피소드를 설명하면 설득력이 높아진다. 심리학 용어로 '에피소드 설득'이라고 한다. 영국 카디프 대학교의 로즈 톰슨은 이것이 매우 효과적임을 입증했다. 톰슨은 '친구를 소중하게 여겨야 한다.' '친구를 위해서는 목숨도 바쳐야 한다.'고 평범하게 설득하는 상황과 한 남자아이와 애완견의 우정을 그린 에피소드를 읽게 하는 상황을 두고 설득 효과의 차이를 실험했다. 그 결과 평범하게 우정의 소중함을 설명하는 것보다 이야기를 읽은 쪽이 설득 효과가 높아진다는 사실이 밝혀졌다. 특히 에피소드가 주장하고 싶은 내용과 잘 맞거나 본인의 이야기라면 효과는 더 커진다. 차별화된 에피소드를 준비하는 일에 공을 들여보자.

협상의 순간이 찾아온다면 겸손함은 잠시 접어두자. 협상 테이블에서 무엇보다 논리가 중요하다. 감성의 메시지는 이후 덧붙이면 좋다. 성과는 객관적인 자료로 구성하고, 미래에 대한 열정은 짧은 감성의 메시지로 덧붙여 보자. 열정과 의지를 능숙하게 표현하면 인정받을 수 있다. 논리와 감성을 적절히 활용하는 좋은 예이다. 겸손이 미덕인 한국의 직장인들은 자기 어필을 어려워할 때가 많다. 본인의 성과를 분명히 밝혀야 하는 자리에서도 "아닙니다." "별말씀을요." 식의 부정어를 말하는 경우가 많다. 바람직하지 않다. 긍정어로 답하자. "네 맞습니다. 감사합니다." 혹은 "네, 제가 이 성과를 위해 ~한 노력을 했습니다."라고 적극적으로 밝히고 협상에 임하자.

세상에는 모순이 많다. 직장 내 관계뿐만 아니라 직장 밖의 관계에서도 마찬가지이다. 모든 일이 합리적인 판단으로 결정되면 좋겠지만, 그렇지 않을 때도 많다. 우리가 상대에게 전하는 수많은 말 중에서 어떠한 말이 상대방의 마음을 움직일지 모른다. 사람마다 관점과 가치관이 다르기 때문이다. 논리와 감성을 적절하게 섞을 수 있는 대화력을 갖추자. 다양한 성향의 사람을 설득할 수 있는 무기가 되어줄 것이다.

Q 직장에서 동료의 실수나 잘못을 지적할 때,
어떻게 논리와 감성을 조화롭게 사용할 수 있을까요?

Q 한국 직장 문화에서 겸손함과 자기 어필 사이의
적절한 균형을 어떻게 찾을 수 있을까요?

누구나 인정받고 싶어 한다

"인정받고자 하는 욕구는 우리 모두에게 존재하며
이를 무시하는 것은 산소의 존재나 필요성을 무시하는 것이다."

– 하인츠 코헛[*]

인정 욕구란 타인에게 자신의 가치를 인정받고 싶어 하는 욕구이다. 인간은 이것 덕분에 성장한다. 우리는 어린 시절 부모님에게 인정받기 위해 공부를 열심히 했다. 매일 직장에서도 인정받기 위해 노력한다. 인정 욕구를 이해하고, 충족시키는 일은 중요하다. 하지만 타인의 인정만을 목표로 하는 것은 바람직하지 않다. 인정받지 못하면 스스로 부정하기 때문이다. 작은 성공으로도 성장할 수 있음에도 기준이 외부에 있으니 좋은 기회를 놓치게 된다. 성취만으로 기쁜 일인데 인정받지 못해 슬퍼한다. 인정의 말을 하는 것은 좋지만 인정에 매몰되지 않도록 주의해야 한다. 타인의 인정과 스스로에 대한 인정이 조화를 이룰 때 건강한 성장을 한다.

인정욕구에 대한 이해

미국의 철학자이자 심리학자인 에이브러햄 매슬로(Abraham Maslow)는 인본주의 심리학의 창설을 주도한 인물이다. 그는 1943년에 인간 욕구에 관한 학

---

[*] Heinz Kohut. 자기 심리학의 창시자.

설을 제안했다. 우리에게는 '매슬로의 인간 욕구 5단계 이론'으로 알려져 있다. 매슬로에 따르면 인간은 태어날 때부터 5가지 욕구를 가지고 태어난다. 5단계의 인간 욕구는 반드시 순서대로 나타난다. 하위 단계의 욕구가 충족되어야만 상위 단계의 욕구가 나타난다는 것이다. 충족된 욕구는 더 이상 동기부여가 되지 않는다. 다만 모든 사람이 한 단계씩 욕구를 충족하며 가장 높은 단계까지 발달해 가는 것은 아니다.

매슬로의 욕구 피라미드

자아 실현의 욕구

존경의 욕구

애정과 소속의 욕구

안전의 욕구

생리적 욕구

인정욕구는 '매슬로의 인간 욕구 5단계 이론'에서 네 번째에 있다. 1단계 욕구인 식욕이나 수면욕을 해소하지 못하면 생명 유지에 문제가 생긴다. 인정욕구는 해소하지 못한다고 해서 당장 생명에 지장이 생기지는 않는다. 하지만 다른 문제가 있다. 인정욕구가 충족되지 않으면 인간은 심리적으로 불안해하거나 자존감이 떨어진다. 심각한 경우 심리 문제가 결국 신체 문제로 확대된다. 몸이 아프거나 체력이 바닥난다. 직장 내에서 이러한 상황은 근태 문제로 이어지거나 업무의 효율을 떨어뜨린다. 동료와의 관계를 악화시키는 원인이 된다. 아래 두 예시를 살펴보자.

Bad

"김 대리, 이번 자료 준비하느라 어려웠지? 마지막 부분이 좀 아쉽지 않아? 조금만 더 신경 썼으면 좋았을 텐데 말이야. 끝까지 제대로 알아본 거 맞지? 김 대리는 뒷심이 부족한 것 같아. 디테일 좀 챙기지 그랬어…. 김 대리는 언제쯤 나를 감동시킬 수 있을까?"

Good

"김 대리, 이번 자료 준비하느라 어려웠지? 그런데도 이렇게 잘 해내다니 아주 훌륭해! 마지막 부분에 내용을 조금만 더 채우면 좋겠는데, 그 내용은 따로 전달해 줄게. 보완하면 완벽할 것 같아! 역시 김대리는 이렇게 가끔 나를 감동시킨다니까…."

같은 상황에서도 상대의 자존감을 깎는 말과 상대의 자존감을 높이는 말은 큰 온도 차이를 보인다. 30년 이상 수많은 사람의 마음을 치료한 미국의 정신 의학자 에릭번(Eric Berne)은 교류분석이론을 세웠다. 인간은 신체적 접촉과 심리적인 인정을 받고자 하는 욕구가 매우 강하다는 것이다. 타인과의 상호교류를 통해 욕구를 충족시키고 성장하기 때문에 사회적 상호작용을 원한다는 이론이다. 이 이론은 심리 상담에 활용되며 전 세계 수많은 기업이 연수 프로그램에 활용하고 있다. 누군가는 스스로 인정욕구가 없다고 생각한다. 주변을 보면 인정욕구를 가지지 않은 것처럼 보이는 사람도 있다. 그러나 많은 전문가들은 인정욕구는 인간의 본능이라고 주장한다. 소중한 사람들과 직장 동료에게 인정의 말을 건네어 그들의 인정 욕구를 채워주자.

> **"이틀이나 투자하셨죠? 고생 많이 하셨어요."**(시간에 대한 인정)
>
> **"자료 조사에서 많이 노력한 흔적이 보이네요! 아주 좋습니다."**(노력에 대한 인정)
>
> **"이전부터 생각했는데 이 부분에 대한 능력이 좋으신 것 같아요."**(역량에 대한 인정)
>
> **"주변에 독서하는 친구들을 많이 두신 것 같아요. 그래서 ○○님도 생각이 깊은가 봐요!"**(관계에 대한 인정)

🍃 긍정적인 라벨은 사람을 변화시킨다

심리학 용어인 '라벨 효과'는 타인이 본인에게 라벨을 붙여준 대로 행동하려는 것을 뜻한다. 1975년 노스웨스턴 대학교의 리처드 밀러를 포함한 연구자 3명은 시카고 공립 학교에서 실험을 진행했다. 1주일 동안 몇 명의 선생님들은 담당 학급의 학생들에게 "단정하다. 우리 교실이 학교에서 가장 깔끔한 교실 중 하나"라고 말했다. 학생들에게 '깔끔하다.'라는 라벨을 붙여준 학급은 실제로 아이들이 쓰레기를 보면 주워서 휴지통에 버리기 시작했다고 한다. 그렇게 하지 않은 학급은 학생들이 쓰레기를 봐도 대부분 무시했다. 실제로 나는 '따뜻하고 친절한 사람'이라는 말을 들은 후로 그런 사람이 되기 위해 더욱 노력했다. 라벨 효과의 힘이다.

Good

"〇〇씨는 배려심이 넘치는 사람이군요."

"〇〇님은 사소한 것도 캐치하고 잘 챙겨주는 사람이네요!"

"〇〇대리님은 열정적인 사람이네요. 에너지가 넘쳐서 좋아요."

Bad

"〇〇씨는 마음이 너무 좁은 사람이네요!"

"〇〇님은 저번에도 실수하더니 꼼꼼하지 못한 사람이군요!"

"〇〇대리님은 생기가 없는 사람이네요."

라벨 효과를 제대로 이해할 필요가 있다. 상대를 변화시키는 인정의 말은 중요하지만 상대를 잘 파악하지 못한 상태에서 라벨을 붙이면 부담만 느끼기 때문이다. 스스로 "부지런하다."라고 생각하지 않는 사람에게 부지런하다는 말을 반복하면 거부감만 느낀다. 인정의 말을 하고 싶다면 상대가 스스로를 어떻게 표현하지 눈여겨보자. 힌트를 얻었다면 상대도 동의할 수 있는 장점을 인정해 주면 된다.

주말 동안 집안일을 다 끝냈다며 흐뭇해하는 친구에게

→ "○○는 역시 살림도 부지런하게 잘하는 사람이구나!"

업무 자동화 방안을 고민한다는 동료에게

→ "자동화가 되면 효율이 확실히 올라가겠군요! □□주임님은 항상 효율적으로 일하시는 분이네요!"

요즘 만보 걷기를 매일 실천한다는 언니에게

→ "걷기가 건강에 좋잖아! 언니는 건강 잘 챙기는 사람이구나"

자신의 강점이라고 생각한 부분을 인정받으면 기쁘고 인정 욕구도 채워진다. 장점을 더 강화하기 위해 노력하려 한다. 그 과정에서 상대와 나의 관계도 긍정적으로 발전할 것이다.

반면 나쁜 라벨은 사람을 좌절시킬 수 있으니 조심해야 한다. '1:1 대화에 약한 사람'이라는 평가를 받은 사람은 스스로를 대화에 약한 사람이라고 단정 지을 수 있다. 최악의 경우 스스로 관련된 업무나 자리를 회피하게 될 수도 있다. 그러니 라벨은 신중하게 정하자. 신뢰해야 하는 사람이 있다면 "믿는다." "지켜보고 있다." 정도의 인정하는 말을 하면 된다.

또한 남이 나에게 붙인 라벨을 맹신하지 말자. 사람들은 이해관계나 성향에 따라 나를 다르게 평가한다. 스스로 이해하는 데 참고하고 노력하는 것은 좋다. 하지만 휘둘리지는 말자. 좋은 라벨은 유지하고 나쁜 라벨은 개선하면 되는 것이다.

🍃 서로에게 유익한 인정의 말을 하는 방법

라벨을 붙이지 않더라도 일상에서 인정하는 말을 습관화하자. 물론 너무 지나치면 사람들이 빈말로 느낄 수 있다. "영혼 없이 칭찬만 한다."라는 평가를 받을 수도 있다. 하지만 겁내지 않고 시작하는 것이 중요하다. 처음에는 의심받더라도 진심은 언젠가는 반드시 전달되기 때문이다. 사소한 부분이라도 동료의 성과나 장점을 발견했다면 인정의 말을 건네보자. 가족, 친구, 지인, 동료 모두에게 인정의 말은 도움이 된다. 인간의 기본 욕구이기 때문이다. 인정하는 말은 어렵지 않다. 누군가로 인해 좋은 감정을 느꼈다면 아래 3가지 방법으로 표현하면 된다.

첫째, 상대방이 자신의 성과에 대해 편하게 말할 수 있도록 질문하자. 자기자랑은 신나는 일이다. 도파민이 분비된다. 하지만 평소에 자기 자랑을 하기란 쉽지 않다. 특히나 우리는 어릴 때부터 겸손해야 한다고 배웠다. 분명한 본인의 성과나 업적임에도 편하게 말하기 어렵다. 이 점을 역으로 활용하자. 상대방에 대해서 인정하고 싶은 부분을 질문으로 만들자. 질문에 대한 답변일 뿐이니 말하는 사람과 듣는 사람 둘 다 부담이 적어진다. 대답하는 과정에서 상대방의 인정 욕구가 채워진다.

> "이렇게 깊이 있는 자료를 단시간에 완성할 수 있었던 노하우가 뭔가요?"
>
> "평가가 좋아졌네요! 어떻게 하신 건가요? 중요하게 비중을 둔 것이 있나요?"
>
> "시험을 너무 잘 봤네! 이전이랑 공부하던 방식을 바꾼 거야?"
>
> "갑자기 프로세스가 너무 효율적으로 바뀌었는데요? 무엇을 손보신 거죠?"

둘째, 상대방이 원한다면 아낌없이 표현해 주자. 인정욕구가 강하면 관종이 될 수 있지만, 신기하게도 요즘 '관종'이라는 말이 반드시 부정적인 의미로만 사용되지는 않는다. 누구나 SNS에서 본인을 표현하고 인정받고 싶어한다. 관종은 인간의 기본 욕구인 인정욕구를 드러내는 것일 뿐 더 이상 미움받는 존재가 아니다. "멋지네요.""최고예요""이번에도 잘하셨네요!" 같은 인정하는 말로 상대방을 독려할 수 있다. 상대방도 평소에 생각했던 나에 대한 인정의 말을 꺼낼 것이다. 말 한마디로 관계가 돈독해지고 함께 성장할 수 있게 된다.

Bad

> "피곤할 텐데 야근은 왜 했나요?"
>
> "그렇게 오래 걸리는 일이었나요?"

Good

"다 끝냈다고요? 대단해요!"

"생각보다 오래 걸렸군요…. 그래도 진짜 고생 많으셨네요! 다 해냈네요! 다음에는 시간을 좀 더 줄여봐도 좋을 것 같아요"

셋째, 비언어적 표현도 좋다. 말하는 것이 어색하다면 손짓이나 스킨십도 좋다. 2026 북중미월드컵예선 경기에서 이강인의 도움으로 손흥민이 득점에 성공했다. 이강인이 손흥민에게 달려가 아이처럼 포옹을 했다. 화면으로 전해지는 뜨거운 포옹에 팬들은 환호했다. 만약 직장이나 일상에서 포옹이 어렵다면? 말없이 엄지척을 해주거나 박수를 적극적으로 치는 것도 좋다. 김연경 선수는 경기 중에 1점씩 득점하고 실점할 때마다 동료 선수를 포옹하고 격려한다. 수시로 박수를 치며 팀 분위기를 끌어올린다.

인정 욕구를 채워주는 말은 유익하고 긍정적인 관계의 시작이 된다. 인정해주는 말은 상대방의 이야기를 시작하게 하기 때문이다. 실제로 쾌감을 선물하는 효과가 있다. 하버드대 뇌과학 연구팀은 다양한 주제로 참가자들이 답변할 수 있는 질문을 준비했다. 본인에 관한 질문과 타인에 관한 질문이었다. 기능성 뇌 자기공명영상(FMRI)을 활용하여 답변하는 참가자들의 뇌 변화 촬영을 했다. 실험 결과, 사람이 자기의 이야기를 할 때 도파민을 분비하는 뇌 부위가 활성화되는 것을 발견했다. 본인의 이야기를 하는 것이 쾌감을 가져오는 것이다.[*] 소중한 사람의 인정 욕구에 관심을 가져보자.

    우리가 인정 욕구에 관해 기억해야 할 점이 있다. 타인의 인정보다 스스로의 인정이 더 중요하다. 우리는 소중한 사람이고 고유한 능력이 있다는 사실을 알아야 한다. 내가 가진 장점을 필요한 곳에서 발휘하며 가치를 얻는 것이다. 인정 욕구가 인간의 기본 욕구인 것은 맞다. 다만 타인의 인정을 받기 위해 모르는 것을 아는 척하거나 거짓말을 해서는 안 된다. 일상에서 해낸 사소한 일들과, 남들은 모르지만 내가 알고 있는 성과에 대해서 적극적으로 인정하자. 스스로에게 인정의 말을 잘할 수 있을 때 타인의 인정 욕구도 채워줄 수 있다.

Q 인정 욕구를 이해하지 못해
    갈등이 생긴 적이 있나요?

Q 요즘 따라 교류가 뜸했던 분에게
    인정의 말을 건네 봅시다.

★「출처: 미국국립과학원회보(PNSA) Vol.109」, Diana I. Tamir1 and Jason P. Mitchell, 〈Disclosing information about the self is intrinsically rewarding〉, ≪PNAS≫ vol. 109, 2012.05.22

말하지 않고 예쁘게 말하는 법

"마음에도 없는 말을 하기 보다는 침묵하는 쪽이
차라리 그 관계를 해치지 않을 지도 모른다."

– 몽테뉴[*]

직장에서 대화는 말을 주고받는 것 이상의 의미가 있다. 의견을 전달하고 이해하고 실행하는 과정의 연속이다. 말을 많이 한다고 전달이 잘 되지 않고, 잘 듣기만 한다고 이해가 되지 않는다. 발언과 침묵이 조화를 이루어야 한다. 의도치 않은 침묵으로 서로가 어색할 때는 환기를 시키면 된다. "5분만 쉴까요?" "커피 한잔하면서 다시 대화할까요?" "창문을 열까요?" 가벼운 말이면 된다. 다만 상대방이 침묵을 힘들어하는 순간만 제외한다면, 대화에서 침묵은 필요하다. 필요한 순간과 어색함을 누그러뜨려야 하는 상황을 잘 구분하자. 발언해야 하는 상황에서 침묵은 옳지 않지만, 전략적으로 활용하면 말실수할 일이 적어진다. 대화에서도 여유가 생긴다.

침묵은 생각할 시간을 준다

질문을 받고 대답하려는 찰나에 또 다른 질문을 받아본 경험이 있는가? '이럴 거면 질문을 왜 했지?'라는 생각이 들고 난감함을 느꼈다면 당연한 것이다.

---

[*] Michel Eyquem de Montaigne, 프랑스 철학자 · 사상가 · 수필가

상대에게 질문을 한 후에는 침묵하고 기다려야 한다. 신경 과학자 세스 S. 호로비츠는 침묵의 효과를 설명했다. "듣는 사람에게 일련의 단어나 소리를 들려준 뒤 오랜 시간 동안 침묵을 유지하면 (중략) 침묵 상태는 뇌 속에 있는 흥분 중추와 감정 중추를 자극하기 시작하지요."[*] 침묵이 과학적으로 좋은 답변을 끌어낸다는 것을 입증한 것이다. 대화 중 정적은 무의미하지 않다. 더 좋은 결론이 도출되기 위한 시간이다.

Bad

> A: ㅇㅇㅇ씨, 이 이슈 어떻게 생각하세요?
>
> B: 이 이슈는…. (답변을 생각한다.)
>
> A: 저는 기획은 그대로 두고 설계부터 변경하는 방향으로 다시 해야 할 것 같은데, 어떻게 생각하세요?
>
> B: 음…. (본인이 답변하려던 내용과 달라 잠시 망설인다.)
>
> A: 아니면 사용 툴이 혹시 잘못된 걸까요?
>
> B: 잠시만요. 질문하신 내용에 대해서 생각하고 있었어요.

Good

> A: ㅇㅇㅇ 씨, 이 이슈 어떻게 생각하세요?
>
> B: 이 이슈는요, 음….
>
> A: (5초간 침묵) (상대방을 바라보며 답변을 기다린다.)

---

[*] 셀레스트 헤들리, 『말센스』, 스몰빅라이프, 2019, 52페이지.

B: 흠….

A: (침묵) (질문을 어렵게 하지는 않았는지, 이슈에 대해 전달하지 않은 내용은 없는지 다시 생각해 본다. 본인이 말하고 싶은 내용을 메모장에 정리하며 5초간 더 기다린다.)

B: 제 생각에는 기획 단계에서 놓친 부분이 있습니다. 기획안부터 다시 수정해야 합니다. 같은 기획안으로 설계만 수정한다면 결국 다른 모듈에서 비슷한 문제가 또 발생할 겁니다.

상대방이 답변을 생각하고 있을 때 침묵하기 어렵다면 내 마음이 급한 건 아닌지 되돌아보자. 빨리 결론을 내리고 싶고 내 생각을 먼저 말하고 싶더라도 질문 직후 말하고 싶은 내용은 메모하고 기다리자. 길게 느껴지겠지만 결국 몇 초안에 상대방은 대답한다. 상대의 답변을 듣고 내 생각을 말해도 늦지 않다.

연이어 질문하는 것은 상대방에게 생각할 시간을 주지 않는 것이다. 이를 무례하다고 느끼는 사람들도 있으니 유의해야 한다. 침묵을 활용하며 대화하는 습관을 기르자.

심리학에는 '전환 반응'이 있다. 상대의 말에 호응하지 않고 대화의 초점을 '나'로 전환하는 것이다. "요즘 너무 바쁘다."라는 친구에게 "나도 바쁘다."라고 하는 것은 전환 반응이다. 얼핏 보면 리액션을 해주는 것 같지만 상대방은 좋은 반응으로 기억하지 않을 수 있다. 전환 반응은 상대방이 하려던 말을 망설이게 만든다. 바쁘다는 친구에게 "바빠? 무슨 일 있어?"라고 물어보는 것은 '지지 반응'이다. 이렇게 대화를 이끌면 좋겠지만 쉽지 않을 수 있다. '지지 반응'이 떠오르지 않는다면 우선 침묵하자. 때로는 침묵이 대화를 이어갈 때 더 효과적이다. 상대방에게 편하게 하고 싶은 말을 할 수 있도록 시간을 내어 주기 때문이다.

침묵은 불필요한 논쟁을 막아준다

"백 번 싸워 백 번 이기는 것이 최선이 아니며, 싸우지 않고 적을 굴복시키는 용병이 최선이다."「손자병법」 모공편에 나오는 말이다. 직장에서 이해관계 차이로 다른 팀과 마찰이 생기는 경우가 있다. 때로는 논점을 벗어난 언쟁을 불사하며 이익을 지키려는 사람도 있다. 회의 시간에 많은 말을 쏟아내 기세를 잡아 원하는 바를 얻는 부류이다. 이 때 똑같이 대응한다면 비생산적인 회의가 된다. "○○ 내용은 논점에서 벗어난 것 같은데 어떻게 생각하시나요?" "~부분은 회의 종료 후 팀원들과 검토해 보고 말씀드리겠습니다." 같이 말하고 깔끔하게 정리하자. 논쟁을 일으키려는 사람에게는 핵심을 짚어주고 침묵하자.

침묵은 타인의 말실수를 깨닫게 해줄 수 있다. 회사에서 누군가 나의 감정을 상하게 했을 때 침묵으로 불편한 감정을 표현할 수 있다. 이는 큰 싸움으로 번지는 것을 막아준다. 침묵한 채로 눈을 마주치고 몇 초간 있자. 감정을 다스리게 해주고 상대가 내 말에 집중하게 해준다. 합리적인 상대라면 '왜 아무 말이 없지? 내가 말을 잘못했나?'라고 생각할 것이다. 악의가 없는 상대였다면 침묵의 의미를 눈치채고 먼저 사과할 것이다. 본인의 말실수를 인지하지 못한 상대라면 다음 나의 발언에 집중할 것이다.[*]

누구나 한 번쯤은 본인이 한 말을 후회한 경험이 있을 것이다. 후회할 말은 주로 언제 하는가? 대화 중 말이 끊기는 순간이다. 정적이 어색해서 섣부르게 말을 이어갈 때이다. 침묵이 흐르는 순간 상대방은 불편할까? 의외로 아무 생각이 없거나 편안한 상태일 때가 많다. 그러니 자연스럽게 받아들여도 된다. 괜한 사생활 관련된 질문이나 동료가 불편할 만한 이야기를 꺼내지 않도록 주의하자. 질문만으로 실례가 될 수 있기 때문이다. 침묵이 말실수를 줄여준다. 말 실수가 줄어들면 후회할 일이 없다.

Bad

> **B: 네 그렇군요.**(이전 대화가 끝난 후 정적)
>
> **A:** (침묵을 견디지 못하고 불현듯 떠오르는 질문하기) **근데 결혼은 왜 아직 안 하셨어요?**
>
> **B: 네?** (갑자기?)

---

[*] 물론 상황을 눈치채지 못하는 동료가 있다. 그럴 때는 이 책 대목차 3장의 '무례한 말을 들었을 때의 대처하는 말이 있다.'를 참고하자.

Good

B: 네 그렇군요.(이전 대화가 끝난 후 정적)

A: (화제 마무리 후 자연스럽게 침묵하기)

B: 아 맞다. 이번에 해외사업팀 팀장님이 새로 오신다는 소식 들으셨어요?

A: 정말요? 언제요?

🖚 침묵도 메시지이다

2011년 버락 오바마가 미국 애리조나 주의 총기 난사 사건 희생자의 추모식에서 연설했다. 연설 끝 무렵 그는 이런 말을 한다. "나는 우리의 민주주의가 크리스티나가 상상한 것과 같이 좋기를 바랍니다. 그리고 우리 모두는 이 나라가 우리 아이들의 기대에 부응할 수 있도록 최선을 다해야 합니다." 크리스티나는 최연소 희생자였다. 그리고 오바마는 51초간 침묵했다. 침묵하며 감정을 추스른 그는 이후 연설을 이어갔다. 뉴욕 타임즈는 "그 어느 때보다 더 진심을 말하고 전국의 청중과 감정적으로 소통하는 것으로 보였다"라고 보도했다.[*] 침묵은 이처럼 메시지를 강조한다. 고 스티브 잡스도 발표에서 극적인 효과를 주려고 의도적으로 말을 끊고 기다리곤 했다. 그는 청중을 응시하며 5초, 길게는 7초 침묵을 지킨다. 감정을 전달하여 사람들의 내면을 울리는 효과가 있다.

---

[*] Helene Cooper, "Girl's Death Hits Home for Obama", 『The New York Times』, 2011.01.13. (https://www.nytimes.com/2011/01/14/us/14obama.html)

"나에게는 꿈이 있습니다. (침묵)" - 마틴 루터킹

침묵이 필요한 상황임에도 불구하고, 하고 싶은 말을 계속하는 사람이 있다. 간단히 말하고 끝낼 이슈를 장황하게 설명하는 사람도 있다. 안타깝게도 본인은 인지하지 못하는 경우가 많다. 이때 상대방의 말을 끊기 어려워 듣고만 있는 것은 바람직하지 않다. 나의 표정과 행동에서 지루함이 보이기 때문이다. 상대방도 동료의 시간을 빼앗고 있다는 것을 알게 되면 미안함이 커진다. 상대방이 말을 멈추지 않는다면 침묵을 활용하자. 말을 충분히 들어준 이후라면 무반응(침묵)으로 신호를 주자.

마지막으로 침묵의 '애매함'도 활용 가치가 있다. 침묵은 '동의'도 될 수 있고 '비동의'도 될 수 있다. 누구나 한 번쯤은 말 때문에 곤란함을 겪은 일이 있을 것이다. 특정 상황에서는 '내 의견을 말하지 않고 의사 결정에 따르고 싶은' 순간이 있다. 이 때 침묵을 활용하면 된다. 받아들이는 사람에 따라 다르게 해석하는 침묵의 특성을 잘 이해하고 활용하자. 다만 답변해야 하는 상황마다 침묵하면 소통이 되지 않기 때문에 조절을 잘해야 한다.

빠른 의사소통이 필요한 회사에서는 침묵이 어려울 수 있다. "잠시 생각해 보고 말씀드려도 될까요?" 양해를 구하자. 동서고금을 막론하고 침묵의 가치는 늘 중요시 여겨져 왔다. 중요한 말을 해야 하는 때일수록 신중하게 말해야 한다. 정적은 잠시 뒤에 지나가지만 내뱉은 말은 평생 남기 때문이다. 정적을 어색해하지 말자. 말이 오가지 않을 뿐이다. 상대방과 나와의 대화는 문제 없이 계속 진행되고 있다는 사실을 잊지 말자.

Q 침묵이 긍정적인 대화로 이어졌던
경험이 있나요?

Q 침묵이 불편해서 어색한 표정을 짓거나
말실수한 경험이 있나요?

듣고 싶은 말을 선물하면 마음을 얻는다

> "어리석은 사람은 여전히 자기 이익에만 매달리고,
>
> 지혜로운 사람은 남의 이익에 헌신한다."
>
> – 샨티데바[*]

하고 싶은 말만 늘어놓고 끝난 대화에서는 아무것도 얻지 못한다. 반면 상대방이 듣고 싶은 말이 무엇일지 생각하며 대화하면 마음을 얻을 수 있다. 단순히 감언이설을 하라는 것이 아니다. 상대방의 언어적, 비언어적 요소에서 상대가 원하는 것이 무엇일지 찾아내자는 말이다. 핵심과 니즈를 파악하면 효율적인 대화가 가능하다.

상대방이 듣고 싶어 하는 말을 찾아내면 시간을 절약할 수 있다. 30분 동안 출구가 보이지 않던 대화를 3분 만에 끝내게 된다. 합의를 이끌 수 있는 이슈라면 결론을 도출하게 된다. 만약 서로가 합의하지 못하는 일이더라도 빠르게 그 사실을 인정하게 해준다. 상대방에게 어떤 행동을 촉구하고 싶거나 관계를 구축하고 싶다면 더욱 좋은 방법이 된다.

---

[*] Shantideva, 인도 승려.

(야근 중인 팀장님께) **"팀장님, 혹시 제가 뭐 도와드릴 일은 없을까요? 커피라도 한잔 사다 드릴까요?"**

(A기획안과 B기획안 중 B안에 대한 우려사항을 반복해서 이야기하는 팀장님께) **"팀장님 그럼 A안으로 하실까요! B안에서의 장점만 뽑아 A기획안에 추가로 반영하겠습니다!"**

(금요일 늦은 오후 회의 일정을 확정하지 않고 머뭇거리는 동료에게) **"아무래도 금요일에는 다들 약속도 많고 일찍 퇴근하니 금요일 오전으로 회의를 잡으면 어떨까요?"**

탐색의 대화를 하자. 상대방의 기분을 살피고 원하는 바를 찾아내자. 척척 알아듣고 빠르게 캐치할 수 있는 사람으로 기억될 것이다. 이러한 역량을 갖추면 소통에서 답답함을 느끼는 순간이 줄어들 것이다.

🍮 내가 하고 싶은 말 vs 상대방이 듣고 싶은 말

말하는 것에 정신이 팔려서 앞에 있는 상대방을 잊어버릴 때가 있다. 상대의 기분과 상황을 헤아리지 못하고 자신이 하고 싶은 말만 하면 좋은 이미지를 남길 수 없다. 정도가 심할수록 상대방은 그 대화를 부정적으로 기억하게 된다. 답정녀의 인상을 주게 된다.

그러므로 대화할 때는 한 걸음 물러서서 대화 전체를 보는 연습을 해보자. '지금 나 혼자만 이야기하고 있지는 않은가?' '상대방은 충분히 말하고 있는가?' 대화를 스스로 점검하거나, 상대방에게 이 질문을 해보는 것도 좋다. 현재 대화가 잘 진행되고 있는 것인지 살펴보는 것만으로 도움이 된다.

또한 경청하면 상대가 듣고 싶은 말을 찾아낼 수 있다. 상대의 말에 맞장구를 치고 동의하며 이야기를 끌어내자. 상대방이 비논리적으로 이야기하거나 완전히 다른 방향성으로 이야기하는 경우가 있다. 이때는 무작정 비난하기보다는 이유를 찾아야 한다. 모든 말에는 이유가 있다. 비논리적인 상대의 말에는 칭찬, 인정, 위로, 공감, 사실 확인, 불만, 불평 등의 감정이 숨겨져 있을 수 있다. 상대의 말 속에 담긴 의도를 파악하고, 그들이 원하는 바를 먼저 말로 표현해보자. 이를 통해 오랜 시간 쌓였던 앙금이 해소되거나, 관계의 새로운 가능성이 열릴 수 있다.

때로는 상대에게 직접 질문해도 좋다. "혹시 말씀하시는 이유가 무엇인지?" 하고 말이다. 다만 이 방법은 대화를 빠르게 마치고 싶어 하는 인상을 줄 수 있으니 유의해야 한다.

"~부분이 걱정되시는 거죠?"
"○○○에 대해서 여러 번 이야기 하시고 계신데, ○○○을 빼고 진행하 길 원하시는 걸까요?"

"걱정이 많으신 것 같네요. 대리님은 어떻게 하고 싶으세요?"

"이 내용에 설득이 안 되신 것 같은데 어떤 부분을 더 설명 드리면 좋을까요?"

"혹시 방향성이 공감이 잘 안 되시는 걸까요?"

완곡하게 표현해야 한다. 또한 상대방이 고집하는 것이 있다면 주목할 필요가 있다. 특히 회사에서는 이해관계와 일하는 사람의 철학이 개입될 때가 많다. 개인의 업무 습관이나 성향이 반영되기도 한다. 매너를 지키기 위해 돌려서 표현하거나 직접적으로 언급하지 못할 때도 있으며, 상대방 스스로 본인의 고집을 인지하지 못하는 경우도 있다. 이럴 때 먼저 알아차리고 질문을 통해 확인한다면 원활하게 문제를 풀어갈 수 있다. 이 과정에서 '알잘딱깔센' 대화가 이루어지는 것이다.

🍃 가려운 곳을 긁어주는 대화법의 장점

좋은 인상을 남기고 신뢰를 얻는다. 상대방이 거부감을 느끼는 말을 하지 않는 것만으로도 효과가 좋다. 미국 캘리포니아 대학교의 마거릿 캠벨의 주장을 살펴보자. 고객에게 필사적인 태도를 보이며 판매할수록 고객의 의심은 커진다. 결과적으로 그런 판매원에게는 무언가를 사고 싶은 마음이 없어진다는 것이다. '구매하지 않아도 되지만 구매하면 고객에게 이득이 된다'는 태도를 보이는 편이 판매 확률을 높인다. 상대방에게 불편감을 줄 수 있는 말은 삼가자. 존중하는 말은 짧게 한 마디만 하더라도 좋은 인상을 남기게 되고 이는 신뢰로 이어진다.

Bad

"당신은 좀 더 ○○하게 변해야 해요."

"이거 내가 좀 고치라고 몇 번을 말했어?"

Good

"지금도 좋지만, 당신이 좀 더 ○○하게 변하면 반드시 당신에게 도움이 될 거예요. 어떻게 생각해요?"

긍정성에 초점을 맞출 수 있게 하자. 타인의 마음을 잘 얻는 사람들에게는 공통점이 있다. 부정적인 감정을 긍정적인 감정으로 바꾸는데 능하다는 것이다. 이들은 상대방에게 이득이 되는 점을 잘 찾아내고 표현한다. 그리고 그 불안요소를 이익으로 전환시키게 해준다. 사람들이 불안보다 희망에 초점을 맞출 수 있도록 해주는 것이다. 모든 일에는 장단점이 있다. 표면적으로는 단점이 많아 보여도 장점이 있다. 상대방의 시각에 변화를 주어 손해 속에서 이익을 찾아내게 도와주자. 예시로, 새로 맡은 업무에 불만을 품은 동료에게는 아래와 같은 말을 해줄 수 있다.

"이번에 ○○님이 배정된 □□팀은 신생 팀이지만, 그만큼 새로운 것을 많이 배울거예요."

"회의록을 작성하면 주요 골자를 파악하는 데 도움이 될 거야."

"지출을 관리하면 회사 예산 사용의 큰 흐름을 볼 수 있어요."

말의 횟수를 늘리고 말의 순서만 바꿔도 반은 성공이다. 공유를 많이 받고 싶어 하는 가족이나 상사 혹은 연인을 떠올려 보자. 그동안 한 번만 공유했다면 지금부터는 두 번 공유해보자. 상대방이 듣고 싶어하는 말을 들려주면 갈등이 줄어든다. 업무를 마무리하기 전에 중간보고를 해보자. 일의 진행 시점마다 필요한 정보는 달라진다. 공유 횟수를 늘리면 해당 정보를 적시에 알려줄 수 있다. 이때 결론을 먼저 말하고 부연 설명을 하자. 두괄식 말하기의 중요성은 이미 많이 알려져 있다. 두괄식 말하기는 배경을 충분히 설명해야 하는 상황을 제외하고는 대체로 전달 효과가 좋다.

본인, 상대방, 상황을 모두 고려하자. 3가지 모두 중요하다. 상대방의 기분을 고려하여 자신의 느낌을 솔직하게 전달할지 결정하는 것이다. 상대방의 기분이 날카로운 상태라면 오히려 내 마음을 숨기는 편이 나을 수 있다. 상대방에게 전달되지 않을 가능성이 높기 때문이다. 마지막으로 서로가 받아들일 수 있는 해결 방안을 모색하자. 이 순서에 따라 자주 지각하는 팀원에게 대화하는 예시를 살펴보자.

1. 팀원의 기분을 고려한다.
"○○씨, 어서 와요. 집에서 회사가 아주 멀어서 통근이 어려운 것으로 알고 있는데 다니느라 고생 많아요."

2. 자신의 느낌을 전달한다.

"근데 OO씨, 그거 알아요? OO씨가 지각하는 날이 잦다 보니, 저는 회의하려고 OO씨를 기다리는 날이 많아요. 그럴 때마다 제 시간이 소중하게 여겨지는 것 같지 않아서 속상할 때가 종종 있어요. 이런 날이 언제까지 지속될지 모르겠네요."

3. 서로가 받아들일 수 있는 해결 방안을 모색한다.

"지각을 자주 하게 되면 회사에서 OO씨의 평판이 나빠지는 것은 물론이고, OO씨도 급박하게 도착해서 업무를 시작하니 하루 종일 컨디션과 기분이 좋지 않은 채로 업무를 하게 될 거예요. 멀리서 다니는데도 지각하지 않는 사람들이 어떻게 다니고 있는지 같이 알아보는 건 어때요?"

대화는 상대방 마음의 문을 여는 것이 먼저라는 것을 기억하자. 마음의 문을 열면 어려운 말도 전달된다. 반대로 쉽고 간단한 말도 상대방의 마음이 닫혀 있으면 전달되지 않는다.

마지막으로, 상대를 중요한 사람으로 만들자. 생각보다 어렵지 않다. 상대의 기분을 맞추고 경청하자. 상대방이 흥미로워하거나 고민하는 것에 초점을 맞추는 것도 좋은 방법이다. 아무래도 에너지가 많이 드는 일이지만 장점이 더 많다. 살면서 주인공이 될 수 있는 기회는 별로 없다. 대화에서 상대방을 주인공으로 만들어주자. 상대방에게 강렬한 기억으로 남게 될 것이다.

대화를 잘하는 사람들은 상대방과 공통적인 감정을 발견하여 대화의 화제로 이어 나간다. 상대방을 위해 무슨 말을 할 것인지, 어느 정도 말할 것인지를 신중하게 선택한다. 이 질문을 떠올리는 것을 잊지 말자. '지금 상대방은 무슨 말이 듣고 싶을까?'

Q 상대방이 듣고 싶어 하는 말을 찾아내는
나만의 방법이 있나요?

Q 대화에서 상대방을 '주인공'으로 만드는 일은
왜 중요할까요?

Q 상대방의 기분을 고려하여
말 표현을 다르게 해본 적이 있나요?

긍정어를 사용하면 결국은 된다

습관처럼 부정어를 사용하는 사람들이 있다. "되겠어?" "아닌 것 같은데."와 같은 말뿐만 아니라 특정 상황에서 불가능한 이유에 초점을 맞춘다. 본인도 모르게 사용하는 경우가 많은데 주의해야 한다. 부정어는 파급력이 크다. 대화뿐만 아니라 결국에는 생각과 인생도 부정적으로 바꾼다.

미국 노스캐롤라이나 대학의 심리학과 교수인 바버라 프레드릭슨과 마셜 로사다 연구팀이 진행한 흥미로운 연구를 살펴보자. 이들은 50개 이상 기업의 회의에서 직원들이 주고받은 단어를 녹취하여 분석했다. 그 결과 성공하는 조직은 긍정적인 말이 부정적인 말에 비해 약 3배 많았다. 가장 높은 성과를 보인 곳은 6배가 많았다. 긍정어는 이견도 기회로 만든다. 새로운 관점을 수용해 대화를 생산적으로 이끈다. 회사 밖에서도 마찬가지이며, 본인 내면에서도 긍정어를 사용하는 것은 중요하다.

긍정어가 일상을 바꾼다
'말이 씨가 된다'라는 속담은 과학적인 근거가 있다. 인간의 대뇌는 실제와 가상을 구분하지 못한다고 알려져 있다. 평소에 자신이 하는 말이 청각 기관을 통해 자율신경계에 의식으로 각인된다. 자율신경계가 이끄는 대로 몸이 반응하고 습관이 행동으로 이어진다. 결국 말하는 대로 인생이 흘러가는 것이다. 그동안 부정적인 말을 많이 해와서 걱정이 되는가? 아직 희망이 있다. 최근 뇌과학 연구에 따르면 신경세포는 우리 스스로 변화시킬 수 있다고 한다. 지금부터는 대화할 때 의식적으로 긍정어를 사용하자. 긍정어를 말하면 3가지의 효과가 있다.

첫째, 대화를 잘하게 된다. 전두엽은 언어와 지능, 의식 등 고등 인지 기능을 담당한다. 신경과 의사이자 제퍼슨 미르나 브라인드 통합의료센터의 연구소장인 앤드류 뉴버그는 일상생활에서 긍정적인 말을 많이 할수록 대뇌의 전두엽이 활발하게 작동한다고 주장한다. 전두엽이 활성화되면 판단력과 자제력이 좋아진다. 고차원적 사고가 가능해지고 스트레스 관리를 잘하게 된다. 대화 중 스트레스를 받을 때 말을 조심하지 않으면 갈등으로 번진다. 이때 긍정어는 큰 도움이 된다. 궁극적으로 민감하고 무거운 주제의 대화도 잘하게 된다.[*]

둘째, 문제보다는 해결책에 집중할 수 있다. 장점에 초점을 맞추고 약점은 보완할 수 있도록 만든다. 미국의 한 경영학자가 '긍정 탐구'라는 방법론을 만

---

[*] 권성희, "당신이 하는 말이 두뇌를 바꿔 인생까지 변화시킨다", 머니투데이, 2016.08.06. (https://news.mt.co.kr/mtview.php?no=2016080511484827341&outlink=1&ref=https%3A%2F%2Fsearch.naver.com)

들었다. 이 방법론은 질문을 부정어로 시작하지 않는다. 긍정적인 기억과 최고의 순간을 떠올릴 수 있도록 질문한다. 누군가와 대화한 후 좋은 기억으로 남은 적이 있는가? 반대로 찝찝하거나 부정적 감정을 느꼈던 경험도 있을 것이다. 긍정어를 사용한 질문이 기쁨과 희망의 답을 하게 한다. 만약 소중한 사람이 실수를 저질렀다면 앞으로는 이렇게 말하자. "그렇게 하지 말랬잖아. 또 그랬네?"가 아닌 "너도 당황했지? 괜찮아. 어떻게 하면 앞으로 반복하지 않을 수 있을까?"라고 말이다.

"당신이 보완하면 더 좋을 역량 2가지는 무엇인가요?"
"당신은 어떤 심리적/물리적 환경에서 최대로 역량을 끌어올릴 수 있나요?"

셋째, 프레이밍 효과를 가져온다. 심리학 용어인 프레이밍 효과는 어떠한 사실을 전달할 때 어떤 방식으로 말하고 질문하느냐에 따라 전달받은 사람의 생각과 행동이 달라지는 현상을 말한다. 노벨 경제학상을 수상한 미국의 경제학자이자 심리학자인 다니엘 카너먼이 처음 사용한 말이다. 같은 문제라도 긍정적이고 이익에 초점을 맞춘 틀로 말하게 되면 상대방은 호감을 느끼고 수용한다. 모든 일에는 양면성이 있다. 일잘러들은 장점에 초점을 맞추고 긍정어로 대화를 이어간다. 타인과의 대화뿐만 아니라 자기 자신과의 대화에서 긍정의 프레임을 늘 생각하자. 좋은 생각과 긍정적 행동에 큰 도움이 된다.

'프레이밍 효과'를 설명하는 실험

심리학자 다니엘 카너먼과 행동경제학자 아모스 트버스키는 공동 실험을 진행했다. '신종 전염병에 맞서고 있는데 방치하면 600명이 목숨을 잃게 된다.'고 가정했다. 이에 대처하기 위한 전략을 마련했다. 사람들에게 어느 방법이 좋을지 선택하도록 했다.

A: 200명을 살릴 수 있다.

B: 아무도 살릴 수 없는 확률이 2/3, 600명을 모두 살릴 수 있는 확률이 1/3이다.

C: 400명이 죽을 것이다.

D: 아무도 죽지 않을 확률이 1/3이다.

그 결과, 같은 내용임에도 불구하고 사람들은 긍정어로 표현된 A와 D를 선택했다.

🍃 부정어 사용이 가져오는 단점

"무슨 상관이야…"

"그게 의미가 있어?"

"아니, 그게 아니야."

"별로 듣고 싶지 않은데?"

"너는 그것도 몰라?"

"뭐라는 거야…"

부정어를 사용한 대화의 가장 큰 문제는 우리가 의식하지 못한다는 것이다. 이미 일상에 많은 부정어가 난무한다. 습관처럼 사용하는 까닭이다. 대화가 끊기더라도 이를 알아차리지 못하고, 의견이 다르다고 부정해 버리는 경우가 많다. 또한 부정어는 상대방에게 좋지 않은 감정을 불러일으킨다. 대화의 질을 떨어뜨리고 상호 감정도 좋지 않게 만든다.

부정어로 이야기하면 설득력이 떨어진다. 네덜란드의 대학 중 하나인 봐허닝헌 대학교의 조너선 판 트리트라는 심리학자의 실험을 살펴보자. 그는 의도를 숨긴채 '건강 증진 캠페인'이라는 주제로 참가자들에게 두 종류의 문장을 읽게 했다. 이 2개의 문장은 모두 같은 내용을 설명하고 있었다. '충분히 운동하면 근력이 생기고 장수할 수 있습니다.'라는 긍정적인 인상을 주는 문장과 이와 반대로 부정적인 감정을 끌어내는 듯한 문장이 각각 적혀 있었다. 두 문장은 모두 건강을 챙기자는 내용이었다. 실험 결과, 긍정적인 표현으로 적힌 문장을 받아들일 가능성이 훨씬 더 높았다. 부정어는 말하고자 하는 의견의 설득력을 떨어뜨린다.

또한 부정어는 왜곡을 가져온다. 상대방이 들었을 때 좋은 의도로 들리지 않기 때문이다. 걱정하는 마음으로 던진 질문도 오해를 부르거나 갈등이 일어난다. 때로는 무시당했다고 느끼거나 비꼬는 말로 받아들이기도 한다. 부정의 마음을 가지고 있을수록 표현을 더 긍정적으로 해야 하는 이유이다. 한마디 말로 사람을 잃을 수 있다는 것을 명심하자. 부정어는 왜곡과 상처를 가져온다.

(원인을 같이 파악해주고 싶었던 팀장) **"성과가 이렇게 나쁜 이유가 뭐라고 생각하세요?"**

→ 부정적인 단어를 사용한 결과, 잘못을 추궁하는 것처럼 들린다.

(지연 이슈를 도와주고 싶은 동료) **"그걸 아직도 몰라요?" "그걸 아직도 찾고 있어?"**

→ 일이 늦어지는 걸 탓하는 것처럼 들리며, 도와주고 싶은 속마음이 알아차릴 수 없다.

(신입사원의 지식에 감탄한 팀장) **"네가 그걸 어떻게 알아?"**

→ 놀라움보다 경악한 것으로 오해하여 상대가 당황하거나 주눅 들 여지가 있다.

부정어는 나를 대화하기 싫은 사람으로 만든다. 부정어를 섞어 이야기하면 스트레스가 풀린다는 사람들이 있다. 하지만 빈번하게 불평불만을 하는 언어 습관은 자신을 우울하게 만들 뿐만 아니라 주변까지 답답하게 만든다. 대안없이 부정적인 말만 하면 앞으로 나아갈 수 없다. 주변 사람들은 맥 빠지는 대화를 원하지 않는다. 불평불만은 스스로 부정적인 감정이 쌓이게 만들고 좋지 않은 인상을 남길 뿐이다.

Bad

> A: "지난 주말에 업무에 도움 될만한 교육을 개인적으로 듣고 왔어요."
>
> B: "주말에? 왜? 뭐 하러? 그래봐야 회사가 알아주지도 않을 텐데…."
>
> → 부정의 말투는 일상 대화에서도 비호감이 된다.

Good

> A: "지난 주말에 업무에 도움 될만한 교육을 개인적으로 듣고 왔어요."
>
> C: "와! 역시 평소에 새로운 일도 척척 잘 해내는 이유가 있었구나! 멋 있어요!"
>
> → B와 다른 긍정의 말투이다. 말을 꺼낸 사람의 기분이 좋아지는 호감 형 말투이다.

긍정어로 말하는 대화, 어떻게 하면 될까?

의견이 다른 상황일수록 부정어로 말하지 않도록 의식적으로 노력하자. 의견이 갈리면 불편한 감정이 생길 가능성이 높다. 이런 상황에서 부정어를 사용하면 닫힌 대화를 하게 된다. 각자 본인의 입장을 고수하기 때문이다. 방어적인 태도가 된다. 더욱이 상대방을 부정하는 것으로 오해 받을 수 있다. 의견만 다른 것일 뿐, 상대방 자체를 부정하는 것이 아니라는 점을 알려줘야 한다.

의식적으로 긍정어를 활용하여 의견 조율이 필요한 때이다. 상대방의 노력과 입장을 이해하며 긍정적으로 설명하자. 상대가 납득하고 받아들일 가능성이 높아진다. 예를 들어 일정이 있는 날, 깜짝 이벤트를 준비한 남편에게 거절의 의사를 전해야 하는 상황을 상상해보자. "자기야, 이렇게 서프라이즈로 레스토랑 예약해주다니 너무 감동했어. 정말 고마워! 나는 그런 줄도 모르고 주말에 스케줄을 잡아놨는데 어쩌면 좋을까? 오랜만에 보는 대학교 동기들이 축하해주겠다고 서울에서 모이기로 했어. 날짜 다시 조정해서 레스토랑 다시 예약 가능할까?"

이처럼 부정적인 상황에서도 긍정어로 말하면 갈등을 피할 수 있다. 마음부터 초긍정자가 되어보자. 회사에서 상사나 동료의 지적을 받았을 때도 마찬가지이다. 토라지거나 기분 나빠하는 태도를 보이지 않도록 주의해야 한다.

> **A: 그래서 아직 이런 실행안은 과한 것 같아요. 차라리 계획안을 다른 방향으로 작성해 보면 어떨까요?**
>
> **B: …. 처음부터 다시 하라는 말씀이시죠?**
>
> **A: 기획 의도는 좋아요. 계획안과 실행안만 조금 손보면 될것 같은데요?**
>
> **B: 죄송합니다. 제가 못한 거군요….**
>
> **A: 아뇨 그런 말이 아니고요…('괜한 말을 했나..?').**

주눅 들어 있으면 나중에는 아무도 그 사람에게 피드백을 주지 못한다. 불편하기 때문이다. 결국 성장하지 못하게 된다. 혼나더라도 긍정어로 답하자. 어려운 프로젝트를 앞두고 불가능하다고만 하는 사람이 있다. 반대로 쉽지 않은 상황이지만 프로젝트가 가능한 이유를 찾아 긍정어로 동료를 독려하는 사람도 있다. 잘 웃고 이겨낸다. 어려운 상황에서도 긍정적으로 말하며 밝은 태도를 유지하는 사람은 모두에게 사랑받는다.

　상대방의 칭찬에 긍정어로 답하는 것도 중요하다. 겸손이 미덕이라고 생각하다 보니 칭찬을 받으면 부정하는 사람들이 있다. 곧바로 수긍하면 자칫 잘난 척하는 사람으로 보일까 우려해서이다. 하지만 상대의 칭찬을 과하게 부정하는 것은 오히려 실례가 된다. 또한 부정어로 답하면 대화를 이어가기가 어려워진다. 상대가 대화를 이어가기 위해 칭찬을 하는 경우도 많기 때문이다. 칭찬을 받으면 긍정어로 답하자. 칭찬으로 화답하면 더욱 좋다. 대화를 잘 이어갈 수 있게 된다. 궁극적으로 이러한 대화 방식은 주변 사람들에게 좋은 인상을 줄 수 있게 된다.

Bad

　A: 오늘 입은 셔츠 잘 어울려요!

　B: 아니에요⋯.

　(칭찬한 사람이 할말이 없어 대화가 끊기는 반응이다.)

Good

　A: 오늘 입은 셔츠 잘 어울려요!

　C: 고마워요. A 님이 입은 니트도 예쁘네요!

　(A의 기분이 좋아질 가능성이 좋다. 둘은 옷에 대한 대화를 이어 나갈 수 있다.)

긍정어로 말하는 습관은 이처럼 많은 장점이 있다. 다른 감정을 무시하고 회피하는 무한 긍정이나 극단적 낙관론을 주장하는 것이 아니다. 모든 감정에는 그에 맞는 가치가 있다. 슬플 때는 슬퍼해야 하고 부정적 상황은 있는 그대로 받아들여 해결책을 찾아나가면 된다. 다만 긍정어로 말하는 습관은 부정적 상황 속에서도 희망을 찾아내게 만든다. 자기 자신에게 말하는 긍정어들은 두려움도 자신감으로 바꿔준다. 부정어를 많이 사용하는 말투를 가진 사람이라면 변화하기까지 시간이 걸릴 수 있다. 처음에는 어색할 것이다. 그렇다면 우선 부정어를 사용하지 않는 것부터 시작하자. 사소한 차이만으로도 인생에서 많은 것이 달라진다.

대화를 단절시키는 부정어	기분 좋은 대화를 이끄는 긍정어
이번에도 시험 못 보면 알지?	스스로를 믿고 마음 편하게 보고 와.
포기할래….	조금만 더 해볼게!
이렇게 어려운데 과연 될까? 안 될 것 같은데?	해보면 될 것 같은데?
그러면 뭐해? 돈이 안 되는 정보인데….	이런 정보도 알고 있다니…. 대단하다.
또 해야 돼?	다시 해볼게요.
그게 말이 돼?	그럴 수도 있겠구나!
그런 거 누구나 다 하는 거 아니야?	그런걸 했어? 대단하다. 자랑스러워!
너만 힘든 거 아니야.	많이 힘들었지? 속상했겠다.
언제 다하지….	잘할 수 있어! 금방 끝내지 뭐.
해본 적 없는데 하라고요?	처음이지만 최선을 다해보겠습니다!

Q 나는 칭찬 받았을 때
어떻게 반응하는 사람인가요?

Q 긍정어를 사용할 때마다 100원씩 저금한다면,
1년 후에 얼마나 모을 수 있을 것 같나요?

Epilogue

상대가 제 말로 인해 상처받지 않을지, 잘못 해석하는 것은 아닌지 두려울 때가 많았습니다. 요즘도 민감한 상황에서는 말문이 막히거나 말하기가 어려울 때가 종종 있습니다.

저는 두려움을 인정해 보기로 했습니다. 인정하니 자연스레 말이 편해졌습니다. 대화가 어려운 순간에는 제 감정을 인정하고, 생각을 최대한 솔직하게 표현하며, 진정성을 가지고 다가갔습니다. 영화 '인사이드 아웃'에 등장하는 다양한 감정들처럼 '잠시 찾아왔구나.' 생각하고 용기를 조금 내보니 온전치는 못한 말이더라도 더듬더듬 마음을 전할 수 있더라고요.

왜 유창하게 말하지 못하는지, 조금 더 논리적이고 똑똑하게 말할 수 없는지 스스로를 답답해하거나 비난하기보다는 자기 자신을 많이 격려하고 응원해 주세요. '나는 상대방의 감정을 고려하는 사람이구나.' '나는 배려하는 말하기를 할 줄 아는 사람이구나.' 하고 인정해 주세요. 하고 싶은 말을 회사 메신저에 썼다 지웠다, 친구에게 하고 싶은 말을 카톡으로 썼다 지웠다 하는 본인을 답답하게 느끼지만 말고, 상대를 배려할 줄 아는 사람으로 인정해 주세요.

남들보다 시간이 조금 오래 걸릴 수는 있겠죠. 그래도 생각 없이 성급하게 말을 내뱉는 것보다는 훨씬 따뜻하고 좋은 태도입니다. 그만큼 말의 가치를 잘 알고 있는 신중한 사람이라는 뜻이니까요. 예쁜 말을 잘 실천하는 사람이니까요. 느리더라도, 조금은 서툴더라도 담백한 진심이 담겨있다면 완벽한 말이 됩니다.

혹여나 타인과의 대화에서 상처받게 되더라도, 대화력이 좋아지는 과정이라고 생각해 보세요. 대화를 어렵게 만드는 상사, 감정적으로 행동하는 동료, 대화하기 싫게 만드는 고객이 어쩌면 대화력을 올리는 데 가장 큰 도움이 되는 존재일지도 모릅니다. (물론…. 화도 나겠지만요.) 저도 예전에는 갈등 상황이나 불편한 상태에서 나누는 대화가 참 힘들고 싫었습니다. 그러나 그 시간 덕분에 대화력이 제 나름의 강점이 되었습니다. 그 당시 함께했던 분들께 감사와 사과를 전합니다. 저의 미숙하고 현명하지 못한 대화를 겪으신 분들께는 "죄송하고 마음 아프게 해서 미안했다."고 말하고 싶습니다.

책의 영감과 사례가 되어주신, 지금까지 저와 함께 대화를 나눈 모든 분들과 늘 따뜻한 눈으로 저를 바라보고 케어해주는 동료와 친구들, 지인들에게 감사한 마음을 전합니다. 무엇보다도 집필 기간 헌신과 격려로 함께 해 준 사랑하는 남편과 가족들, 참 많이 고맙고 사랑합니다. 그리고 매일 스스로를 다독이고 일으키기 위해, 예쁜 말과 좋은 글을 사진으로 저장하고 일기장에 따라 쓰며 최선을 다해 살아온 과거의 저에게도 고맙고, 고생 많았다고 말해주고 싶습니다.

돌이켜보면 저는 아르바이트를 처음 시작한 순간부터 그동안의 직장 생활까지 15년 이상 대화를 피할 수 없는 일을 해왔던 것 같습니다. 그만큼 험난한 대화 환경을 수없이 많이 겪었습니다. 외근을 갔을 때는 제 말 한마디로 회사의 이미지에 영향을 주게 될까 늘 노심초사했고, 말실수라도 하면 퇴근 후 스스로에게 차갑고 날 선 말을 퍼부으며 자책했습니다. 위로가 필요했던 바로 그 순간에 말이죠. 여러분은 부디 아픈 순간에 스스로에게 예쁜 말을 많이 해주길 바랍니다. 예쁜 말로 스스로를 잘 다독이고 위로해 줄 수 있는 날이 더 많기를 진심으로 바랍니다.

T랑 F랑
예쁘게 말해요

초판 1쇄 발행 2024년 10월 11일
초판 2쇄 발행 2025년 03월 14일

지은이 장유진
발행인 채종준

출판총괄 박능원
책임편집 유나
디자인 홍은표
마케팅 조희진
전자책 정담자리
국제업무 채보라

브랜드 크루
주소 경기도 파주시 회동길 230 (문발동)
투고문의 ksibook13@kstudy.com

발행처 한국학술정보(주)
출판신고 2003년 9월 25일 제406-2003-000012호
인쇄 북토리

ISBN 979-11-7217-518-4 13320